北京市哲学社会科学规划办公室
北　京　市　教　育　委　员　会　资助出版

北京文化安全研究报告

刘　益　王关义　田志虹　主编

中国政法大学出版社

2015・北京

图书在版编目（CIP）数据

北京文化安全研究报告. 2015/刘益，王关义，田志虹主编. —北京：中国政法大学出版社，2015.12

ISBN 978-7-5620-6590-6

Ⅰ.①北… Ⅱ.①刘… ②王… ③田… Ⅲ.①文化－国家安全－研究报告－北京市－2015 Ⅳ.①G127.1

中国版本图书馆 CIP 数据核字(2016)第 001834 号

出 版 者　中国政法大学出版社

地　　址　北京市海淀区西土城路 25 号

邮寄地址　北京 100088 信箱 8034 分箱　邮编 100088

网　　址　http://www.cuplpress.com（网络实名：中国政法大学出版社）

电　　话　010-58908285(总编室) 58908433（编辑部）58908334(邮购部)

承　　印　固安华明印业有限公司

开　　本　787mm×1092mm　1/16

印　　张　19.75

字　　数　320 千字

版　　次　2015 年 12 月第 1 版

印　　次　2015 年 12 月第 1 次印刷

定　　价　62.00 元

目录 Contents

文化安全与文化产业安全研究

文化产业创新管理研究

文化产业数字化发展研究

文化安全与文化产业安全研究

文化产业安全影响因素分析〔1〕

肖　丽*

[摘　要] 在文化产业大发展、大繁荣的背景下，厘清文化产业安全的影响因素，有利于提升我国文化产业国际竞争力，提高文化软实力。从整个产业看，当前，文化消费意识薄弱、用于文化的有效支出少、文化产品不能满足人民群众的需求、企业规模小、产业集中度低、区域发展能力不平衡、创新能力弱是影响我国文化产业安全的主要因素。

[关键词] 文化产业；产业安全；影响因素

近年来，学术界开始重视文化产业安全的研究。廖清（2012）根据文化产业特点，结合专家评审对指标的赋权，得出偏重于文化产业内部因素的安全测度评价体系；结合数据对我国文化产业安全现状进行测度评价，得出结论为我国文化产业目前所处的状态为基本安全。黄欣欣（2011）研究了我国文化产业对外开放对文化产业安全的影响，结果表明，我国核心文化商品贸易呈顺差状态，而文化服务贸易呈现逆差状态；我国文化产业利用外资水平还不高，有很大提升空间；文化产业走出去工作虽然取得了一定成绩，但规模和影响与我国的国际地位还不相称，我国文化产业的国际竞争力还不强，因而，文化产业完全开放的政策是不适用的。我国应采用渐进的开放政策，寻求文化产业对外开放与维护文化产业安全的契合

〔1〕 本文受北京市社科基金研究基地项目《北京市文化产业安全指数研究》（14JDJGB033）与教育部专项任务《中国产业安全指数研究》（B09C1100020）资助。

* 肖丽，女，1982年10月生，北京印刷学院文化产业安全研究院讲师，经济学博士，北京交通大学产业安全研究中心博士后，研究方向为产业经济与产业安全、文化产业安全。邮箱：xiaoli@bigc.edu.cn。

点，建设有中国特色的文化产业发展模式。李毅（2012）等确定了以文化产业国际竞争力和对外依存度为主的文化安全模型体系，选取了世界市场份额等7项指标来建立安全模型体系。总体研究表明，中国文化产业从2002年起有了巨大的发展，国际竞争力持续增强，对外依存度虽然也有所上升但是不显著，增速缓慢、有限，文化产业结构相对合理，中国文化产业整体朝安全的方向发展。本文认为，文化产业安全是基于内容产业的一种产业形态。文化产业既有经济属性，又有意识形态属性，文化产业的双重属性决定了文化产业安全有别于一般意义上的产业安全。文化产业安全具有独特性、渗透性和创新性。研究文化产业安全，必须厘清文化产业安全的影响因素。

一、文化消费意识薄弱

对文化及文化产品的需求和消费是建立在一定基础之上的，经济发展到一定的水平，居民收入普遍提高，大部分人不再停留在解决温饱问题上，收入中可以有更大比例拿出来用于文化消费支出。从公开发布的一些数据看，虽然近年来我国经济发展水平稳步提高，居民收入不断提高，但总体而言，文化消费总量偏低，对文化及文化产品的需求并不旺盛。就主观因素而言，居民的消费意愿不强烈，文化消费意识滞后，居民文化消费意识有待进一步提高。对于保守型消费者或者低收入群体而言，他们的消费观念仍然停留在勤俭节约的基础上，更倾向于将大部分收入进行银行储蓄，支出的部分主要用于保障吃穿住用行等基本生活，对文化及文化产品的需求愿望不强烈，主要因为文化消费并非必需品。或者即使这其中有部分人愿意进行文化及文化产品的消费，也是用于基础的文化消费。对于少数高收入群体而言，他们对文化消费的认识更高，对文化消费的需求也就更多，会进行主动性文化消费，其消费观念也更加科学合理。文化消费作为消费总量的一部分，能够直接拉动文化产业的发展，促进国民经济的增长，随着人民生活水平的提高，也有必要进行文化消费，这不仅能提升居民生活质量，也能提高居民文化素质。所以，应积极培育居民文化消费的意愿，提高文化消费意识和消费观念，充分释放文化消费的潜力，形成居民愿意主动进行文化消费的氛围。

二、用于文化方面的有效支出较少

有研究表明，当人均 GDP 超过 3000 美元的时候，文化消费会快速增长；当人均 GDP 或超过 5000 美元时，文化消费则会进入“井喷时代”。根据国家统计局 2014 年 1 月发布的数据，2013 年我国国内生产总值为 568 845 亿元，同比增长 7.7%，按照 2013 年人民币对美元平均汇率 6.193 2 计算，2013 年我国人均 GDP 约为 6 767 美元，从数字上看，远高于人均 GDP 5 000美元文化消费“井喷”的标准。恩格尔系数是食品支出总额占个人消费支出总额的比重。家庭收入越少，用来购买食物的支出所占的比例就越大，随着家庭收入的增加，家庭收入所用来购买食物的支出比例则会下降。根据《2013 年国民经济和社会发展统计公报》显示，2013 年中国农村居民恩格尔系数为 37.7%，比上年下降 1.6 个百分点，城镇居民恩格尔系数为 35.0%，下降 1.2 个百分点。这说明我国居民用于食品消费的比重在逐年减少，也侧面表明居民消费结构在不断发生变化。但实际上，居民用于文化方面的支出占人均总消费支出的比重非常少。

从下表可以看出，2002 年至 2011 年我国城镇居民的人均可支配收入以及农村居民的人均纯收入都是不断增长的，10 年间分别增长了 183% 和 181.8%。2011 年人均消费支出分别达到 15 161 和 5 221 元，十年间分别增长了 151% 和 185%，可见农村居民人均消费支出的增长速度高于人均收入的增长速度，且高于城镇居民的人均消费支出的增长速度。2011 年城乡居民文化消费占消费支出的比重分别为 7.27% 和 3.16%，比 2002 年分别提高 0.52 和 0.6 个百分点。虽然居民可支配收入和消费支出都有了很大程度的提高，但是用于文化消费方面的有效支出却非常少，且近十年来增长速度也非常有限，还不足 1%。

表 1　2002～2011 年城乡居民文化消费及相关数据（单位：元/人）

年　份	城镇居民			农村居民		
	可支配收入	消费支出	文化消费	纯收入	消费支出	文化消费
2002	7703	6030	407	2476	1834	47
2003	8472	6511	420	2622	1943	53
2004	9422	7182	474	2936	2185	59

（续表）

年份	城镇居民			农村居民		
	可支配收入	消费支出	文化消费	纯收入	消费支出	文化消费
2005	10 493	7943	526	3255	2555	68
2006	11 759	8697	591	3587	2829	74
2007	13 786	9997	691	4140	3224	84
2008	15 781	11 243	736	4761	3661	93
2009	17 175	12 265	827	5153	3993	108
2010	19 109	13 471	966	5919	4382	126
2011	21 810	15161	1102	6977	5221	165

资料来源：中华人民共和国文化部财政司："我国居民文化消费状况分析"。

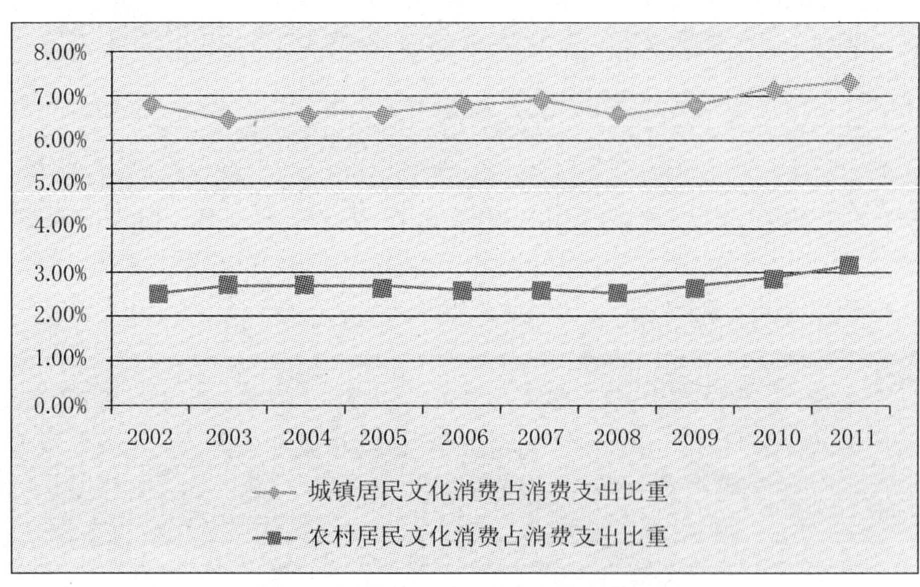

图1　城镇居民与农村居民文化消费占比

三、文化产品不能满足需求

为了满足不同层次消费者的文化消费需求，必须形成多元化、多层次的文化产品市场，必须加强文化产品和文化服务的有效供给，既要满足普通大众对文化产品的需求，促进文化消费需求增长，避免因文化产品价格虚高而限制了消费需求，也要照顾高消费群体对高端文化产品的需求，满足不同消费者对文化的差异化需求。提高文化产品的质量，提升文化创新能力，使文化产品的生产既能够贴近群众、贴近实际，反映人民真实的生产生活，又能不断提高文化产品的创意，保持继承与创新的统一，生产出反映鲜明的时代特色和新颖的形式与内容的文化产品，实现文化、技术、产品、服务于市场的有机结合，增强文化产品的吸引力，刺激市场需求，进而促进文化产品需求的增长，实现潜在需求向实际需求的转化。此外，加快文化产业与其他产业的融合发展，延伸文化产业链，也有利于促进新型文化产品的供给。

四、企业规模小、集中度低

文化产业结构代表文化产业的发展层次，决定文化产业的发展规模。虽然近年来我国文化企业的经营实力不断增强，但总体上看，我国文化企业的规模普遍偏小，规模以上的企业数量比较少，相对于国外文化企业而言，经济实力和自主创新能力无法与之匹敌，文化产业集中度较低，缺乏国际竞争力。

由中宣部牵头、光明日报社和经济日报社联合举办的“文化企业30强”推荐活动分别于2008年、2010年、2011年、2012年、2013年、2014年举行了6届。首届“30强”的户均主营收入，文化艺术、广播影视和新闻出版3个界别分别为0. 67亿元、14. 71亿元、39. 11亿元，到第四届达到4. 93亿元、65. 12亿元和81. 99亿元。从户均净资产看，首届3个类别分别为0. 59亿元、22. 07亿元、26. 07亿元，到第四届分别达到了8. 97亿元、67. 31亿元、69. 87亿元。从税前利润来看，首届3个类别分别是0. 18亿元、2. 42亿元、2. 55亿元，到第四届达到了2. 10亿元、13. 50亿元、6. 47亿元。

表2 “文化企业30强”经营实力（单位：亿元）

经营指标	届次	文化艺术	广播影视	新闻出版
户均主营收入	首届	0. 67	14. 71	39. 11
	第四届	4. 93	65. 12	81. 99

（续表）

经营指标	届次	文化艺术	广播影视	新闻出版
户均净资产	首届	0. 59	22. 07	26. 07
	第四届	8. 97	67. 31	69. 87
户均税前利润	首届	0. 18	2. 42	2. 55
	第四届	2. 10	13. 50	6. 47

资料来源：中央文化企业国有资产领导小组办公室："国有文化企业发展报告（2012）"。

第四届入选"文化企业30强"企业总的主营收入、税前利润和净资产分别为1595亿元、225亿元和1693亿元。第五届入选"文化企业30强"企业总体主营收入首次超过2000亿元大关，达到2047亿元。第六届"文化企业30强"企业主营收入2451亿元、净资产2076亿元、净利润316亿元，均创历史新高，分别比上届增长20%、16%和38%，其中，净资产首次突破2000亿元，净利润首次突破300亿元。

2002年，由亚太总裁协会主办的首届国际文化产业大会举行，发布了国际文化产业领军企业50强榜单，为我国文化企业树立了榜样。50强企业中，美国占据22家，日本占据10家，英德法韩西班牙五国占据15家，中国占据3家，分别为中国出版集团公司、中国电影集团、中国凤凰出版传媒集团，依次列第40、44、47位。通过与文化强国的领军文化企业相比，不难发现我国文化企业的发展还存在很大的差距，大型文化企业、在国际市场上具有竞争力的文化企业较少。我国的文化企业尽管发展势头很猛，增长很快，但是与文化发达国家的巨头相比，存在着企业规模过小，产业集中度过低的问题，使得我国企业在国际竞争中面临着规模上的劣势。我国文化产业虽然出现了一批大的企业集团，但小、散、弱仍是中国文化产业的现状，大型文化企业的市场占有率很低。

表3　2012年国际文化产业领军企业前10强榜单

序　号	企业名称	简　介
1	美国国际数据集团	世界最大的信息技术出版、研究与风险投资公司
2	日本索尼音乐娱乐公司	全球领先的唱片公司，拥有全球规模最大的音乐库

（续表）

序　号	企业名称	简　介
3	美国华特迪士尼公司	世界上第二大传媒娱乐企业和世界500强企业
4	美国纽约时报	世界发行独具影响力，美国主流报纸刊物的代表
5	澳大利亚新闻集团	世界上规模最大、国际化程度最高的综合传媒公司之一
6	美国时代华纳	大型媒体公司，一直居于全球领先地位
7	美国全国广播公司	美国历史最久、实力最强的商业广播电视公司
8	美国广播公司	美国传统三大广播电视公司之一
9	美国维亚康姆	美国第三大传媒公司
10	加拿大汤姆森公司	全球性媒体主要巨头之一

五、区域发展不平衡

我国东部地区较早实行改革开放，东部地区的经济发展水平一直比较领先。文化产业的发展与经济发展水平有一定的关系。文化产业的发展也呈现出东高西低的态势。一份来自2004年的统计数据显示，从文化产业法人单位个数来看，东部地区共有法人单位20.19万个，约占全国数量的64%；从从业人数看，东部地区从业人数为628.53万人，约占全国文化产业从业人数的72%；从营业收入来看，东部地区营业收入为12 691亿元，约占全国文化产业营业收入的77%；从增加值来看，东部地区增加值为2315.2亿元，约占全国文化产业增加值的75%。由此可见，东部地区文化产业的发展具有绝对的优势，相比之下，我国中部和西部地区文化产业发展与东部地区发展差距较大。此外，产业集聚的效应也会吸引人才的流动，东部地区文化产业发展较快，反而使得更多的文化产业人才向东部地区转移，使得东中西部地区的人才差距也开始拉大，总体上区域发展不平衡现象比较明显。

表4　2004年我国东中西部部分指标比较

区　域	法人单位个数（万个）	从业人数（万人）	营业收入（亿元）	增加值（亿元）
全国	31.79	873.26	16 561.5	3 101.7
东部	20.19	628.53	12 691	2 315.2

（续表）

区　域	法人单位个数（万个）	从业人数（万人）	营业收入（亿元）	增加值（亿元）
中部	5.03	167.52	1 627.8	503.8
西部	6.57	77.21	2 242.7	282.7

资料来源：根据《中国文化及相关产业统计年鉴2013》整理计算。

六、创新能力弱、技术含量低

影响文化企业创新能力的因素有很多。文化企业的规模影响文化企业的创新能力，如果企业规模过小，会造成创新投入的匮乏，或者没有充足的资金来进行产品的科研创新，与大企业相比，中小企业的 R&D（research and development）投入不足现象普遍。与美国、日本等文化产业发达的国家相比，我国大型文化企业研发经费的支出还较少。创新投入能力决定企业投入创新资源的数量和质量，衡量企业创新投入主要指标就是看 R&D 投入。目前，R&D 投入在文化产业领域并不理想，这也使得国内文化产业中自主研发产品数量少，市场占有率低，竞争力差。比如动漫企业，广大青少年喜欢的动漫作品中，日本和欧美的动漫展品占据了绝大多数国内市场，可见，我国动漫企业在原创产品的开发上还需要作出更大努力。同时，研发人才特别是高级人才缺乏，没有创新型的高水平人才，加上企业缺乏激励机制，就更难吸引创新人才进入文化企业尤其是中小文化企业，这不利于文化产业的发展。

参考文献

［1］北京印刷学院文化产业安全研究院：《中国文化产业安全研究报告（2014）》，社会科学文献出版社 2014 年版。

［2］许小丹、祝伟："中国居民文化消费总量偏低 人人享受文化意识普遍"，载《半月谈》2012 年第 7 期。

公共文化服务体系建设与提升研究[1]

——全民阅读率提升策略探索

范文静* 王　蕾**

[摘　要] 近年来，在党中央、国务院的高度重视下，我国公共文化服务效能明显提高，人民群众精神文化生活不断改善，公共文化服务体系建设取得显著成效。但是，与当前经济社会发展水平和人民群众日益增长的精神文化需求相比，公共文化服务体系建设水平仍然有待提高。读书是人民群众基本的文化需求导向，阅读服务体系建设是公共文化服务体系建设的重要方面，促进全民阅读是一项系统工程。从历年《全民阅读调查报告》分析看来，我国成年人综合阅读率增长不明显；图书阅读率增长缓慢，不容乐观；数字化阅读增速明显，却容易带来阅读的碎片化和浅层次化。为深化全民阅读、提高阅读质量，本文从"提高公共文化服务体系建设"的角度寻找解决问题的方法，提出引导和深化全民阅读的8点对策建议，希望能为建设书香社会提供可借鉴的思路，为我国公共文化服务体系建设贡献力量。

[关键词] 公共文化服务；全民阅读；阅读环境；阅读心理

2015年1月14日中共中央办公厅、国务院办公厅印发了《关于加快

---

〔1〕 基金支持：北京市博士后科研活动经费，项目号：10000200277；北京印刷学院博士启动基金，项目号：27170115005/014。

* 范文静，女，1983年9月生，北京印刷学院经济管理学院讲师，2014年获博士学位，现为北京印刷学院与清华大学联合培养博士后，研究方向：文化产业管理、文化旅游，至2015年联合出版著作5部，发表论文（含联合发表）30余篇，邮箱：fanjiaruo@126. com。

** 王蕾，女，1982年10月生，北京印刷学院经济管理学院讲师，研究方向：文化产业管理、文化旅游。

构建现代公共文化服务体系的意见》（以下简称《意见》），该《意见》指出，在新的形势下，构建现代公共文化服务体系，是保障和改善民生的重要举措；是全面深化文化体制改革、促进文化事业繁荣发展的必然要求；是弘扬社会主义核心价值观、建设社会主义文化强国的重大任务。书籍是人类进步的阶梯，读书是人民群众的基本文化需求导向。习近平总书记在不同场合多次谈到读书："我爱好挺多，最大的爱好是读书"，"读书已成了我的一种生活方式"，"读书可以让人保持思想活力，让人得到智慧启发，让人滋养浩然之气"。2014 年政府工作报告首次提出"倡导全民阅读"，2015 年李克强总理在政府工作报告中提到"倡导全民阅读，建设书香社会"，可见"全民阅读"受到政府的高度重视。纵观全球，英、美、日、俄等许多国家，均把推广阅读活动作为提高国家竞争力的必要手段。2014 年我国国民人均纸质图书阅读量为 4.56 本，而美、日、韩分别为 7、8、11 本，我国的国民阅读水平与发达国家存在差距。本文结合全民阅读调查结果，提出如何提高全民阅读的措施建议，希望为建设书香社会提供可借鉴的思路，为我国公共文化服务体系建设贡献力量。

一、国民阅读现状

1972 年，联合国教科文组织向全世界发出了"走向阅读社会"的号召，要求社会成员人人读书，让读书成为人们日常生活中不可或缺的部分。1995 年，联合国教科文组织宣布 4 月 23 日为"世界读书日"。"世界读书日"的设立，是希望散居在世界各地的人，无论老幼、贫富、健康或者疾病，都能享受阅读的乐趣，能从阅读中得到精神享受，培养正确的价值观，获得生命能量。开展全民阅读活动也是我国构建公共文化服务体系的一项重要部署，对培育和践行社会主义核心价值观，提高国民思想道德素质和科学文化素质，建设社会主义文化强国，增强国家文化软实力，实现中华民族伟大复兴中国梦具有重要意义。截至 2015 年，我国已经做过 12 次全国国民阅读调查报告。分析 2008 ~ 2014 年《全国国民阅读调查》结果（图 1），国民综合阅读率 2009 年开始超过 70%，且近 5 年均在 76% 以上，2014 年达到 78.6%。图书阅读率缓慢增长；报纸、期刊年际有增量，但呈现整体下降趋势；数字化阅读率连年递增，且增势明显，2014 年首次超过图书阅读率。

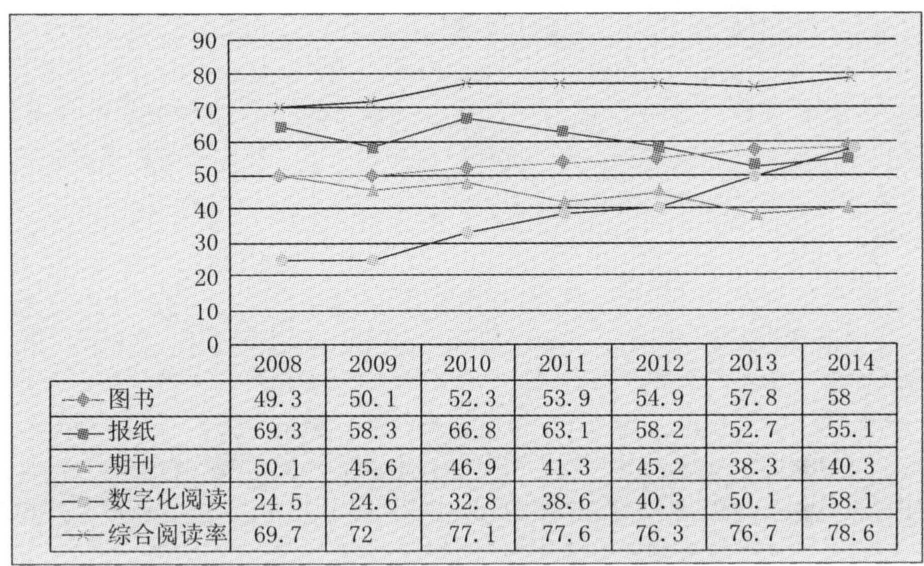

	2008	2009	2010	2011	2012	2013	2014
图书	49.3	50.1	52.3	53.9	54.9	57.8	58
报纸	69.3	58.3	66.8	63.1	58.2	52.7	55.1
期刊	50.1	45.6	46.9	41.3	45.2	38.3	40.3
数字化阅读	24.5	24.6	32.8	38.6	40.3	50.1	58.1
综合阅读率	69.7	72	77.1	77.6	76.3	76.7	78.6

图1　2008～2014 年国民各类阅读率比较（单位：%）

由于智能手机的普及，《2015 年全国国民阅读调查报告》特别分析了成年国民的手机阅读和微信阅读情况。调查显示 2014 年成年国民手机阅读接触率首次超过 50%，成年微信阅读接触群体人均每天微信阅读时长超过 40 分钟。但是，智能手机的普及，在大大增强阅读便利性的同时，却容易使阅读流于浅层次、娱乐化。基于以上分析，可以从“提高传统阅读率”和“提高数字阅读质量”两个角度寻找引导全民阅读的路径。

二、全民阅读引导方法路径探析

（一）立法促进全民阅读

近两年阅读立法的呼声越来越高。2015 年 1 月 1 日，我国首部地方全民阅读法规《江苏省人民代表大会常务委员会关于促进全民阅读的决定》在江苏实施。2015 年 3 月 1 日，《湖北省全民阅读促进办法》正式实施。江苏和湖北在我国率先进入了阅读立法的范围。阅读立法不是强制人们阅读，而是立法保障阅读环境建设，从而促进民众的阅读行为。如《湖北省全民阅读促进办法》明确了各级政府及其工作部门在促进全民阅读工作中的职责，规定了全民阅读的组织机构、经费保障、服务体系、权益保障、社会服务等。阅读立法在美、英、日、俄等国都已实施，通过借鉴国外阅读立法实施过程中的经验，我国在阅读立法上除了规定政府行为、民众权利、社会参与方式等方向性问题，还要做到“细”。比如，图书馆开放时间、公园商场等公共环境阅读品设置、青少年阅读量、书店分布密集度、各类文化机构（图书馆、学校、出版社）的财政支持等，使新闻出版公共服务体系在工作落实上真正权责明确，避免“形式主义”、“虚假繁荣”、图书浪费和工作推诿。

（二）健全家庭阅读服务体系建设

阅读习惯的有意识培养应该以家庭为起点，从儿童抓起。我国家庭阅读教育多是缘于父母的主动意识，而没有针对儿童阅读教育的一整套社会服务体系。家庭阅读教育的开展也主要是在部分城市家庭，而大多数农村家庭既没有阅读环境，也没有实用的推荐阅读书目，一些农村家庭父母即使有心为孩子购买图书也往往不知如何选择，甚至有些偏远农村地区购买图书只能选择周边数量有限的实体书店，父母不仅不知购买哪种图书，连购买途径都有限。因此，针对儿童、中小学生的家庭阅读教育，应该建立起系统的社会服务体系：①从社会舆论上呼吁家庭阅读的重要性；②建立家庭阅读示范工程；③邀请明星亲子做公益性引导宣传；④出台儿童分级阅读推荐书目，解决家长择书困难问题；⑤针对农村地区购书难问题，鼓励社会企业通过竞标参与公共服务建设，政府监督社会企业运营，定期下乡销售适合儿童阅读的书籍；⑥同时，在推广儿童阅读的过程中，反向引导家长读书，让家长成为阅读榜样，让整个家庭有书可读，有环境阅读。

（三）深层次数字阅读引导

在“互联网＋”时代，手机成为智能生活的终端。尤其在大中城市，无论成年人还是学生，生活都已经离不开手机。关于手机引起的社交方式改变也引发社会的激烈讨论。朋友聚会、家庭聚餐、公交地铁均可见拿着手机的“低头族”。“低头族”将大量时间交付智能终端，手机上的活动基本上围绕在读微博、看微信、浏览新闻、读书、玩游戏、看视频。许多学者认为数字阅读使阅读浅层次、娱乐化、碎片化，但也有学者认为数字阅读更有利于深阅读，因为智能终端更便于解决阅读中的问题，使阅读深入，阅读层次的深浅关键取决于阅读者。数字化阅读之所以被诟病流于浅层次、娱乐化，是因为阅读的同时容易被广告、社交信息等打扰。虽然个人的阅读意志能让数字阅读更加深层次，但这毕竟强调个人意志，而对于容易分神的阅读者，阅读期间频繁出现的广告等推送是诱发数字阅读碎片化、浅层次的因素之一。针对这种情况，首先应加大对公民深层次阅读理念的引导。如进行公益广告宣传，强调数字阅读的便利性和深层次阅读的必要性。其次，建设全民阅读推荐书目客户端。此客户端不同于商业性客户端，在进入阅读模式以后，可以形成广告免打扰模式，甚至可以设置成信息免打扰模式，降低对阅读的干扰。

（四）提升高校社会服务情怀

社会公共阅读资源匮乏、公共阅读服务体系不均衡、不完善，是目前我国提升全民阅读率的一大具体、现实障碍。以公共图书馆为例，按照国际图书馆协会联合会的标准，2 万人口左右或每 1.5 公里半径内应建设一所公共图书馆。在美国每 1.3 万人拥有一家公共图书馆，英国和加拿大每 1 万人拥有一家公共图书馆，德国每 6600 人一家，奥地利每 4000 人一家，瑞士每 3000 人一家。截至 2013 年底，我国共拥有 3000 多家公共图书馆，平均 43.72 万人一家，我国公民图书馆持证率只有 2.5%，而美国是 68%，英国是 58%。面对公共阅读资源匮乏的现状，应该呼吁社会阅读资源共享，提升高校社会服务情怀。鼓励高校图书馆向社会开放阅读，引导更多市民走进身边的大学图书馆。大学倡导包容、厚德，应该以更开放的姿态对待热爱学习的人，起到提高公众科学文明素质、弘扬科学文明主旋律的作用。

（五）建立全社会零障碍借阅平台

为提高国民阅读率，在公交站、地铁、商场、餐厅、公园等场所，加设休息读书区的呼声越来越高，但目前休息读书区在城市的普及率并不高。建设覆盖各角落的阅读区是一个系统工程，也是一个时间工程。这是公共文化服务体系建设的一部分，本文除支持此举之外，还建议由政府建立涵盖公交站、地铁、商场、餐厅、公园等场所的统一图书借阅平台，借阅者可以在地铁站借了书，到商场还、到餐厅还、到公园还，实现借阅零障碍。

（六）鼓励图书向便携式发展

由《2015 年全国国民阅读调查报告》可知，虽然数字化阅读增速明显，2014 年接触率达 58.1%，但是听音乐、用微信、聊手机 QQ 等是我国成年国民中手机阅读接触群体的重点消费内容，而用于真正阅读的并不多。深入阅读一本书，多数人仍然愿意选择纸质版。然而目前中国图书的印刷装订几乎一致地认定精装、大开本、彩色插图、铜版等才是对一本书的肯定。这造成图书携带极为不便。在乘坐公交地铁、火车飞机等交通工具的碎片时间里，很难找到一本合适的书。针对这种情况，首先，出版社应该研究对某些图书做形态上的改变。为了便于携带、降低成本，可以鼓励图书向便携式发展，或者畅销书可以专门做便携版本，扩大版心，适当缩小文字，去除不必要的包装修饰，只为让读者方便携带阅读，大道至简。其次，建设书香社会，就要让公民有书可读。在地铁、商场、公园、火车站等公民活动区域设立公共阅读服务区，提供便携阅读服务供给，让读书成为一种生活方式。

（七）抓好重点人群推进全民阅读率

儿童阶段的亲子阅读和青少年阶段的校园阅读，是推动全民阅读的重中之重。半数以上青少年习惯数字化阅读，其中手机阅读占73.1%。少年儿童最喜欢阅读的是幽默笑话，其次为娱乐资讯、青春文学、魔幻动漫等。如今少年儿童的阅读功利化严重，父母老师对孩子阅读的引导往往以考试为目的，导致少年儿童的主动阅读以轻松、娱乐为主要目的。倡导全民阅读，需改善青少年的阅读环境，鼓励纸质阅读、经典阅读。培养少年儿童阅读兴趣，提供属于少年儿童的交流空间，如增建少儿图书馆、鼓励公共图书馆开设少儿分馆等，给少年儿童提供只属于他们的交流、分享空间，不提倡父母共同参与少儿图书馆的活动，让儿童真正放松身心去阅读和交流。

（八）支持创新“书店+”经营方式

书店是城市里不可或缺的文化灵魂，甚至是一个城市的地标，如台北的诚品书店。网络书店的冲击，一度让实体书店经营举步维艰，大批有影响力的书店倒闭。但2014年实体书店图书零售市场一改前两年负增长的态势，实现了3.26%的正增长。实体书店经营通过创新服务、多元化经营的探索终于艰难复苏。如今书店经营方式的多元化主要体现在文化创意产品和餐饮休闲上。南京先锋书店创始人钱小华曾说“文化创意产品对书店起到了涅槃重生的作用”，三联书店邀请雕刻时光咖啡馆入驻等“书店+”的经营方式给实体书店经营带来转型示范。那么实体书店的经营还可以有哪些创新探索？在互联网+和大数据背景下，未来书店可以与任何一个有文化需求的行业融合。如书店+艺术，可以在书店专门设立艺术观赏区欣赏曲艺、绘画等艺术的表演或创作。书店+创业沙龙、书店+烘焙、书店+动物美容、书店+住宿、书店+展览等都可以成为实体书店经营的探索。让书店通过“+”的方式更加深刻地融入人们的日常生活，书香社会的建设便会更进一步。

三、结语

关注阅读，是社会走向独立、走向成熟的重要一步。全民阅读氛围的形成需要全社会的共同努力，民众阅读意识更需要深刻的自觉。本文在此呼吁每一个人应切实关注自己的成长，自觉形成良好的阅读习惯，并在政府引导下，让阅读成为经济新常态下的国民新常态。

参考文献

[1] 王飞："从浅阅读到瞥阅读——新媒体语境下阅读方式嬗变及解读"，载《编辑之友》2014 年第 1 期。

[2] 李静："农村学生阅读现状调查"，载《现代语文》2013 年第 1 期。

[3] 李师龙、潘松华、张红生："泛在知识环境下大学生阅读危机干预体系构建研究"，载《图书馆学研究》2013 年第 18 期。

[4] 周琪、徐光、陈之昌等："关于深化全民阅读的战略思考"，载《前线》2014 年第 12 期。

[5] 戴盈："数字化时代读者的选书智慧和阅读兴趣图谱构建"，载《中国出版》2014 年第 5 期。

[6] 唐金秀："网络社交时代的'独立阅读'"，载《出版广角》2015 年第 7 期。

[7] 卞清波："更有利于深阅读的是数字阅读而不是纸质书阅读"，载 http://www.chinaxwcb.com/2015－01/12/content_ 309685. htm.

[8] 夏建华、邓红："注意力经济时代的出版创新策略分析"，载《出版广角》2015 年第 8 期。

[9] 王立元、苏锐："传播书香，公共图书馆应有法可依"，载《中国文化报》2015 年 3 月 24 日，第 5 版。

[10] 谢良、俞俭、冯璐："国民阅读量少 到底谁是阅读'难'路虎?"，载 http://www.china.com.cn/cppcc/2015－04/23/content_ 35396612_ 2. htm.

基于民族化视角的中国动漫产业安全研究

田 杰*

[摘 要] 在经济全球化的今天，世界各经济体联系紧密，共损共荣，文化互通也变得频繁。西方发达国家从原来的经济、武力等“硬实力”的扩张转变成为以文化产业为主要途径的“软实力”的文化渗透与“文化殖民”。跟其他文化产业不同的是，动漫产业对儿童、青少年的影响尤为巨大。因此，在构建文化“软实力”的诸多文化形态和结构中，动漫产业及其文化是相当“无形”而最具影响力的文化结构之一。西方的强势的动漫产业作为“文化殖民”的有效途径，对我国的动漫产业安全造成了巨大的威胁，同时对我国的文化安全与国家安全也造成了极为严重的挑战。面对威胁，中国动漫必须建立在中华文化的优秀基因之上，这是中国动漫产业发展的必然出路。同时，民族化也是动漫产业的安全基石，并以此提升中国国家软实力，融入国际化语境，获得文化话语权。

[关键词] 动漫产业安全；民族化；软实力；文化殖民

中国动漫产业的发展虽然需要广泛借鉴国外的先进经验和技术，但民族化却是中国动漫产业发展的未来主导方向。习近平说，优秀传统文化是中华文化的文化基因。因此，中国动漫产业必须表达中国精神，呈现中国风格，体现中国气韵。中国动漫产业民族化，放在大时代背景下，既是中华文明伟大复兴的内在要求，也是提升中国文化软实力的重要途径。而且，在西方文化殖民和意识形态渗透的背景下，中国动漫产业的民族化是

---

* 田杰，男，1979 年 11 月生，北京印刷学院经济管理学院文化产业管理系，副教授，在读博士，研究方向为文化产业管理。发表专著 2 部，论文数十篇。邮箱：tianjie@ bigc. edu. cn。

文化安全的一种保障方式。因此，发展中国动漫产业民族化，要提升到文化安全的高度来考虑，并建立相应的安全环境以及文化机制。

一、动漫产业与国家“软实力”

在国家竞争力的对比中，时任哈佛大学肯尼迪政府学院院长约瑟夫·奈（Joseph Nye）于20世纪90年代提出了“硬实力”与“软实力”两个术语概念。他认为，“软实力”是一种能够影响他人喜好的能力；而“硬实力”则可以通过经济力量和军事力量强迫他人改变立场。约瑟夫·奈教授说：“一个国家可以通过这样的方式来获得它想要的结果：其他的国家追随它，欣赏它的价值，模仿它的榜样，热衷于它的繁荣和开放程度。从这个意义上讲，在国际政治中设置吸引其他国家的议程，其重要性并不亚于通过军事或经济力量来迫使别人改变。这种让别人想你之所想的力量，我称之为软实力，这种力量吸引人，而不压迫人。”

“硬实力”的确可以“以力服人”，但却不一定能做到使人“心悦诚服”。而“软实力”则可以通过自己的文化感召力，深入而持久地对他国产生影响，从而获取巨大的现实利益。

经过30多年的改革开放，中国的经济力量得到迅猛增长。截止到2015年，中国GDP总量仅次于美国，处于世界第二位。可以说，“硬实力”的强大使得中国极大限度地避免了外部武力侵略。而且，在核武器笼罩的今天，大国之间的战争也是不可承受之重。所以，在“硬实力”足以卫国的前提下，国家之间的竞争几乎全部聚焦在“软实力”之争上。

我国文化部等十部门联合发布的《关于推动我国动漫产业发展的若干意见》明确指出：“动漫产业是指以‘创意’为核心，以动画、漫画为表现形式，包含动漫图书、报刊、电影、音像制品、舞台剧和基于现代信息传播技术手段的动漫新品种等动漫直接产品的开发、生产、出版、播出、演出和销售，以及与动漫形象有关的服装、玩具、电子游戏等衍生产品的生产和经营的产业。”在当今世界的全球化背景之下，特别是在发达国家日益重视“软实力”的今天，建立在大众娱乐和消费基础之上的文化产业日益发展繁荣。在整个文化产业发展过程中，“动漫成为一种世界通用的视觉叙事形式”。建立在信息技术成果之上的动漫形式，成为大多数国家的新生的主流文化形式。随之相对应的则是，在多数发达国家，动漫产业已经成为其国民经济中的极为重要的支柱产业。

跟其他文化产业不同的是，动漫产业对儿童、青少年的影响尤为巨大。一般来说，人类总是对童年时代记忆深刻，充满怀念。青少年时代接受的知识、价值观会深刻影响人的一生。对青少年的影响，就是对一个国家整个未来的影响。这种影响是文化的影响，是“软实力”的直接体现。因此，动漫产业不仅仅是一种文化产业类型，它已经成为各个国家提升自己“软实力”的重要途径。比如，日本于 2007 年提出文化产业发展战略，并成立了“知识财富战略本部”，将音乐、电影、动漫等文化产业与技术、IT 业、名牌产品等并列为国民经济的基础产业，将动漫等文化产业确定为国家重要支柱产业，并出台一系列配套政策，通过推行工业化大生产、建立文化产品产业链、扩大文化产品出口等，积极引导、推动文化产业发展。美国、韩国等文化产业发达国家，也都将动漫产业视为本国的朝阳产业，而成为国民经济中的主导产业。

可以看出，“在构建文化‘软实力’的诸多文化形态和结构中，动漫产业及其文化是相当‘无形’而最具影响力的文化结构之一”。因此，在构建国家“软实力”的过程中，发达国家对动漫产业情有独钟。自党的十七大以来，我国也开始重视包括动漫产业在内的文化产业的大发展、大繁荣，并以此提升国家的“软实力”。这表明，我国已经认识到动漫产业是提升国家“软实力”的最重要、最直接的途径之一。

二、动漫产业是西方“文化殖民”的重要途径

所谓文化殖民，就是“以强权形式向第三世界国家输出、推销自己的价值观念和生活方式，实现文化的“侵略”和“占领”。

在经济全球化的今天，各个国家尤其是大国之间经济文化联系紧密，形成了一种相对的“一荣俱荣，一损俱损”的局面。以经济、军事等为中心的“硬实力”的激烈碰撞虽然依旧频繁，但却始终处于一种可控的、温和的“斗而不破”的状态。因此，以欧美为主的发达国家因势而动，改变了对外扩张和渗透的策略。他们从重视“硬实力”的角逐渐渐转变为“软实力”的竞争上来。

美国著名学者爱德华·W. 萨义德曾经说过：“世界历史中，从没有过像今天这样，一种文化对另一种文化实行如此大规模力量与思想上的干预。”事实上，以欧美为主的西方发达国家，已经把文化产业，特别是文化产业中的动漫产业作为向世界输出其意识形态的重要途径，是西方对外

实施“文化殖民”的有效工具。欧美的一些文化专家鼓吹，如果一个国家的文化成为世界的文化主流，其价值观能够支配国际政治秩序，那么它就必然能在国际社会中处于优势地位。因此，在这种思想的支配下，欧美发达国家大力利用一切文化手段宣扬其世界观、人生观、价值观，以加强文化渗透、文化输出与“文化殖民”。“在具体方法上，西方反华势力除了继续利用政府文告进行意识形态攻击，还通过广播、电视、电影、报纸、杂志等文化产品的输出，公开或隐蔽地推销其社会政治理论、价值观念和生活方式，潜移默化地改变着人们传统的语言交流规则和行为方式。”

改革开放以来，特别是20世纪90年代以来，我国不断扩大对外开放，加强与西方世界的文化交流。与西方的文化交流，带动了我国的文化创新与发展，可以说，在此文化互通的过程中，我国获益良多。但凡事皆有两面性，如同邓小平先生曾经所言，“打开窗户，不仅进来的是新鲜的空气，可能苍蝇蚊子也连同一起进来”。大量的西方洋文化一时涌入大陆，令国人目不暇接。诸如“哈日哈韩”风，崇拜欧美风也一时兴盛起来。国人衣食住用、行走坐卧，言必称美国、欧洲、日韩。美国、日本等国家的动漫迅速占领市场，迅速侵占国人特别是青少年的内心深处。根据一项2008年的权威调查显示：在中国未成年人最喜爱的动漫作品中，日本的动漫作品占了60%，欧美的动漫作品占了29%。而国产动漫产品则只占了可怜的一成的比例份额。同期的调查更显示，我国小朋友最喜爱的20个动漫形象，几乎全部是来自日本、美国的卡通形象，比如机器猫、米老鼠、史努比、蓝精灵、变形金刚、Kitty猫等。

外来动漫形象的强势，加上本土动漫产业的弱势，让我国的青少年从小便沉浸在西方动漫作品的包围中。这些动漫作品背后宣扬的恰恰是欧美国家的价值观。比如美国的动漫作品宣扬的是美国的所谓“普世价值”、美国精神以及霸权主义等。这些青少年长期受其影响，便会自觉地接受西方的价值观。他们自然对美国的“文化殖民”与“意识形态”输入毫无抵抗之力。其中，更令人担忧的是，在此过程中，中国的传统优秀文化逐渐受到看低与漠视。

所以，我们看到，西方的动漫产业作为“文化殖民”的有效途径，首先对我国的动漫产业安全造成了巨大的威胁，同时对我国的文化安全与国家安全也造成了极为严重的挑战。

三、民族化是动漫产业的安全基石

面对日益严峻的动漫产业安全局面，我国的动漫产业有志之士大声呼吁要发展本土化的动漫作品加以对抗。比如张成义的著作《民族化：中国动漫产业发展的必由之路》，书中对动漫产业的民族化进行了深刻剖析。书中认为："中国本土文化包含深厚的创作理念和丰富的创作形式，为动漫创作行为提供了无穷的空间。我们应当挖掘和弘扬本民族的优秀文化，从民族本土文化形态中挖掘动画资源，创造出具有中国文化特色的动漫形象。"这代表了动漫产业学界、业界对动漫产业安全问题的关注与成果。

国家从宏观层面也一样意识到问题的严重性，习近平讲到："提高国家文化软实力，要努力展示中华文化独特魅力。在5000多年文明发展进程中，中华民族创造了博大精深的灿烂文化，要使中华民族最基本的文化基因与当代文化相适应、与现代社会相协调，以人们喜闻乐见、具有广泛参与性的方式推广开来，把跨越时空、超越国度、富有永恒魅力、具有当代价值的文化精神弘扬起来，把继承传统优秀文化又弘扬时代精神、立足本国又面向世界的当代中国文化创新成果传播出去。"习近平的讲话，虽然不是直接针对动漫产业而发，但无疑对我国动漫产业安全问题的解决起到思想引领的作用。

虽然，从国家层面到学界业界都在重视动漫产业的安全问题，但是近年来，国产动漫的创作一直缺乏动力。虽然从中央到民间，一直希望大力弘扬民族化精神，并希望中国动漫能扎根在本土优秀传统文化根基上坚持中国特色，但中国动漫的市场表现远远不能令国人满意。长期以来，中国的动漫市场主要被国外动漫作品所占据，面对这一严峻形势，中国动漫业界一直追寻和探讨其"民族化"发展问题。中国动漫文化产业的民族化，并不完全等同于展现地域特色、风俗习惯、造型概念等中国元素的民族特色，更为迫切而关键的是要利用各种所谓的中国元素来展现中国特有的民族品格以及文化精髓，要深耕中国文化及精神。而这一切的前提就在于尊重并信仰自己的优秀传统文化。同时，动漫文化产业在国际化发展的大背景下，我们对国际流行的动漫语言及创作方式、先进高超的动漫技术也应加以大力学习、吸收和借鉴。

由于我国历史文化悠久，我国动漫文化素材极其丰富。近些年来，国外动漫对此多有利用。目前，中国文化产业存在的关键问题主要表现在不能善用历史文化资源以及缺乏创新上。美国动画片《花木兰》以中国家喻户晓的古代巾帼英雄花木兰为原型，但美国人演绎的却是穿着中国服装的朱丽叶，中国古典文化资源经美国传媒资本之手转化为文化产品，并成为中国动漫产业的强大竞争对手。美国梦工厂的动画片《功夫熊猫》同样让中国观众的大声惊呼，熊猫和功夫都是中国的文化元素，却被美国文化进行了全新演绎。高科技水平和独特思维创意的完美结合加上发达的现代传播媒介征服了全球，也警醒了中国。而中国动漫产业缺乏创新力，文化产品的科技含量低，特别是不能善用古典资源，使得中国丰厚的文化资源难以有效地转化为动漫文化产品和文化服务。国外的动漫虽然能够演绎花木兰、功夫、熊猫等这些中国独有的文化元素，但只是表面上利用中国的素材而已，其实质是用“我们的口说他们的话”，其表达方式以及人文精神内涵仍然是西方的。这说明，动漫最终是要展现其民族文化及精神的。

中国动漫文化产业发展也应如此，我们在探索中国动漫体现民族化精神的时候，应该考虑到民族化实际是受文化传统、生活习俗、地域特色、时代特征以及心理趣味等多种因素影响的，并且通过素材内容以及表现手法的艺术化处理来展现中国化的民族气派、韵味以及文化心理趣向等。在此背景下，近年来也出现了一些较为优秀的民族化动漫作品。2011 年上映的动画电影《兔侠传奇》继承了中国动漫学派的创作精髓，塑造的主角的原型是“兔儿爷”，“兔儿爷”是一个在京津乃至华北地区最具神话色彩的玩偶形象。创作者并没有直接照搬原有的传统形象，而是在继承中有所创新，在表现传统美感的同时，增添了亲和力，突出塑造了“兔儿爷”吉祥平安的文化象征。不仅如此，在此动漫作品中，到处都展现了中国元素，庙宇寺观、庙会集市、传统戏剧等都充满了浓郁的民族气息。其武术设计也采用太极动作，展现了形神兼备的民族气韵。动漫电影《熊猫总动员》也颇具东方神韵，画面风格多采用中国传统山水画的风格，在命名设计上也采用了传统文化的元素，如阴阳五行等，试图让西方受众看到这些独具中国特色的文化符号。此动漫作品的定位为国际间的合作与国际化的市场定位，在迎合西方品味的同时，减弱了东方神韵的纯正性。其他如《西柏坡》、《藏獒多吉》等，也都是以中国特有的地域风貌以及时代背景而创作的动漫作品。这些作品，一定程度上体现了创作者对中国动漫文化产业民族化的努力，同时，也证明了中国动漫文化产业民族化意识的提升。但毕竟这类优秀作品还十分有限，中国动漫文化产业民族化的实现任重而道远。

但不管如何，中国动漫必须建立在中华文化的优秀基因之上，这是中国动漫产业发展的必然出路。习近平说，要把沉睡的古籍与传说动起来。动漫是时代赋予的恰当表现方式。中国优秀传统文化是中国动漫文化创作的根基，在国际化的大背景下，如何既能以民族化而展现中华文化精神，并以此提升中国国家软实力，而且，能够融入国际化语境，并获得文化话语权，是当前中国动漫文化产业发展的迫切时代课题。

参考文献

[1] Joseph S. Nye Jr, *The Paradox of American Power*, New York: Oxford University Press, 2002, pp. 8 ~9.

[2] 张成义、申晟：《民族化：中国动漫产业发展的必由之路》，人民出版社 2013 年版。

[3] [美] 爱德华·W. 萨义德：《文化与帝国主义》，李琨译，三联书店 2003 年版。

[4] 王鹏远、俞红、孙英："综合安全观视角下的国家文化安全威胁与对策思考"，载《经济研究导刊》2011 年第 36 期。

[5] 王本朝："国家文化安全的价值意义"，载《前进论坛》2011 年第 9 期。

[6] 殷俊：《动漫产业与国家软实力》，中国书籍出版社 2012 年版。

[7] 杨利英："日韩文化产业发展的成功经验对中国文化产业发展的启示"，载《毛泽东邓小平理论研究》2009 年第 10 期。

[8] 习近平 2013 年 12 月 30 日在中共中央政治局第十二次集体学习时的讲话。

经济新常态下文化战略选择的深层思考

韩丽雯 *

[摘　要] 文化是民族的精神家园，全球化背景下中国的国家文化安全面临巨大压力，近代以来的文化自卑心态和反传统思潮依然存在。在此背景下，"十三五"时期经济新常态下应如何选择当代的文化战略？笔者认为，文化战略的选择应该从三个方面入手，一是落实大力弘扬中华民族优秀的传统文化；二是从文化管理理念转变为文化治理理念；三是走文化产业化的发展路径。从而形成经济助力文化、文化带动经济的经济与文化互动发展的良性模式。

[关键词] 经济新常态；文化战略；文化产业

一、经济新常态下文化重要性的凸显

经济新常态是指中国经济发展进入到新的常态化的发展阶段，是对中国经济发展阶段新的认识和描述。所谓新的常态化的发展是与过去的快速发展阶段相比较而言的，即中国经济的发展从过去30多年的高速增长阶段逐渐转入常态化的中高速增长阶段。经济阶段的转换预示着国家的宏观政策会发生相应的改变，经济新常态具有三大重要特征，一是中国经济将从高速增长转为中高速增长；二是中国的经济结构将进行重大调整，不断实现经济结构的优化升级，服务业等第三产业将逐渐成为经济发展的主体，服务业的消费需求将逐渐提升，随着经济的发展，居民收入大幅提升，城乡等区域性差距逐渐缩小，民众对于文化产品的需求将大幅度提高；三是

* 韩丽雯，女，1972年生，北京印刷学院文化产业安全研究院讲师，博士研究生，毕业于中国政法大学政治与公共管理学院，专业方向是中外政治文化，现主要从事文化产业安全、文化产业政策和国家文化安全等领域的研究。邮箱：hlw519@ sina. com。

中国经济的驱动力将从要素驱动、投资驱动转向创新驱动，创新能力的重要性逐渐凸显，而文化水平的提升和教育方式的优化是提升创新能力的重要基础。经济新常态下中国经济面临着新的机遇、新的挑战，既有结构调整的阵痛又有新兴产业发展的机遇，在此背景下文化的重要性日益凸显。

文化是民族的血脉和身份，文化是民族的精神家园。弘扬中华民族优秀的传统文化，培育民众丰厚的文化素养，满足民众的精神追求和灵魂安放，是国家和政府义不容辞的责任。正如习近平总书记2013 年 11 月 26 日在山东曲阜考察时指出的："一个国家、一个民族的强盛，总是以文化兴盛为支撑的，中华民族伟大复兴需要以中华文化发展繁荣为条件。"人类在漫长的历史进程中创造了丰富多彩的文化，同时文化在人类的群体生活中也发挥了重要而独特的功能，如文化在协调群体成员的行为时的整合功能，为群体成员之间的有效沟通和合作打下了良好的基础；文化还具有为人们的行动提供方向和选择的导向功能；文化的形成和确立，标志着某种价值观和行为规范的被认可和被遵从，从而实现对社会秩序的维持功能；文化具有世代流传的传续功能，从而成为民族身份的重要标志。经济新常态下经济结构的调整，第三产业的迅猛发展，需要文化参与到中国经济的发展，需要文化赋予中国经济发展新的动力和领域，这不仅是经济发展的需要，也是进一步发展中国文化的需要。文化的重要性和独特性赋予文化战略选择的重要意义，文化建设和政策的设计理应慎之又慎，既不辜负中华民族的历史重托，又要赋予时代的精神和烙印，这不仅需要政府文化建设的顶层设计，而且需要民众的积极参与和集思广益，文化战略的选择和文化产业化的路径是当今文化建设的重要课题。

二、全球化开放背景下中国文化发展面临的挑战

在当今全球化的背景下，伴随着经济的全球化，西方发达国家凭借着经济、科技的优势，大力向全世界输出他们的价值理念、意识形态和政治文化等，给中国的国家文化安全带来巨大的冲击。在全球化的开放环境下，中国优秀的传统文化资源不再为中国文化所独有，全球化的生产方式使传统的对物质资源的争夺转变为对文化资源的争夺，西方发达国家以强势的文化产业所推行的"文化帝国主义"和"文化霸权主义"，对中国的国家和民族文化安全产生了现实的强大压力。中国自近代以来的百年历史，是军事上失败，经济上落后的屈辱的历史，是伴随着军事失败之后的

文化殖民心态和文化自卑心态形成的历史，正如张岱年先生所指出的："一个落后的、贫弱的民族更容易看到自己的短处，看不到自己的长处，甚至把长处也看成短处，更容易看到别人的长处，看不到别人的短处，甚至把短处也看成长处。"百年沧桑的历史使我们在学习西方、模仿西方中迷信了西方，并渐渐忘记了我们的责任和方向，忘记了我们的根基和身份。自近代以来知识分子在探索救亡图存的道路中所出现的激烈反传统的思想脉搏影响了一代又一代的中国民众，虽然表现形式有所不同，但其思想的脉络却一脉相承，直至20世纪80年代末期依然存在蓝色文明战胜黄色文明的思想观念。中国国家文化安全的现实压力和百年沧桑的历史给我们提供了文化战略选择的重要借鉴，弘扬中华民族优秀的传统文化为主旋律，在此基础上大力推动文化的产业化发展，为文化的发展和繁荣拓宽渠道和路径。正如《2014年文化系统体制改革工作要点》中所说的，"坚持以人民为中心的工作导向，坚持把社会效益放在首位、社会效益和经济效益相统一，推进文化体制机制创新，进一步解放和发展文化生产力，促进文化事业全面繁荣、文化产业快速发展、传统文化传承弘扬，增强国家文化软实力。"可见，中国经济高速增长阶段忽视文化发展的状况受到国家政府的重视，国家政策在经济新常态下开始重视文化和文化产业的发展。

三、经济新常态下文化战略的路径选择

（一）切实落实和弘扬中华民族优秀传统文化

近代百年的政治、经济、教育的改革和反传统思想的传播，已经中断了中国传统文化的学习和研究，中国民众已经失去了从小阅读经典的习惯。21世纪随着中国经济的发展和崛起，中国及其民众终于从贫穷落后的阴影中抬起头来，富裕之后的中国必须重新深入思考中华民族的传统文化和西方文化的关系和取舍问题，以及重新深入思考近代以来在特殊环境下出现的反传统的思想观念。如何重新认识中华民族的传统文化成为摆在中国民众面前的一道难题，各种观点和思潮纷纷出台，思想文化界一时难以思想统一。新一届政府领导人表明了鲜明的态度，习近平总书记在会见第四届全国道德模范及提名奖获得者的讲话中指出："中华文明源远流长，孕育了中华民族的宝贵精神品格，培育了中国人民的崇高价值追求。自强不息、厚德载物的思想，支撑着中华民族生生不息、薪火相传，今天依然是我们推进改革开放和社会主义现代化建设的强大精神力量。"从而提出

中华民族优秀的传统文化是社会主义现代化建设的强大精神力量的重要论断，确定了传统文化在新时期的重要地位。在同一年的中央政治局集体学习的会议上，习总书记又进一步指出："对中国人民和中华民族的优秀文化和光荣历史，要加大正面宣传力度，通过学校教育、理论研究、历史研究、影视作品、文学作品等多种方式，加强爱国主义、集体主义、社会主义教育，引导我国人民树立和坚持正确的历史观、民族观、国家观、文化观，增强做中国人的骨气和底气。"讲话进一步指明了落实和弘扬中华民族优秀传统文化的途径，即通过"学校教育、理论研究、历史研究、影视作品、文学作品等多种形式"进行落实，由此笔者认为，现阶段应该在幼儿园教育和小学教育阶段纳入阅读和背诵中国经典的措施和计划，让中国民众在幼儿和青少年时期就对中华民族的传统经典耳染目睹，潜移默化到心灵深处。随着年龄的增长以及对时代的认识加深，他们能够灵活地运用到现实事物中去。这对于他们将来投入到经济发展的建设中和创新实践中将有很大裨益。

（二）由文化管理理念转变为文化治理理念

治理理论早已伴随着全球治理的理念而成为大家的共享，中国共产党也在党的十八届三中全会提出了"推进国家治理体系和治理能力现代化"的全新命题，其中国家治理能力的现代化就包含着文化治理的现代化。文化治理与文化管理具有本质的差别，"文化管理是国家通过建立一系列规章制度对人、社会和国家文化行为的规范化，对象是文化行为及其整个生态系统，主体是政府；文化治理是国家通过采取一系列政策措施和制度安排，利用和借助文化的功能，用以克服与解决国家发展中问题的工具化，对象是政治、经济、社会和文化，主体是政府＋社会，政府发挥主导作用，但不是唯一性作用。"由此可见，文化管理是由政府单独执行，呈现出强制性的约束力，而文化治理则是由政府和社会共同参与对文化的建设，更能够突出人、社会与国家的能动性和自主性。文化本身所呈现的特征就是多样化、个性化的精神活动，文化的特点决定了对于文化的建设需要多方参与的治理方式，文化的建设需要充分发挥人民群众的积极性和创造性，通过简政放权，解放蕴藏在人民群众中的巨大的文化生产力和创造力，解放文化的社会活力。文化治理理念的形成能够进一步提高国家文化的治理能力，这主要体现在两个方面，一是要大力推进基本公共文化服务均等化。我国公共文化服务体系的建设亟待提高，但是以一种什么样的理念进行事关重大，新中国成立以来，中国长期形成的城乡二元的管理体系，使中国城乡的公共文化服务体系建设差距甚大，农村成为公共文化服务缺失的重灾区，文化治理理念重视普通民众的平等参与，重视普通民众文化权利的平等享有，因此均等地推行公共文化服务体系的建设就是文化治理的应有之义，从而运用政府投资大力建设农村地区的公共文化服务体系的建设，满足广大民众基本的文化需求，成为文化建设的重中之重。二是建设统一开放、竞争有序的现代化文化市场体系。文化的产业化过程是文化市场逐渐成熟和规范的过程。新中国成立以来，中国的文化建设是采取“事业化”的方式，即由政府通过计划的方式推行文化的建设，因此文化产品和文化服务是政府的行为，而不是市场行为。长期的文化事业模式形成了政府对文化生产经营的刚性干预，而这种模式在文化产业化的进程中是需要尽快消除和改变的。因此，破除现阶段的“行政文化市场”，最大限度地提高文化生产要素和文化商品流通的便利性，减少政府对文化生产经营的干预，提高文化市场资源配置过程中的自我调节能力和自我治理能力，把建设现代文化市场体系与提高文化治理能力有机结合起来，充分释放和激活文化市场的公平和正义，就成为文化治理过程的重中之重。

（三）文化产业化的路径选择

文化产业化的路径选择是文化发展的现实需要，是文化发展紧跟国家治理现代化的必然选择。正如有的学者所指出的，新中国成立后，中国在国家治理层面走过了三个阶段：“第一阶段是政治治理，它的核心标志是以阶级斗争为纲；第二阶段是经济治理，它的核心标志是以经济建设为中心；第三阶段是文化治理，它的核心标志是提出建设文化强国”。第三阶段的文化治理的现代化需要文化产业形态的现代化，需要文化产业的市场化来满足广大人民群众日益增长的精神文化需求的多样性。同时，文化产业化也是克服单纯经济发展所出现的弊端的需要：“以经济增长为核心的传统发展模式把经济增长视为目的，忽视人的全面发展，其活动中心是发展的客体即物质对象，它使人成为物的奴仆。文化经济时代的发展观将人的不断完善当作发展的战略旨归，强调发展在生态上、经济上和社会上的持续性，它要求人类从以破坏自然为代价向人与自然及社会和谐发展转变，要求人类从以发展的客体为中心向以发展的主体为中心转变，要求人类追求真善美通天的境界，保证人的素质和潜力不断得到提高和发挥”。因此文化产业化的路径选择是时代的要求，也是文化发展的要求，是以人为本的发展目标的应有之义。

文化的产业化过程是对文化商品化和工业化的提升和超越，文化的商品化使文化产品和文化服务可以通过交换实现自身的价值，并同时使文化产品和文化服务实现了传播和交流；文化的工业化使文化的生产方式实现了由传统的手工作坊到现代工业的过渡，从而实现了文化的大规模传播和交流，满足了更多普通民众的文化需求。而文化的产业化过程是在文化商品化和工业化的基础上，在按照工业标准进行生产、再生产、储存以及分配的前提下，实现文化内部各行业之间自我协调、自我积累，实现扩大再生产的过程。因为“一个产业的基本特征是，产业整体具有独立生产和扩大再生产的能力，产业内部具有强大的自我协调和自我积累的能力，产业内部各行业之间形成一个完整而不是相互断裂的链条”。要实现文化的产业化需要两个基本条件：“第一，社会整体文明程度的普遍提高创造了有效的文化需求。这主要依赖于现代民主政治的推进、现代国民教育的普及以及社会经济发展程度的提高。现代民主保障绝大部分人拥有文化消费和发展的权利和机会，国民教育的普及使绝大部分人能够产生文化需求，物质生活的普遍富足使大多数人可以进行文化消费。第二，产业资本的渗透与文化产业意识的觉醒。在完成了对物质产品的控制后，资本也逐步向精神文化领域延伸……与此同时，还需要有文化产业意识的觉醒和文化管制政策的松动，因为产业资本只能沿着经济轨道运行，对于非经济壁垒是无法超越的。在一个意识形态控制和文化行业管制严格的地方，不可能有文化产业”。由此可见，文化产业化的过程是市场经济发展到一定程度的产物，是经济发展和国民教育发展到一定程度的产物，是政府文化管理体制向文化治理转化的过程，是人民群众文化需求意识提升的产物。由此也告诉我们文化产业不仅仅是指物化的文化劳动过程的市场化和企业化，也不仅仅是文化活动和产品的创收和营利的问题，而是“指文化生产的各个系统和环节有机关联并达到社会化、规范化、规模化的程度，是文化商品化、市场化由个体的、自发的局部行为上升到社会的、自觉的整体行为，是文化生产的企业化、工业化由量变到质变、由零散到系统的重大飞跃。广义的文化产业，是指生产文化产品或提供文化服务以满足社会需要的各类行业门类的总称”。文化产业化的本质进一步提示我们，文化产业化的过程是与市场经济的发展、政治的现代化、教育的现代化和社会治理的现代化息息相关的过程。

中国经济获得了前所未有的高速发展，经济快速发展的同时积累了众多的问题和矛盾，也忽略了许多需要发展和提升的领域和产业，因此在中国经济新常态化的历史阶段，在经济发展的基础上如何真正实现中华民族在各方面的伟大复兴，如何通过文化的产业化路径进一步增强国家的文化软实力，是当代中国人面临的重要课题。当代中国人应认真从中国百年沧桑的近代历史中总结经验和教训，从近代百年的激烈反传统的阴影中走出来，重新从中华民族优秀的传统文化中汲取养料，为国家的文化安全建立坚固的后盾，为中国经济的发展插上更加稳健的翅膀。正如有学者所说："一个国家的文化安全系数，与一个国家自身的文化创造能力，即核心竞争力成正比，与外来文化入侵成反比。"从中华民族优秀的传统文化中寻求中国新时代新形势的创造性转型，中国的国家文化将呈现出巨大的创造力，中国的经济发展将更加稳健。

参考文献

［1］张岱年、程宜山：《中国文化论争》，中国人民大学出版社 2006 年版。

［2］胡惠林："思想创新引领中华文化新变革"，载《党政干部参考》2014 年第 28 期。

［3］胡惠林："实现文化善治与国家文化安全的有机互动"，载《探索与争鸣》2014 年第 5 期。

［4］张曾芳、张龙平："论文化产业及其运作规律"，载《中国社会科学》2002 年第 2 期。

从版权侵权司法实践和戏仿角度对剽窃问题的探究

刘元华 *

[**摘　要**] 剽窃一般被认为是版权侵权的典型代表，在我国司法实践中判断剽窃构成版权侵权的标准就是是否构成“实质性相似”，也就是把剽窃归结为违背作品“独创性”要求的“版权侵权”的表现形式之一，但是在现实中有些在表面符合剽窃特征的作品，往往很难归结为版权侵权，诸如文学抄袭、戏仿等现象。本文从剽窃的含义、特征入手，结合司法实践中实质性相似判断的方法“三段论侵权认定法”与“摘要层次认定法”，以我国司法实践中存在的类似侵权现象为切入点，具体分析文学作品剽窃与版权侵权的问题，结合戏仿作品，进一步分析有可能不构成版权侵权的现象。本文从现实中包括版权侵权的被禁止的复制行为之间的复杂关联以及惩罚和免责的种种形式等角度入手，来逐一展开分析。

[**关键词**] 剽窃；版权侵权；独创性；戏仿

当今社会，剽窃被认为是版权侵权的典型，是知识性欺诈。大众普遍认为，剽窃是抄袭别人的思想或言词，采用（创作出的产品）而不说出其来源。人们从古至今对抄袭的谴责日益严厉，由开始的泛泛而谈到后来指名道姓、毫不留情地批判。

西晋的郭象在向秀死后，趁向秀之子年幼无知，将向秀作注未完的《庄子注》窃为己有，被看作“薄行之人”；唐代的张怀庆因为偷窃名士文章，时人戏之为“活剥张昌龄，生吞郭正一”；最为人所不齿的是唐代的

* 刘元华，女，1978 年 11 月生，北京印刷学院社科部讲师，法学硕士，研究方向：思想政治教育、版权，出版专著一部，发表论文十余篇。

宋之问，宋氏为将外甥刘希夷的两句诗“年年岁岁花相似，岁岁年年人不同”占为己有，竟然杀刘灭口，徒留恶人的骂名，遗臭万年。当下，某高校教授涉嫌剽窃，学生学术论文、学位论文涉嫌剽窃，某政客曾经的论文有剽窃嫌疑……等新闻层出不穷。一旦被发现抄袭他人章句，学生会被开除学籍，政客就会毁掉前程，作家、学者、新闻记者就会名誉扫地。总之，社会大众对于缺乏自我“创造性”的作品报以鄙夷和批判的态度。

剽窃是著作权法司法实践中常出现的现象，但是剽窃的问题并不像我们所看到的那样，需要冷静地评价而不是简单地谴责或者辩护。因为表现形式与剽窃相似的诸多相关行为实质并不相同，不应该笼统地认定为版权侵权，处理学术剽窃和归为版权侵权的剽窃有哪些区别和联系——比如“自我剽窃”、“创造性模仿”、“合理使用”、“戏仿”等行为需要细细区分和评析。我们应该承认“剽窃”概念所存在的模糊性，因此“剽窃”也存在一些灰色地带，笔者试从以下几个方面展开评析。

一、剽窃的含义、基本表现形式和“版权侵权”司法实践的基本评定

（一）剽窃的含义和表现形式

涉及“剽窃”一词的主动行为人在全社会范围内大多是处于“人人喊打”的局面，但是对于“剽窃”一词的含义，文学界、学术界、法律界并未给予确切的定义，不过广大公民有大致相同的认识：剽窃（plagiarism）就是使用他人的作品而漏失来源（without attribution）——把他人的观点或者表达当成自己的，这是剽窃最主要的属性。以下是译自英文的、有关剽窃的两段经典定义：①挪用他人的作品——他人写作的段落、章节，或者观点、语言——冒充为自己的心智产品。②偷窃（别人的思想或文字）并把它们冒充为自己的：使用（别人的作品）而不归功来源（without crediting the source）；实施文字盗窃：把来自现成资源的作品或观点表现为新的和原创的。

剽窃在实践中常有许多表现形式，方流芳教授在其文“学术剽窃和法律内外的对策”中陈列了以下几种：①逐字剽窃或引用原文而无引证。逐字剽窃在剽窃行当中属于极端行为；可能一部分学生的学位论文或毕业论文、教授们的文章剽窃多属于此类。例如，理查德·波斯纳在《论剽窃》一书中列举的，哈佛大学本科二年级学生维斯瓦纳坦于2006年4月创作的第一本书《奥玻尔·梅莎如何被吻、发狂并获得新生》（*How Opal Mehta*

Got Kissed, Got Wwild, and Got a Life）被揭露出是从一位“已有名气的作家梅甘·麦卡弗帝（Megan Mccafferty）的几本类似的‘红粉’（chick – lit）小说中几乎逐字逐句地抄袭了很多段落”。②从他人作品中摘取段落和单句或短语而不显示出处。哈佛大学的理事会成员多丽丝·凯尔斯·古德温（Doris Kearns Goodwin）和哈佛法学院的3位教授——劳伦斯·揣伯（Laurence Tribe）、查尔斯·奥格里崔（Charles Ogletree）、阿伦·德绍维茨（Alan Dershowitz）近来也与该校大二学生维斯瓦纳坦一道受到剽窃之指控。③改写原文而保持原文的段落或文句的结构。此类剽窃可归为不当释义的一种，其目的是通过改写窃取别人的观点、思路和表达结构。

（二）法律规范对于剽窃的认定——版权侵权

剽窃一词是从生活中概念转移到著作权法上来的，按照《著作权法》第47条第5款的规定，“剽窃他人作品”是该法列举的、可据此提起“承担停止侵害、消除影响、赔礼道歉、赔偿损失等民事责任”的损害赔偿之诉的11种侵犯著作权的行为之一。《著作权法》对剽窃的规制较为周延，但是仅仅定义为“版权侵权”的表现之一，并未具体界定剽窃的行为种类和具体表现形式，《著作权法》只是把“归认来源”作为一项法定义务——在法定的、可以不经著作权人许可而使用其作品的情况下，“应当指明作者姓名、作品名称”。在《著作权法》颁布前，《民法通则》就已经把“剽窃”列为一项可诉的侵权行为，著作权核心要素的独创性要求在后创作的作品对于先前创作的作品应呈现出“明显的差异性”，否则即有“剽窃”之嫌。在涉及剽窃的案件中，司法实践基本是把争议作品是否构成“实质性相似”作为判断“版权侵权”的依据。

剽窃引起了人们越来越多的关注，数字化技术使剽窃和发现剽窃都变得更为容易，因此剽窃不仅在法律上受规制，更是在学术道德范畴成为被一直批判争论的对象。但是剽窃判定中关于思想表达二分的原则对某些行为的规制是否一律适用？在文学艺术领域，对于体裁、结构、风格、艺术底蕴等作品要素的模仿有助于繁荣科教文化艺术，是否能一概而论？我们需要从剽窃概念的不确定性、多样性、与其他包括版权侵权的被禁止的复制行为之间的复杂关联以及惩罚和免责的种种形式等角度入手，来逐一展开分析。

（三）司法实践对于“剽窃”的处理

剽窃在司法实践中究竟怎么被认定？“窃”得了什么？回到著作权法

益的基本问题和权益保护的初衷，著作权是在保护智力财富创作者的权益和社会传播空间的公众利益，那么剽窃就"窃"得了作者的学术声誉和作品的市场价值，呈现在作品表现形式中就是与他人作品构成"实质性相似"，也就是涉嫌作品没有"独创性"。

剽窃——版权侵权的基本特征是"独创性"的侵犯，目前各国版权制度中的通行做法是对著作权的取得采取自动取得保护原则，实行不审查主义。一件作品是否具有独创性，无法或不容易在事先明确，只能事后即在诉讼中给予认定，这是节约制度运作成本的考量。一件作品只要是值得剽窃的，它就是具有独创性的，这可由预期读者的信赖利益是否遭到损害而得到间接证明，而这在争议发生之前是不容易做出明确界定的。正是在这个意义上，可以认为独创性不只是一个词语问题，而是一个实践问题；关于独创性的判断，不是或不仅仅是一个法律问题，很大程度上是一个事实问题。

独创性可以被看作为一部作品的灵魂，我国著作权司法实践中一般指导意见是，如果引用他人一部作品，在自己作品中指明了作品引用的来源，一般可以不被看作"抄袭"，但是要有一个引用的"度"的问题。这就涉及合理使用制度中的适当引用，《著作权法实施条例》第 27 条第 2 款对引用的量作出了规定，"所引用部分不能构成引用人作品的主要部分或者实质部分"，如果以此为标准，显然，引用他人作品即使标明出处也有可能构成引用不适当。

剽窃行为的本质是混淆作品或作品要素的出处，改变作者与作品、要素之间联系，只有正确署名才能厘清文化发展过程中各种思想观点和艺术形象、情节演变的历程，才能对思想观点和文化艺术的发展脉络有全面的把握。

二、剽窃司法判定中重要原则及其实践应用

（一）思想表达二分法及其发展

谈到剽窃的认定不可绕开"思想与表达二分法"这一《著作权法》中一个十分重要的原则，我国《著作权法》的法条中虽然没有明确指明这一原则，但是在司法实践中逐渐重视运用此原理来处理著作权纠纷。思想与表达二分法原则的基本思想就是主张作品中包含或体现的思想不受著作权保护，而只能延及到作品中特定的表达部分。思想与表达二分法主要是为

平衡公众接近信息的需要和对作者创作付出的报偿和鼓励。作品中表达的思想不受保护，意味着思想将永远的留存于公共领域中，从自然法观念上，设立财产权是以财产可以被占有为前提，而作品中表达的思想是很难被个人占有的，这种难以被个人占有的性质使得给予其著作权保护变得不大现实，也没必要，所以将其留存于公共领域中无损于著作权人，而且对于实现《著作权法》的根本宗旨具有极度重要的意义。目前，思想与表达的二分法原则已经得到世界各国著作权立法和《TRIPs 协议》的普遍认可。对于剽窃司法实践中认定的基本要素之一就是判断争议的两部作品是否具有实质相似性，区分的部分当然只能是"表达"而非"思想"部分，各国区分的方法不尽相同，各有特点，但在发展与研究的层次上，美国最为突出，具有代表性。美国思想表达两分法理论从正式起源是 1879 年裁决的 Baker 案，后来发展到 1990 年 Keeton 在 Lotus development corp. v. Paperback. Software international 案中发展的"三段论测试法"（three legal test）；1992 年第二巡回上诉法院在 computer associate international，Inc. v. Alti，Inc. 进一步提出了抽象——过滤——比较测试法。我们可以清晰地看出，判定实质性相似的案件实践方法论不断更新，大家可以洞悉纷繁案件中的法官们在对付诸实践的应用归纳中的技术。

"三段论测试法"其实与"抽象测试法"都是判定实质性相似的司法认定方式，它是美国第二巡回上诉法院于 1992 年在"计算机国际联合公司诉阿尔泰公司"一案中确立的，具体判定分三步走：第一步"抽象"，即对作品进行不同程度的抽象，根据抽象程度将作品分解为思想、表达以及介于两者之间的"模糊区"，然后将不受保护的思想从原、被告作品中剔除不作考虑；第二步"过滤"，即将不受著作权保护的资料（包括实时性资料、公有领域的表达、通用元素和唯一表达等）与受保护的表达分开；第三步"对比"，即对"抽象"和"过滤"之后剩下的部分进行比对，如果被告作品仍有实质性内容与原告相同，就可以判定侵权成立。

（二）判定剽窃侵权的方法在我国实践中的应用

目前，虽然我国没有实行英美法系的判例法，但是对于以上实质性侵权的认定方法，我国的司法审判中也已经有所学习并付诸实践。例如在 1990 年 11 月溥仪遗孀和吉林社科院王庆祥认为贾英华所著的《末代皇帝的后半生》抄袭了他们合著的《溥仪的后半生》、《溥仪与我》等书，将贾氏告上了北京市西城区法院的审判庭。《溥仪的后半生》、《溥仪与我》

先于贾作《末代皇帝的后半生》出版，而贾在主题思想、语言内容、章节段落以及史实排列等方面对他们构成了严重抄袭，抄袭量达70%以上。法院审理中首先抽象出属于创作思想和公有事实的那部分内容的相似之处，因此原告所诉被告作品的主题思想的相同、史诗排列顺序的相同等内容作为思想而排除在侵权之外；其次对比就原告所诉作品中几十处相似细节，被告当庭一一证明这些相似并非从原告作品中来，而是通过查阅国家档案、报刊等公共资料，或者通过采访溥仪亲属、好友、知情人、有关单位而获得的珍贵史料。最后法院发现被告作品中并没有剩下什么实质性内容，因此判决驳回原告诉请。

再举一例关于郭敬明的《梦里花落知多少》与庄羽的《圈里圈外》作品的争议作为说明。庄羽小说《圈里圈外》曾于2002年8月发表在天涯社区网站“舞文弄墨”版，后于2003年2月由中国文联出版社正式出版，而郭敬明的小说《梦里花落知多少》于2003年11月由春风文艺出版社出版。2003年12月庄羽向法院起诉，称郭敬明所著《梦里花落知多少》以改头换面、人物错位、颠倒顺序等方法，剽窃了其《圈里圈外》一书的构思、故事线索等，甚至照搬了《圈里圈外》的片断以及部分语句。经过法院一审和二审程序，2006年5月22日法院终审判决，《梦里花落知多少》构成抄袭。

二审法院在判断作品的实质性相似时综合运用了“三段论侵权认定法”与“摘要层次认定法”。第一步，明确《圈里圈外》的构思和语言风格属于“创作思想”，不能列入著作权保护范围，庄羽放弃对该部分的指控；第二步，对原告指控的情节、人物关系是否属于公有领域进行了细致的辨析，单纯的人物关系特征，如人物相貌、个性、品质等，或单纯的人物关系如恋人关系、母子关系等，属于公有领域的素材，不列入《著作权法》的保护范围；第三步，在剔除“思想”和公有领域的表达之后，对两个涉案作品作细致对比，发现两部作品“都是以现实中青年人的感情纠葛为题材的长篇小说”，“构成相似的主要情节和一般情节、语句的数量远远超出了可以用‘巧合’来解释的程度”，“将这些情节和语句作为整体进行对比就会发现，具体情节和语句的相同或近似是整体抄袭的体现，具体情节和语句的抄袭可以相互之间得到印证”，所以判定为抄袭。

三、剽窃的司法判定方法对实体性文学侵权判断的不准确性

（一）司法实践方法剥离了作品的完整性

由以上分析我们不难看出，司法实践中总结的各种方法，是将一部作品提炼归纳成不同层次，看上去是对作品按比例进行缩小，但这种缩小不可避免会省略一些内容，这些内容在法官看来好像是附着在骨骼上的肌肉以及肌肉上的皮毛等，他们认为只要骨骼仍在，就不影响其总体判断。但是比较法尽管操作简便，在大多数情况下可以得出比较可靠的结论，但是由于他们舍弃了一些东西（特别是文学作品中最具价值的描写和细节），逻辑上决定了其判断有失准确。

原因之一，无论是“三段论测试法”还是“抽象测试法”，都存在剥离作品完整性的可能。正如刘汉波在《著作权司法实践中文学观念批判——以文学剽窃的认定为中心的考察》一书中论述的，其实不管原告作品还是被告作品都不能随便对它们进行机械分割，不能将某些片段从作品中孤立出来加以考察，而应充分注意这些片段与上下文之间的联系，充分考虑这些细节在整部作品中的功能，从整体出发来判断其是否具有独创性，最后得出是否构成版权侵权的结论。

举例来说，假如我们有这样三个片断：一个是一张微笑的脸，另一个是一张惊恐的脸，第三个片断是对着一个人瞄准的手枪。我们试把这三个片断按照两种不同的次序连接起来，假设我们第一次以微笑的脸——手枪——惊恐的脸的顺序表现；第二次我们却以惊恐的脸——手枪——微笑的脸的顺序表现。第一种排列的次序给我们印象是：那个人是一个懦夫；在第二个例子中那个人就成为一条好汉了。尽管这是一个很肤浅的例子，不过我们可以明确地看出来，仅仅孤立地看某些片段不可能得出可靠的结论。

原因之二，司法实践中的这些实质性相似的比较方法，只注意表达而忽视了表达背后的意义或功能。当然，在著作权司法实践中，对作品表达进行对比是必要的，但仅仅停留于表达而没有揭示表达的意义或功能则是不够的，实质上绝大部分的表达都不是为了表达而表达的，它总是指向一定的意义。如果剥离了若干思想和公有表达、唯一表达后，仅仅从某些独立的语句、情节、人物来分析，而不把它们放到不同的、特殊的语境下，就会得出不客观的结论，因为意义和功能是不能离开语境的。在不同上下

文中，同一表达，其意义和功能可能完全不一样。苏联电影艺术家库里肖夫和普多夫金为了弄清楚“蒙太奇作用”曾做过一个有趣的实验：他们给俄国著名演员莫兹尤辛拍了一个无表情的特写镜头，然后让这个镜头分别与一碗汤、老妇的尸体和游戏的孩子三组不同的镜头组合在一起，结果可想而知，当特写镜头与一碗汤相连接时，观众感到演员陷入沉思；当那个镜头与一具躺在棺材的尸体连接时，观众感到演员仿佛沉浸在悲痛之中，欲哭无泪；当特写镜头与一个游戏的孩子连接时，观众觉得演员很欣慰，似乎那个孩子是他茁壮成长的女儿。可见，一个相同的镜头与不同镜头连接，就产生出了不同效果，生成了不同的文学意义，所以语境对表达的制约作用是很突出的。

那么，我们把对片段与语境的分析迁移到文学作品的实质性相似的对比上来，作品片段表现形式的相似不足以证明它们构成实质性相似，因为在剥离了许多“思想”性表达、公有领域表达后，将丧失了具体语境的、支离破碎的片段相对比得出的结论不具有说服力，语境的不同完全有可能代表不同的含义，甚至使作品迥异。

以前文郭敬明的《梦里花落知多少》与庄羽的《圈里圈外》作品的争议为例。二审法院在判断作品的实质性相似时综合运用了“三段论侵权认定法”与“摘要层次认定法”。该案判决后郭敬明一直态度强硬地表态只赔钱，绝不道歉。郭敬明一书的许多读者也对法院的判决有看法，就是因为他们认为，在排除了“思想”和公有领域表达后，《梦里花落知多少》与《圈里圈外》“表面上风格相似，核心部分大相径庭。《梦里花落知多少》表现的是青春后期的酸涩与叛逆，《圈里圈外》则是这个社会最堕落的群体，一些已经完全残疾的心灵的写照。穿的是同一个牌子的西装，在同一个地方狂欢放纵，实际上却是两个人，伤心人各有怀抱”。从中不难看出，两部作品的意义是不同的，法院没有结合具体的表达所凸显的意义来做综合考量，其实质性相似的判断有失偏颇。读者的感受便是有利论证。

（二）“思想与表达”原则在文学作品中发生的转移和误解

“思想与表达”原则的设置初衷是为了防止有人将思想实行专有垄断，那样必将妨碍更多的人从事创作，也就不会产生出更多新的作品，有违著作权促进社会文化传播的理念和宗旨。假如思想也构成侵权的话，那么王实甫在《西厢记》中表达了“有情人终成眷属”的思想后，其他人就不能再表达这样的思想了，文学的百花园难免因此而单调。所以，“思想与表达”二分原则实在是很有必要的。但是当司法界在具体履行这一原则时，我们却发现概念悄悄地发生了转换。idea是一种想法，是艺术家对人生、世界的一种认识和理解，idea需要用expression来体现于外，expression是借助一定的艺术素材、艺术媒介、艺术手段而对idea的总体表现，在某种意义上可以说idea是隐藏在作品之中需要读者去挖掘的东西，而expression则是表现在外、呈现在读者感官面前的整部作品。因此，正如刘汉波在《著作权司法实践中的文学观念批判》中所分析的，严格来讲，idea与expression并不是对一部作品所做的平面划分。尽管expression强调的实际上是对作品的整体安排，带有动态性，但由于它必定要落实为静态的形式，司法实践中法官在断案时为了分析的方便，往往从静态的形式入手，有意无意间就忽略了expression的动态面。如此一来，对“思想与表达”二分原则的理解就千差万别了。在这种情形下，司法界在著作权司法实践中习惯于从人物、情节、细节、语言等方面对涉案作品的实质性相似作出判断就完全可以理解了，因为可能恰恰把“idea”与“expression”错误地理解为内容与形式了。

（三）剽窃≠版权侵权

正如理查德·波斯纳在《论剽窃》一书中提出的，显然并非所有的复制行为都是剽窃，甚至并非所有不合法的复制行为——“版权侵权行为”都是剽窃。版权侵权行为和剽窃之间有相当大的重叠部分。一种对他人作品的无意识的、非故意的盗用可能有什么益处?

理查德·波斯纳认为，“大多数法官只是在或深或浅的程度上加工编辑其他法律助理撰写的司法意见书草稿——有时候法官做的是相当深入的编辑加工，以至于他可以成为司法意见书的合作作者甚至是首要的合作作者，尽管不是唯一作者。”“法官或者其助理有时把律师撰写的诉讼摘要段落语句直接移入司法意见书而不加说明；还有很多司法决议、事实裁决和其他由法官签名的文书实际上完全是由当事人律师准备的，不过法官仿佛就是这些文书的唯一作者。”

还存在这样一些情况，即捉刀代笔的行为并未损害任何一方的利益。例如“名义作者是政客、明星，但实际上其作品是捉刀代笔之流，这里就没有受害者，捉刀代笔之人获得了报酬，而且由于公众也没期待这帮人有什么原创性，因此也谈不上受到愚弄。”但是为了避免会给公众造成明星自己写作的印象，对于捉刀代笔人的承认已经日渐普遍，例如希拉里·克林顿的《举全村之力》，作者就与此书的捉刀代笔人签订合同禁止公开她的身份。理查德认为，在法官和政客明星等公共人物的例子上，存在一种或可辩护的理性化原因，即重要的不是作者身份，而是承诺，这就是公众并没有被愚弄的原因。

古代作品习俗是不探求原创作者的，“尽管不是你撰写，但你仍可以成为某作品作者。摩西并没有撰写《摩西五经》，大卫王没有撰写圣经《诗篇》，圣马太没有撰写《马太福音》。不把作者身份赋予实际的写作人，而是把它赋予那些拥有可使作品获得权威的人”。

所以，以上的“盗用”用社会公益角度衡量还是有意义的。这些从版权侵权的角度可能会做出否定性评价的盗用行为其实很难用一般意义的剽窃去界定。

四、戏仿作品与剽窃行为的认定

剽窃作品中不应被称作版权侵权的还有一类——戏仿作品（Parody），一部戏仿作品会有很大部分与被戏仿的作品相似，用司法实践推定的方法，很容易构成实质性相似，因为戏仿作品可能会大量引用被戏仿作品，尤其是风格、主题方面的鲜明特征，却经常不提及被戏仿作品。当然，戏仿作者会种下许多让人明显觉察到是被戏仿作品的种子，否则作者的目的就会落空，也就不会成为一种戏仿作品了。例如2006年初一位观众在观看电影《无极》后有种“受骗上当的感受”，便花费5天时间制作了视频作品《一个馒头引发的血案》并放在网上，《一个馒头引发的血案》依赖《无极》一定数量的视觉材料，借用中央电视台《中国法治报道》节目的形式，穿插商业广告模式，演绎为电视台主持人向观众讲述2005年某月在某市发生的“一个馒头引发的血案”的侦破过程，探讨关于人格心理、承诺与信任的现实世界中的问题。由此引发了一场有关侵犯热映电影《无极》著作权或其他权利的热议。

戏仿作品能否算作是侵权作品呢？法理依据在何处呢？我们从戏仿作品本身出发，以《一个馒头引发的血案》为例进行分析：

其一，依赖原作不是原作再欣赏。《一个馒头引发的血案》作者对主要来自《无极》的视觉材料作了完全不同的解说，因此《一个馒头引发的血案》是一个相对独立且完整的作品，观众必须有能力不断转换语境，互为参照，在欣赏作为前景的《一个馒头引发的血案》时依据前景素材重新回放、感知作为背景的《无极》，感受两者之间的不和谐（这是一种非常复杂的、难以描述的艺术欣赏过程）才可能获得一种异常的戏谑、嘲弄和愉悦感。《一个馒头引发的血案》是与《无极》存在很大差别的新的作品，所以不存在侵犯修改权和保护作品完整权的问题。

其二，如果用合理使用制度去解释。《一个馒头引发的血案》作者胡戈本人并未从中获取任何商业利益，可认为是个人欣赏或评论作品之目的，但是它又并非原作品的直接引用，所以合理使用制度的解释较为牵强。

其三，《一个馒头引发的血案》的传播并没有影响《无极》的票房。相反，许多人是看了《一个馒头引发的血案》之后才去看《无极》的，所以《一个馒头引发的血案》不但不影响原作品的正常使用，反而助长了其商业利益。

所以，《一个馒头引发的血案》这样的戏仿作品很难被划到侵权的行列，关于戏仿作品的权益划分和侵权判定等内容也掀起了我国法学界讨论的一股热潮。《一个馒头引发的血案》也许是唤起当代中国社会关注的第一个相对完整的戏仿，国外也有同例，例如电影《顽主》中对弗洛伊德学说的戏仿；现实中我国近年来还存在许多类似的戏仿作品，例如2006年中央电视台春节晚会节目《说事》，它既是对电视节目《小崔说事》的戏仿，更是对1999年中央电视台春节晚会节目《昨天 今天 明天》的戏仿，而后者又是当年对电视节目《实话实说》的戏仿。

五、结论

结合以上关于剽窃实质性相似的判断、对文学作品是否构成侵权以及对戏仿作品的评析等，当我们在判断文学作品是否构成“版权侵权”意义上的剽窃时，应当注意以下几个问题：

其一，在进行“三步法”和“过滤法”时注意整体观感法。即通过普通观察者对作品整体的内在感受来确定在后作品是否利用了在先作品的核心和精华，以此确定两作品是否构成实质性相似。整体观感法在操作上相对简单，强调阅读者整体感受的比对，司法案例中也屡有涉及。在庄羽诉郭敬明案中，二审法院对采用整体观感法判断侵权的理由作出了充分说明：“对被控侵权的上述情节和语句是否构成抄袭，应进行整体认定和综合判断。对于一些不是明显相似或者来源于生活中的一些素材，如果分别独立进行对比很难直接得出准确结论，但将这些情节和语句作为整体进行对比就会发现，具体情节和语句的相同或近似是整体抄袭的体现，具体情节和语句的抄袭可以相互之间得到印证。”然而，由于该法主要强调阅读者对作品的整体感受，主观性较强，且不详细区分作品中不同创作元素的著作权法属性，因此难免会将本文所述不属于著作权客体的内容纳入著作权保护范围，从而不适当地扩大了著作权保护范围。

其二，独创性高度应与作品类型相符合。例如历史剧本类文字作品和散文类或小说作品，就不能用同一高度去要求作品的独创性。针对同一题材创作的历史剧本在表达上很难避免出现相同或近似之处，此种历史类作品先天的特殊性决定了在评价其独创性高度时应更加慎重，力求客观，司法保护力度应与此类作品特点相符。对于界限模糊、独创性高低不易把握的内容，法院在划分著作权保护边界时，应时刻铭记著作权制度的实用主义色彩和终极目标，避免因司法对著作权人的过度保护而妨碍创新。

剽窃不一定完全构成版权侵权，对在后作品的独创性不应要求过高，在后作品只要在具体情节表达上能够体现出差别（甚至是细微的差别），并且使在后作品满足著作权法对独创性的要求即可。

参考文献

[1]［美］理查德·波斯纳著，沈明译：《论剽窃》，北京大学出版社 2010 年版。

[2] 方流芳：“学术剽窃和法理内外的对策”，载《中国法学》2006 年第 5 期。

[3]《民法通则》第 186 条。

[4] 李进一、王玫黎：“版权侵权行为法律问题研究”，载《北京大学学报（哲学社会科学版）》2000 年第 2 期。

[5] 肖雄林：《著作权法研究》，台湾 1987 年版。

[6] 王坤：“著作人格权制度的反思与重构”，载《法律科学（西北政法大学学报）》2010 年第 6 期。

[7] 郭禾：《知识产权法案例分析》，中国人民大学出版社 2000 年版。

[8] 后结构主义以前的作品都不是为了表达而表达，而是通过表达指向意义。但后结构主义为削平深度，解构价值差异，出现了为表达而表达的作品，如罗兰·巴特《恋人絮语》。

[9]［前苏联］普多夫金著，何力译：《论电影的编剧、导演和演员》，中国电影出版社 1957 年版。

[10] 秀秀："庄羽 VS 郭敬明：是耶非耶?"，载中华读书网（http：//www. bo－oktide. com/news/20031209/200312090007. html）。

[11] 刘汉波：《著作权司法实践中的文学观念批判——以文学剽窃的认定为中心的考察》，中国社会科学出版社 2014 年版。

[12] 胡戈："胡戈：玩笑开大了"，载《南方周末》2006 年 2 月 23 日。

[13] 许波："著作权保护范围的确定及实质性相似的判断"，载《知识产权》2012 年第 2 期。

视频网站版权的保护与版权开发

朱永润 *

[摘　要] 在中国文化产业发展的实践中，人们越来越认同版权的重要性，视频产业也不例外。版权产业是视频媒体产业的核心与基础，是文化产业机构优化升级的重要保障，其发展终将影响中国文化产业强国的发展。然而作为文化产业链上的文创产品，在网站视频蓬勃发展的同时，视频网站也同样饱受着视频被盗版的问题，这种侵权事件在国务院不断加快宽带网络提速降费的背景下更加猖獗。本文依托当前新媒体时代网络视频传播速度快、影响范围广的传播背景，以时下盛行的网络自制剧、影视热剧为研究对象，从网络视频的发展现状及发展业态入手，一方面分析网络视频盗版的新"招式"和版权保护面临的新难题、"堵住"视频网站被盗版源头，另一方面剖析网络视频产业运营模式的深刻变革、培育网络视频版权"幼苗"，探索基于新媒体环境下原创性产品的品牌塑造。最终提出版权与"互联网+"、金融、法律、体制等融合的发展方向。

[关键词] 网络视频；版权保护；版权开发

在以物联网、大数据、云计算为特点的"互联网+"时代，互联网以前所未有之势席卷各个行业，在为受众提供获取便利的同时也搅动了早已在产业内部暗流涌动的盗版大漩涡。作为文化产业公共文化服务主体和市场主体，网络视频不断发展成影视文化公司的重要盈利点，吸取着大量的客户流量和广告收入。然而在盗版漩涡的冲击下，部分盈利付之东流，文

* 朱永润，女，1989 年生，北京印刷学院经济管理学院，硕士研究生在读，指导教师：刘统霞，研究方向为文化产业方向。邮箱：zhuyongrun@163. com。

化公司成为文化服务产品费用的最终承担者，无法收回购买文化产品的成本费用，也无法形成有利于内容原创力发展的业态机制，最终将会影响中国文化产业的大局。因此，有必要对当前视频网站被盗版的情况进行研究，在问题中不断摸索出适合于当前文创产业发展的新模式，一手抓盗版打击，一手抓版权管理建设，正本清源，指明网络视频文化产业发展方向。

一、"堵住"视频网站被盗版的源头

随着电子产品不断网络化，传统电脑 PC 端、平板电脑客户端、手机客户端等不断交错互联，视频网站被盗版的情况呈现出新的形式和手段，如云盘资源视频盗版，微博、微信视频链接盗版等。

（一）云盘资源视频盗版

云盘，又叫网盘，是互联网云技术的产物，可以通过互联网为企业和个人提供信息的储存、读取、下载等服务，具有安全稳定、海量存储的特点。相对于传统的实体磁盘来说，云盘使用起来更方便，因为用户不需要把储存重要资料的实体磁盘随身携带，却可以通过互联网轻松从云端读取存储的信息。

随着云计算技术的发展，云盘用户快速增长，据北京市版权局预计，到 2015 年底，中国云盘用户将突破 4.5 亿。随着云盘用户的猛增，云盘成为盗版新的传播途径，也逐步成为盗版传播的重灾区。在 2015 年上半年监测的部分院线大片中，网络云盘的侵权量占据各类传播渠道侵权量的 10% ~ 20%，有的甚至超过 20%。《飓风营救 3》院线上映 30 天内，共监测到云盘侵权链接 898 条，在 PC 端各类平台侵权链接数量占比中达到了 22%；《破坏者》院线上映 30 天内，共监测到云盘侵权链接 469 条，在 PC 端各类平台侵权链接数量占比中为 15%。众多网盘盗版中，以百度云盘为主，2015 年上半年，百度云处理的各项违规版权内容和盗版内容外链累计就达 400 万条左右，平均每天因为版权检测策略处理的分享链接超过 2 万条。百度云盘盗版不仅数量上惊人，而且时效性也不断增强，盗版针对性强，多是热剧刚投入市场，盗版就随之"新鲜出炉"。近年来中国影视产业出现了众多具有原创力的影视作品，其中不乏叫好又叫座的精品。2015 年 9 月《港囧》上映首日票房就超过 2 亿，但是到了第二天，网上各种盗版资源横行，且画质清晰，百度云 BT 种子可以直接下载。这些盗版隐蔽性强，难以彻底打击。刷新国产文艺片票房纪录的电影《归来》也曾遭百度云盗播，乐视网法务总监刘晓庆表示，百度云盘在“接到乐视的警告通知后，先将《归来》下线，但几天后再次上线，打起了盗版游击战”。

对于视频盗版，云盘服务提供商也叫苦不迭。在云存储环境下，用户通过账号、密码登入云盘，云存储服务商无权也没有能力对用户上传内容进行查看和监测，因此对于云存储服务商而言，通常也适用避风港原则。

所谓避风港原则，是指在发生著作权侵权案件时，当 ISP（网络服务提供商）只提供空间服务，并不制作网页内容时，如果被告知侵权，则有删除的义务，否则就被视为侵权。如果侵权内容既不在 ISP 的服务器上存储，又没有被告知哪些内容应该删除，则网络服务提供商不承担侵权责任。避风港原则一般以技术服务提供者对侵权内容不知晓，也没有从中获益为前提，如果提供编辑、整理、推荐，参与了内容的分发，就不能再适用避风港原则，而是适用“红旗原则”（即如果侵权事实就像红旗飘扬一样连普通人都能明辨，那么即使没有收到通知，云存储服务商也不能以不知晓来推脱责任）。

（二）微博、微信视频链接盗版

当前，微博、微信平台成为最火爆的自媒体之一，但普遍存在“1 人原创、99 人抄袭”的现象。部分微博用户、微信公众号在未经允许的情况下，擅自转载他人原创作品，既没有署上原作者的姓名，也没有标明作品出处，更有甚者直接以自己名义发表作品。日前，百度贴吧里更是有很多楼主发布了类似“一个可以自动回复电影下载链接的微信号”，订阅者众多。如图 1 所示，只要输入电影名称，公众平台就能自动回复观影链接。

在微博中也存在大量免费的侵犯著作权的链接，只要点击就能观看视频。这些行为也跟中国网民没有付费习惯和意愿有关，在 2012 年的调查中，几乎没有被访者之前在网络上点击或下载视频时有缴费的经历，且只有 9% 的人乐于今后为该服务交取版权费。另外也应该注意的是，由于设备以及网络原因，很多微博用户更愿意将感兴趣的影视链接转发暂存，在网络、硬件条件更好的地方观看。

图1　微信视频链接盗版

从“微阅读”模式下的著作权转载侵权到“微营销”模式下的商标专利保护，都呈现出前所未有的新特征，造成了新的知识产权保护困境。

鉴于这些情况，政府以法律的形式作出及时反应。《最高人民法院关于审理利用信息网络侵害人身权益民事纠纷案件适用法律若干问题的规定》第10条明确了利用自媒体等转载网络信息行为的过错及程度认定问题。基于微信公众号转载他人原创作品适用过错原则，若转载主体承担了与其性质、影响范围相适应的注意义务，可以认定为特殊侵权的免责事由。当然，部分微信公众号会“取巧”转载一些没有原始出处和作者信息的作品，或擅自将他人的作品进行再加工或歪曲篡改，这将侵犯作者保护作品完整性的权利。

为此，各互联网公司也积极行动，搜狐视频、腾讯、优酷、土豆、凤凰视频、爱奇艺、56网、PPS、PPTV等于2015年7月11日在北京发起组建了互联网视频正版化联盟，旨在通过联盟成员的自律互助，维护互联网视频版权市场的良好秩序。

总之，有内容生产就会有版权问题，应对视频网站被盗版的现状，只能通力合作，以完善的立法、严密的司法、先进的技术、畅通的渠道以及持续性的政策支持加大打击版权盗版的惩治力度。

二、培育网络视频版权“幼苗”

当前，以广告带动文创产业发展的传统商业模式已显疲态，不能支撑文化产业繁荣大发展，唯有转换思维。在市场的不断实践和引导下，版权产业逐渐显现出持续的生命力，成为文化产业发展的新的着力点。在媒体产业发达的西方国家，往往把版权产业作为重要的经济支柱产业。在美国，电影衍生品的收入高达电影总收入的70%，远远高于电影票房，而国内电影收入的90%～95%都来自票房和植入式广告，很多电影的衍生品收入竟然是零。在视频产业运营模式变革中培育起来的版权产业，仍然是一棵茁壮成长的“幼苗”，存在原创能力不足、版权运营普遍缺失、核心资源闲置严重等问题，需要其从业者提供营养，扶直主干。何为“主干”，何为营养，顺应市场发展的产业运营模式变革已经给出了答案。

（一）网络视频广告增长，增速远超传统媒体

随着互联网不断渗透到生活的各个角落，网络的媒体价值和营销价值集中爆发，网络广告成为广告主最为青睐的广告投放选择，收入规模超过电视，广告移动化和跨屏化趋势明显。从市场规模看，网络广告规模跃居第一，2014年广告市场规模为3436.3亿元，增长率为16.5%，其中电视广告收入1173亿元，广播广告收入143亿元，年增长率分别为4.8%、2.2%，而网络广告收入1540亿元，增长率为40%，远超传统媒体，超过了电视和广播整体广告收入总和。2015年上半年，中国视频网站广告收入达到近100亿元人民币，与美国的增长速度、速率相差无几。

（二）网络自制剧迅速兴起，走向品牌塑造阶段

目前，视频网站版权产业主要采用购买传统媒体节目版权+自制剧版权的双驱动模式，在内容来源结构中，30%的网络视频内容购买于专业的制作媒体，剩下70%来自于网络自制。咨询公司I Research宣称2014年中国网络视频市场收入达230.97亿元，相比2013年增长76.4%，这得益于自制内容版权的推动作用。从2014年开始，中国大部分网络视频网站增加自制内容的投资，并且宣布与广播电视台达成内容版权的销售协议。例如，爱奇艺于2014年7月将其《奇异家庭》卖给了江西卫视。如果说2014年是网络自制剧元年，那么2015年则是网络自制剧井喷之年，在2015年于体量、点击量、质量、影响力、商业回报等诸多维度上，都已经实现了质的飞跃。仅仅2015年上半年全网上线网剧166部，总计2243集，

获取点击量65亿次。其中不乏大波现象级网剧来袭（所谓的现象级网剧是指一部网络电视剧能吸引多人观看、谈论，规模之大几乎形成了一种社会现象），如《暗黑者》、《华胥引》、《盗墓笔记》。

（三）付费观看、会员制，营造受众付费业态

付费收入和用户暴增，商业模式酝酿变革。视频网站原本以网络广告收入支撑自身发展的商业模式在今年呈现巨大变化，除了广告收入增长外，网民付费观看收入也持续增加。2015年，网上影视剧的付费用户大幅增加，呈几何级数增长，成为新的转折点。2015年7月，爱奇艺《盗墓笔记》付费服务全集上线，5分钟内瞬时播放请求高达1.6亿次，一天吸引400万注册付费。这足以说明中国的用户并不是没有付费的意愿，对于有优质内容的文化产品，网民还是能够付费观看的，这主要还是需要市场的引导和产品的吸引。据优酷土豆2015年第2季度财报显示，用户业务收入超过1.7亿元，同比增加近6倍；爱奇艺截至6月15日，月度会费VIP会员超过500万人，同比增长7.6倍；阿里即将成立的视频网站TBO（阿里巴巴推出的视频服务）定位为中国的Netflix，其中90%的内容需要付费才能收看。这些数据足以说明版权价值已形成新的增长极，新的视频网站业态发展模式也逐渐形成。

如果只是一味地打击视频网站被盗版，而不培育视频版权产业的发展，那么盗版将永远不能禁绝，最多只是扬汤止沸，不能解决根本问题。视频网站不断增长的广告收入为网络自制剧提供更多的物质给养和信心，才能有更多的网民积聚于网络视频中，为更优秀的文化产品付费，反之亦然，网民有了付费的意愿和习惯，这将对盗版形成致命性的打击，视频网站收回投资资金才能以更昂扬的态势专注于优质原创力作品的创作，这是一个双向互通的循环通道。只有营造好版权运营的业态及发展模式，才能实现文化产业持续、健康的发展，创造出更为优秀的文化服务精品。

由以上分析，我们可以预见未来网络视频版权产业发展的趋势和发展方向。

三、未来发展方向

（一）保持“互联网+”的版权发展基调

在“互联网+”模式不断深化的背景下，版权产业已经深深地打上网络的烙印，众多具有知识产权的文化产品在网络中被以合法或非法的形式

发扬、壮大、繁盛、消失，这些文化产品或是昙花一现，或是经久不衰，都赋予其网络的特性，它们都穿上互联网的外衣，在这个过程中，我们应该抽丝剥茧，明白所有技术的本身是不具有文化内生力的，在新技术逐渐普及之后，只有具有原创力的内容才能让铁树开花、花香四溢。因此，在未来的发展道路上，“互联网 +”版权的发展基调不可能改变。

只有在“互联网 +”的融合升级下，版权产业的发展才能焕发出新的生机，出现与西方文化产业发达国家弯道超车的可能。

（二）建立服务版权的金融体系

网络视频是文化原创力产业，同时也是“烧钱”的娱乐产业。以近期特别热门的 IP 剧来说，在实际的网络视频自制剧过程中，文化传媒企业在从一开始就需要投入巨额的版权资金、制作资金、宣发资金等，任何一个环节的断裂都会造成巨大的损失，因此需要建立与版权对接的金融服务体系，为影视剧剧本创作、拍摄制作、发行播出提供资金上的支持。

（三）健全网络文化产品版权保护法

目前，中国正处于全面推进依法治国和促进文化产业大繁荣的历史阶段中，文化产品的保护刻不容缓，这是中国文化持久发展的保障。针对目前传媒文化公司出现的维权难问题集中发力，可以建立版权产业维权委员会，提供法律咨询和维权服务，引入专业的、合法的网络视频版权维权中介机构，建立网络视频版权维权大数据。

（四）搭建跨界合作服务平台

版权产业是视频媒体产业的核心与基础，展示出巨大发展潜力和空间，应加快健全版权产业链。实现跨界、跨领域、跨行业的协同创新。加强影视版权与文学、金融、法律、出版、科技跨界融合，实现版权、资本与电视台、网络运营商、制作公司、投资人的资源对接。搭建以视频产业为主体的文化发展产业链，建立多方参与共享的版权产业联盟。

综上所述，视频网站版权的保护和开发必须两手共抓，打击盗版与版权开发是此消彼长的关系，所以，必须一边“堵住”网络视频的盗版源头，一边顺应市场培育版权产业“幼苗”，有堵有疏，方能营造良好的视频网站发展空间，铸就版权产业强国。

参考文献

［1］方圆："侵权影视藏身云盘躲不开法网"，载《中国新闻出版广电报》2015 年 7 月 9 日。

［2］参见"百度云版权保护成效斐然：上半年打击盗版超 400 万"，载 http://www. ccidnet. com/2015/0709/9997650. shtml。

［3］参见"电影《归来》疑遭百度云盘盗播 乐视斥小米长期侵权"，载中国广播网 http://money. 163. com/14/0529/19/9TEHL8UV00253B0H. html。

［4］参见"乐视 PK 百度：云存储服务商侵权风险渐增"，载法治周末 http://www. legalweekly. cn/index. php/Index/article/id/7171。

［5］魏婉笛："融媒环境下微博给中国电影业带来的影响初探"，成都理工大学 2012 年硕士学位论文。

［6］张泽吾："论微信时代的知识产权保护"，载《武陵学刊》2014 年第 6 期。

［7］参见"微信公众号转载侵权认定"，载《检察日报》http://legal. gmw. cn/2015 - 04/27/content_ 15491542. htm。

［8］王成军："美国电影产业发展对中国文化产业兴起的启示"，载《中国软科学》2014 年第 5 期。

［9］张希："网络广告崛起"，载《互联网经济》2015 年第 8 期。

［10］参见"2015 年上半年国内上线网剧 166 部 为 80 后、90 后、00 后而战"，载电影界 http://www. dianyingjie. com/2015/1117/7049. shtml。

出版物市场监管体系的系统分析

——以美国为例

田志虹 *

[摘　要] 本文从系统学的视角出发，对出版物市场的监管体系进行系统分析，发现出版物市场监管体系具有多成分、整体性和层次性等典型的系统特性，是一个开放、动态的系统。接着以美国出版物市场监管体系为案例，分析其系统构成和相互作用，从而更加全面、系统地了解出版物市场监管体系的运作机制，为构建更加高效、健康的管理体系服务。

[关键词] 出版物市场；监管体系；系统分析

一、引言

市场起源于古时人类对于固定时段或地点进行交易的场所的称呼，指买卖双方进行交易的场所。发展到现在，市场具备了两种意义：一种意义是交易场所，如传统市场、股票市场、期货市场等；另一种意义为交易行为的总称，即市场一词不仅仅指交易场所，还包括了所有的交易行为。因此，出版物市场的概念也有着以上两种意义——狭义和广义之分：狭义上的出版物市场是指具有一定的场地和设施的出版物交易场所；广义上的出版物市场是出版物从出版单位包括出版社、报社、期刊社等生产领域转移到消费者、读者手中的中间环节，是进行出版物流通和交换的场所，是整个出版物商品交换关系的总和。

从经济学的角度可以将市场的基本要素分为可交换的商品（或服务）、卖方和买方，即商品、供给和需求。商品的内在属性影响着市场的经济学

* 田志虹，女，北京印刷学院经济管理学院，讲师。

特征；供求关系决定了价格，推动市场的整体运动和发展。但是，如果从市场监管的视角来看市场的基本要素，就有了不同的分类方式。我们参照黄先蓉的分类方法，从市场监管的视角来看，可以将出版物市场的构成要素分为出版物市场主体、出版物市场客体、出版物市场行为和出版物市场监管组织四部分。如图 1 所示：出版物市场主体即出版物商品交换活动中的主体，包括出版物的生产者、批发者和零售者，三者共同构成了市场中的“供方”；出版物市场的客体即作为出版物市场交换对象的出版物商品和服务；出版物市场行为主要包括市场价格行为、市场交易行为、合同行为、竞争行为等；出版物市场的监管组织是保证整个出版物市场活动规范化和有序化的重要角色。

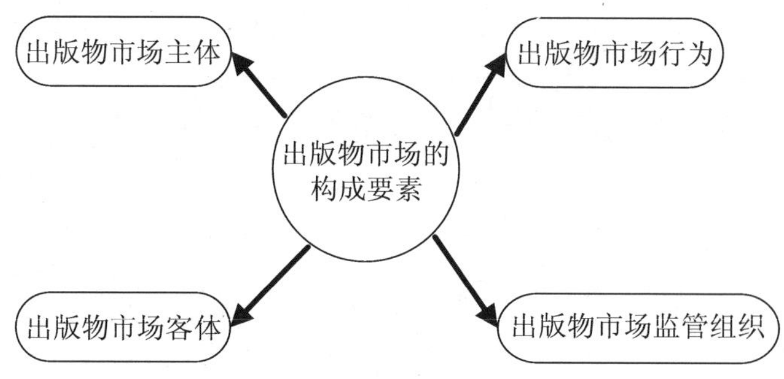

图 1　出版物市场的构成要素

出版物市场的监管组织不是一个单一的组织，而是由多个定位不同、功能各异的组织或团体构成，它们均在出版物市场中起着一定的监督和管理的作用，并且它们之间不是孤立的，而是有着相互的影响，因此构成了一个相对松散和多元化的管理体系。

本文的目的是从系统学的视角，对出版物市场的监管体系进行系统分析，从而更加全面、系统地了解出版物市场监管体系的运作机制，为构建更加高效、健康的管理体系服务。

二、出版物市场监管的概念和主要内容

监管，即监督和管理。出版物市场监管即对出版物市场的监督和管理。杨红卫认为，出版物市场监管是指国家对构成出版物市场的各种要素进行的规划、组织、指挥、监督和调节，以实现出版物市场持续健康发

展。黄先蓉也提出，出版物市场管理是国家对出版物市场的监督和管理。然而，在世界范围内，对出版物市场进行监督和管理的不仅仅是政府机构，还有行业自发组成的各种行业协会，以及其他民间组织。其中，西方发达国家的出版物市场中，行业协会的监督管理作用甚至远强于政府。因此，我们将出版物市场监管的主体范围扩大，得到更加广义的出版物市场监管的概念，即出版物市场监管组织通过各种手段对出版物市场的主体、客体和市场行为进行监督和管理，目的是建立统一、开放、竞争和有序的出版物市场体系。在这一概念中，我们明确了出版物市场监管的主体、监管内容和目的。

在序言中，我们将出版物市场的构成要素分为出版物市场主体、出版物市场客体、出版物市场行为和出版物市场监管组织四部分。从这个分类出发，我们可以将出版物市场监管的主要内容归纳为：市场主体的资格管理、市场客体管理和市场行为管理。其中，市场主体的资格管理主要指对以生产、经营出版物为主的市场主体的资格管理，包括市场主体准入管理和设立管理。市场客体管理是对市场上交易的商品，即出版物的内容、书号，以及质量的管理。市场行为管理主要包括对价格行为的管理、对交易行为的管理、对合同行为的管理和对竞争行为的管理。

三、出版物市场监管体系的系统特征

体系，泛指一定范围内或同类的事物按照一定的秩序和内部联系组合而成的整体，是不同系统组成的系统。自然界的体系遵循自然的法则，而人类社会的体系则要复杂得多。

（一）系统的概念、特征和分类

系统的确切含义因为学科不同、使用方法不同和解决问题的不同而有所区别，但从具有普遍性的一般概念上，可将系统定义为：“系统是由两个或两个以上相互联系、相互制约的要素所组成的、具有特定功能的，并由可识别的系统边界与其环境区分开来的有组织的有机整体”。具体分析系统的定义，我们可以得出以下几个关键特征：

1. 系统是由若干要素（部分）组合成的。“要素”依其与系统关系的紧密程度，可从广义和狭义两方面来理解。狭义的要素，仅指构成系统整体的组元或部分。广义的要素，是指从动态的角度来理解时，与系统存在直接关系的组元，即既包括系统边界内的部分，也包括对系统构成输入以及已经输出的部分。

2. 系统的整体性是以系统内外部联系的有机性为基础的。要素与要素、要素与系统整体、系统与环境之间全部关系及关系性状的总和，决定系统的结构及系统的特性，系统的结构特性又决定系统的整体质与整体功能。

3. 系统结构具有层次性。任何一个系统总是包含在一个更大的系统之中，并成为该大系统的一个子系统或要素，并与该大系统中的其它子系统之间发生物质、能量、信息的交换关系。由此构成该系统的外部环境并受制于外部环境。

从不同的角度观察，系统可以分为开放系统与封闭系统、静态系统与动态系统、线性系统与非线性系统。

（1）开放系统与封闭系统。“开放系统”是与环境有“输入——输出”关系的系统。系统的生存与发展完全依赖于输入——输出关系的性质与状态。“封闭系统”是与环境不发生或很少发生输入输出关系的系统。封闭系统的“封闭性”是相对而言的，没有绝对封闭的系统，而是在一定时间条件下，处于既不被其他事物所影响亦不施影响于其他事物的近似封闭的状况。

（2）静态系统与动态系统。这是以系统的状态与时间的关系为依据进行的分类。“静态系统”是系统的状态不随时间而变化，处于相对稳态的系统，其重要特征是虽与环境有物质、能量或信息的交换，但其输出仅与同一时间的输入相关，而保持状态的稳定性，仅当外力作用时发生力学运动。“动态系统”是其状态随时间而改变的系统，其任一时刻的输出，不仅与该时刻的输入有关，且与此前任何时刻的输入相关，如各种具体的生物系统、社会系统，随着时间的推移而发生状态的变化，呈现出过程的阶段性或生命周期性。

（3）线性系统与非线性系统。这是以系统的输入与输出之间是否具有线性函数关系为分类的根据。“线性系统”的输入输出关系蕴含着叠加原理，即如果系统的输入叠加，系统的输出则亦相应叠加。“非线性系统”的输入输出关系则不具叠加性。

（二）出版物市场监管系统

“出版物市场监管系统”是以系统观来观察出版物市场监管体系时所得到的概念。通过分析这个体系的发展过程和现象，可以发现出版物市场监管体系满足成为一个“系统”的关键因素。

1. 出版物市场监管体系由若干要素（部分）组合成。系统中的“狭义要素”包括直接参与监督管理作用的主体，如政府管理机构、行业协会等等；“广义要素”还包括了更加广阔的社会政治、法律和市场环境等。

2. 出版物市场管理体系具有整体性。出版物市场管理体系具有系统的整体性，包括三层含义：一是它具有只有出版物市场管理体系系统本身才具有的整体结构，是组成它的要素或部分所不具有的，具有不可还原性；二是出版物市场管理体系的有机性是通过系统各组成部分之间的物质、能量、信息的流通而实现的，“联系”的本质是在物质与信息的流通中所发生的相互作用；三是出版物市场管理体系的功能体现系统的整体性，即出版物市场管理体系的整体性在系统与环境的交换中（输入——输出关系中）通过整体的实现而体现出来的。

3. 出版物市场管理体系的结构具有层次性。从法律角度来看，出版社市场管理体系都必须纳入国家法律的框架之下，法律本身具有层次性，包括宪法、行业法规，以及地方性法规等；从政府管理层次来看，有市场的宏观管理组织，包括专门的市场交易活动监督管理部门，例如经济综合管理部门、经济监督检查机构和公安司法部门，此外，还有市场的微观管理组织，主要指的是业务主管部门，例如新闻出版行政部门、版权管理部门、文化行政部门等。宏观和微观的管理组织各司其职，管理市场的不同层面问题，共同构成了出版物市场管理体系的立体结构。

基于以上分析我们可以认为，出版物市场管理体系是一个系统，具有系统的典型特征。

四、美国出版物市场管理系统

根据尼尔森调研公司发布的《2014 年全球出版业发展趋势》，美国、中国、德国、日本、英国、法国 6 个国家占据了全球 61% 的书业市场份额。其中，美国为 390 亿美元，占比 26%，位居世界第一，如图 2 所示。

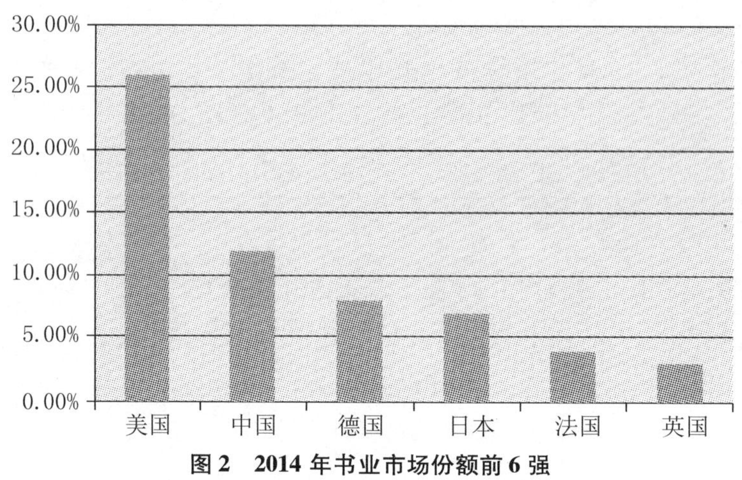

图 2　2014 年书业市场份额前 6 强

自 20 世纪 90 年代初起，美国一直稳居世界图书出版的霸主地位。美国出版商协会（Association of American Publishers，简称 AAP）发布数据表明，2014 年美国图书出版产业整体销售同比增长 4. 6%，2014 年总收益为 154. 3 亿美元。2014 年，全美图书总销量增长 3. 7%，达 27 亿册。在 2014 年的略微下降之后，电子书整体销售增长 3. 8%，达 33. 7 亿美元。

从规模上看，美国出版社分综合性和专业性两种类型。从经营性质来分，可以分为营利性和非营利性两类。美国的商业性出版集团主要有：西蒙与舒斯特公司、兰登公司、麦格劳 - 希尔公司、读者文摘公司等。非营利性出版机构中最重要的是政府出版机构、大学出版社和学术社团出版机构。

在美国，法律是衡量一切行为规范的重要依据，因此，对于出版物市场的监督和管理也是依据已有的法律和判例进行的。美国政府一般不直接干预出版业，政府中没有专门管理整个出版业的机构，而是由各个职能部门依据法律在本管辖范围内对出版物市场进行管理。同时，以行业协会为主的自治监管和社会团体的自发监督构成了美国出版物市场监管的另一重要主体。因此，美国的出版物市场监管体系具有以法律为核心的监管主体多元化的特征。从系统科学的视角分析，我们可以将该监管体系抽象为一个由法律核心、政府宏观管理子系统和社会组织监管子系统三个子系统构成的管理系统，如图 3 所示。

社会组织监管	出版从业者协会	书商行业协会	出版商行业协会	……
政府宏观管理	贸易管理机构	企业登记机构	金融机构	……
法律　宪法	版权法	商法	……	

图3　美国出版物市场监管系统示意图

(一) 法律核心

法律核心是整个管理系统的核心，其权威性超越了政府权力和社会舆论压力，是所有监督管理政策制定和实行的基础。法律核心由宪法、版权法、商法、经济法、民法、刑法等一系列与出版物市场有关的法律条文构成。美国宪法在美国法律体系中位于最高位置，是其他所有法律法规的制定基础。与出版物市场有关的法律条文很多，且分散在不同领域、不同层级的法律中。美国的立法、行政、司法三个部门相互协调、相互制约。作为最高立法机关的国会负责对涉及出版物市场的立法法案进行听证、辩论、表决；行政机关负责执法；联邦地区法院、上诉法院和美国最高法院组成了美国的联邦司法系统，对相关法律纠纷加以解决。1790 年，美国制定了第一部《版权法》。1998 年制定了《数字千年版权法》，2005 年制定了《家庭娱乐和版权法》。除了与出版行业直接相关的法律外，美国政府制定的其他各种经济法规同样影响着出版业的发展，例如《统一商法典(Uniform Commercial Code)》、《谢尔曼反托拉斯法（Sherman Antitrust Act)》、《塞勒 - 凯弗维尔法（Celler - Kefauver)》等。

(二) 政府宏观管理子系统

政府宏观管理子系统在法律授权的范围内行使政府的管理权力、制定相关经济政策，并且分别在市场准入、税收、反不正当竞争等领域对出版物的生产者和经营者等进行监督和管理，主要包括两个方面的内容：制定宏观经济政策和行政管理。出版相关的宏观经济政策分散在不同法律法规和行政职能中，但它们有机地构成了一个统一的整体，主要包括税收制度、财政拨款和基金制度等。行政管理主要包括政策扶持、准入登记、违法出版物管理和公共服务等。

(三) 社会组织监管子系统

社会组织监管子系统包括出版商、书商等市场从业者组成的行业协会，以及出版物的购买者，例如图书馆、学校和个人等。这一部分监管主体具有自监督、自管理、自协调的特点，是出版物市场监管中最活跃的主体。美国的行业协会分类众多，但他们一般各自独立，互不隶属，相对于欧洲国家的行业协会，美国的行业协会作用不是非常强大。代表性的行业组织有美国出版商协会（Association of American Publishers，简称 AAP）、美国书商协会（American Booksellers Association，简称 ABA）、美国大学出版社协会（Association of American University Presses，简称 AAUP）等，他们承担着美国出版行业重要的服务和管理工作，包括提升出版产业在美国及全球的地位、保护知识产权特别是版权、促进文化自由权、反对各种形式的审查制度、为会员提供各方面的信息等。

五、结论

出版物市场的监管组织不是一个单一的组织，而是由多个定位不同、功能各异的组织或群体构成，它们均在出版物市场中起着一定的监督和管理的作用，并且它们之间不是孤立的，而是有着相互的影响，因此构成了一个相对松散和多元化的管理体系。从系统观的视角来看，出版物市场监管体系是一个典型的系统，具有由若干要素组成、整体性和层次性的系统特征。我们以美国出版物市场监管体系为案例，分析了其监管系统的构成要素。美国的出版物市场监管体系主要是由以政府为主体的宏观管理和以行业协会为主体的自治管理相互结合构成的多元化的监管系统，该体系以法律为核心，可以将该监管体系抽象为一个由法律核心、政府宏观管理子系统和社会组织监管子系统三个子系统构成的管理系统。

该系统除了具有多元化和层次性之外，还具有动态平衡的特点。例如，美国出版行业协会一方面受到相关法律和行政机构的监管，另一方面又参与到相关法律和政策的制定博弈过程中，对法案的修改和政府的行政行为有着很大的影响。这些多元化的管理主体相互制约、相互影响、相互妥协、协同发展，从而形成了动态平衡的系统。本文从系统学的视角，对出版物市场的监管体系进行系统分析，从而更加全面、系统地了解出版物市场监管体系的运作机制，为构建更加高效、健康的管理体系建言献策。

参考文献

[1] 黄先蓉:《出版物市场管理概论》，武汉大学出版社2005年版。

[2] 杨红卫:“出版物市场结构与有效竞争”，载《出版科学》2006年第1期。

[3] 谢执:“论政府对出版物市场的监管”，中南大学2009年硕士学位论文。

[4] 郑海平:“美国文化市场监管的经验及其启示”，载《浙江社会科学》2013年第8期。

[5] http://www. laichushu. com/publish/control/comeLook? id = 1297&article Category = 1.

法国的文化产业保护政策及其对我国的启示[1]

高海涛*

[**摘　要**] 针对法国文化软实力的衰微，法国政府提出了“文化例外”原则，认为文化产品不同于一般商品，需要对文化产业进行保护。在此基础上，法国制定了一系列的文化扶持政策，对法国文化产业的发展起到了积极的促进作用。在当前激烈的国际文化竞争中，我国的文化产业面临着严峻的挑战，法国的文化保护政策对于我国制定自己的文化政策具有重要的借鉴意义。

[**关键词**] 法国；文化产业；文化例外；保护

一、法国“文化例外”原则提出的背景

经济全球化的过程，本质上是资本主义将其经济、文化模式不断地向全球扩展的过程。美国作为“二战”的战胜国，成为世界上的头号强国。伴随着美国势力的扩张，美国的强势文化不断侵蚀着非主流文化、传统部落文化，成为一种文化霸权。美国前国务卿奥尔·布赖特在告别20世纪、进入21世纪的讲话中曾向美国人民、全世界宣称，美国在20世纪的伟大胜利不在于它的航天飞机、导弹等高科技，而在于民主、自由、平等等价值观的输出。

法国曾经的“欧洲霸主”、“世界霸主之一”的地位为法国文化软实力的辉煌奠定了物质基础，使法国成为璀璨夺目的文化大国、世界文化艺术中心。20世纪的两次世界大战严重破坏了法国经济的发展，在1945～1975年的黄金发展时期后，法国经济发展陷入了困境，国力逐步衰弱。随着

[1] 北京市属高等学校高层次人才引进与培养计划项目（项目编号：CIT&TCD201304125）。

* 高海涛，男，陕西铜川人，管理学博士，应用经济学博士后，现为北京印刷学院副教授。

1969 年戴高乐告别政坛，法国的国力（包括文化软实力）逐渐走下坡路。首先是经济发展放慢。自 1976 年起，法国的年经济增长率呈下降趋势，甚至出现过负增长率，目前年经济增长率徘徊在 1% 至 2% 之间。法国的国民生产总值从 1970 年的世界第 4 位降到 2007 年的第 6 位，而人均国民生产总值从 1973 年的世界排名第 4 位降至 2005 年的第 20 位（根据国际货币基金组织数据）。经济困难导致法国失业率剧增，到 2005 年突破 10%，而年轻人的失业率则达到 20% 左右。第二，法国政府的公共债务日益沉重，至 2008 年初达到 12 506 亿欧元，相当于法国年国民生产总值的 65. 3%。第三，在中国科学评价研究中心 2007 年发布的“世界大学科研竞争力排行榜”上，法国没有一所大学进入前 80 名，在该中心同时发布的“国家科研竞争力排行榜”上，法国只排第 9 名。第四，在瑞士洛桑的世界经济论坛（World Economic Forum）提供的 2007 ~ 2008 年全球（各国）竞争力报告上，法国仅排第 18 位。这些问题摧毁了法国在国际上的强国形象，进而降低其政治影响力和文化软实力。文化软实力属于上层建筑、意识形态范畴，硬实力属于经济基础、物质条件范畴。根据马克思主义经济基础决定上层建筑的原理，硬实力决定文化软实力。法国硬实力的下降必然导致到法国的文化软实力的下降。

17、18 世纪，法国的国力处于鼎盛时期，成为欧洲的中心，当时从宫廷装饰、言谈举止到文学艺术，法国的一切都成了欧洲各国宫廷模仿的榜样。法国曾经一度因其拥有杰出的作家、艺术家、音乐家而赢得全世界的倾慕，而如今的法国，在全球文化市场上的影响力正一步步萎缩。法国出现过许多在世界范围内享有崇高声誉的大文豪，但如今却是另一番景象，尽管法国今年有 727 部新小说出炉，但是能在法国之外找到出版商的作品屈指可数。法国是世界电影的发源地，但如今多数电影都是针对国内市场的低预算制作，缺乏激动人心的大制作。巴黎曾经是印象主义、超现实主义等各种学说和流派的发源地，是当之无愧的世界艺术中心，然而从商业上来讲，巴黎作为艺术中心的地位如今已经被纽约和伦敦所取代。在音乐方面，尽管当今法国也不乏拥有国际声誉的作曲家和指挥家，但是都无法与 20 世纪的音乐巨人德彪西、拉威尔、萨蒂和米约相提并论。法国文化的衰落难以避免地表现在法语的衰落上。从 17 世纪末开始，法语就取代拉丁语成为国际上的外交语言。19 世纪末在亚非拉的殖民扩张，更是将法语的影响力扩展到全世界。时至今日，法语仍然是国际通用语言，法语文本在重要的国际谈判中也必不可少。但尽管如此，世界上学英语的人越来越多，法语的使用率在不断下降，就连在法国举行的国际会议，使用英语的次数也比法语多。当今的互联网革命加速了对法语的冲击，在互联网上流传的信息80%是英语，在剩下的20%当中，法语占其中的大约5%。

二、法国“文化例外”原则的提出及发展

20世纪80年代末，欧盟与美国就关贸总协定进行磋商谈判（1986~1993年），美国坚持必须把视听产品包括在新的全球自由贸易协定之中。当时，美国电影向全球大举进攻，其电影出口额在所有出口产品中已位居第二，仅次于航空产品。法国为本国文化所受到的威胁深感忧虑，在荣誉逻辑的思想指导下，法国针对客观上存在的美国文化大量涌入，特别是美国坚持把文化产品和文化服务纳入自由贸易范围的要求，展开了关于“文化特殊性”的讨论，讨论的结果是法国各个政治派别在文化特殊性问题上达到了空前的一致，也得到了民众广泛的认同。人们普遍认为，文化财富和文化服务，不能按一般的商品那样对待。因为文化和媒介产品包含了民族国家的特性，不同于其他形式的商品，在具有经济属性之外对人类社会发展有着独特作用。法国又成功地说服欧盟的其他国家接受“文化例外”原则，统一立场，成功地阻止了美国的企图。在1998年经济与合作组织关于投资的多边协议谈判中，法国继续坚持“文化例外”的立场，孤军奋战，最终使谈判流产。

新世纪交替之际，法国对这一问题有了新的认识，认为“文化例外”不能准确全面地表达他们的思想，因为文化产品有价值观的一面，也有商业性的一面。特别是“9·11”事件让人们看到，缺乏文化方面的理解和沟通是造成西方与其他地区冲突的一个原因。法国虽然不赞成“文明冲突”的说法，但认为加强对话，增进文化交流是反恐的一个重要基础。为了在全球范围内创造条件，让更多的国家接受这一思想，时任法国总统希拉克在2001年联合国教科文组织大会上，正式将“文化例外”的提法改为“文化多样性”，将有关文化产品问题的讨论从世贸组织转向教科文组织。相对于“文化例外”，“文化多样性”的提法正面而且少了防御色彩，更容易获得国际社会的认同。2001年10月，第31届联合国教科文组织大会一致同意通过“文化多元性整体声明”，声明第一条就将文化多元性列入“人类共同遗产”，将其视为跟“人类生物序列中的生物多元性”一样

不可或缺。在一些欧盟国家和加拿大等国的支持下，法国已经成为自由贸易原则下“文化特例”的领头代表，拥护对地方性、创造性和多元文化生活发展的支持和保护权利。

2013 年 3 月，美国和欧盟启动“跨大西洋贸易与投资伙伴关系协定”谈判。法国继续高举“文化例外”大旗，力促欧盟将视听等文化产业排除在谈判范围之外。在捍卫文化方面，法国的态度十分明确。2013 年 5 月 13 日，法国《文化例外 2 号法》协调行动政策建议报告出炉。为应对互联网时代日益严重的非法下载行为，法国曾于 2010 年颁布实施《创新与互联网法》，采取渐进的警告、惩戒、处罚措施打击网络非法下载，规范网络环境。2012 年法国左翼执政后否定该法，称其造成文化创作者与网民之间的对立，不利于文化多样发展，提出将制定《文化例外 2 号法》取而代之。《文化例外 2 号法》是法国左翼政府执政一年来着力推动的数字时代文化发展政策的重要内容，旨在促进艺术创作、文化繁荣和文化内容全民共享，奠定数字时代文化政策体系基础。为制定该法，法国政府于 2012 年 9 月任命资深文化人士皮埃尔·莱斯居尔为“数字时代数字内容和文化政策协调行动”总负责人，针对所有涉及数字变革的文化艺术领域，在全国范围内面向广大专业人士开展为期半年的征询、会商和研讨行动。2013 年 5 月 13 日，法国文化部长菲利佩蒂引领欧盟另外 13 个国家的文化部长，共同签名致信欧盟当值主席国爱尔兰的文化部长，要求欧盟维护其“文化例外”立场，除将视听领域排除在自由贸易谈判之外，还应将其从传统文化领域扩展到数字领域。2013 年 6 月 14 日，菲利佩蒂在法国《世界报》发表题为《法国——直面自由市场坚持“文化例外”的先锋》的文章，称“‘文化例外’是法国一贯坚持的政治信念和思想原则，文化产品不是一般商品，市场往往会忽视其特殊价值。一个国家具备在世界上展现自身特色的能力是十分重要的，我们不能在盲目的市场法则中抛弃文化、迷失自己。”2013 年 7 月 15 日，法国外交部长法比尤斯与菲利佩蒂在《费加罗报》发表联合署名文章称，“唯有文化才能成就法国的伟大”，强调了在同美国的贸易谈判中坚持“文化例外”的重要性，其目的在于保证文化多样性及法国文化的国际影响力。

值得注意的是，法国政府并不将“文化例外”原则合法化，他们反对美国电影的涌入，同时又鼓励多媒体领域形成有竞争力的法国企业，与欧洲及全球市场上的最大媒体集团相竞争。因为一旦将“文化例外”原则合法化，政府势必陷入自相矛盾的陷阱中，而这正是各国文化产业政策上的微妙之处：当自身是弱者时，则擎起“文化例外”的大旗作保护；当自身是强者时，则祭出市场规律的口号去要求公平的待遇，正如美国一贯的论调：“对文化产品唯一的禁令只应取决于其在市场上的失败或成功。且让自由选择权归大众吧。”

从政治上来说，法国捍卫“文化例外”有三方面的原因。首先是内因。尽管法国文化从业人员较少，但他们影响很大，如果法国不能在国际谈判中保护文化产业，在国内就会面临巨大政治压力。其次是外因。法国部分人认为，法国已不再是军事、经济或外交上的主要强国，但在文化领域法国仍可以有所作为，“文化外交”能够让法国在世界上继续拥有一定影响力，并维护其在欧洲的领导地位。文化产业背后蕴含的巨大经济效益，也是法国坚持“文化例外”的动因之一。文化产业是未来产业，新兴市场国家的中产阶层对文化产品需求日益旺盛，法国可利用这一机遇。法国主张的“文化例外”主要指视听领域，这些领域涉及巨大的国际市场和经济利益。视听产业对于法国非常重要，法国每年生产约200部电影，为欧洲之最。而其他欧洲国家电影院中约80%的电影来自美国。电影、电视和网络输出的是价值观和世界观。美国早已洞悉文化软实力的重要性，并且投入了大量精力和财力来保护促进其视听产业在全球获得经济利益，法国因此才竭力挑战美国文化霸权，维护其“文化例外”。

三、法国的文化保护政策

学术界普遍认为，当前世界各国的文化政策可以分为两类：以自由主义为特征的美国模式和以国家干预为特征的法国模式。美国的文化政策体现了其自由主义传统，强调文化产品生产、销售的高度市场化和最小化政府干预；而法国则强调文化产品不同于一般商品的“文化”属性，对自由主义的文化政策提出质疑，其文化政策模式大多强调政府对本国文化产业的理性规划。

（一）法国文化政策概述

在法国，把文化作为一项全国性的事务，由国家最高统治层进行统一管理和规划的历史可以追溯到17世纪法王路易十三、路易十四统治时期。1959年，法兰西第五共和国正式组建文化事务部，将文化事务集中在专门的中央政府机构中，标志着法国开始有了“完整的文化政策”。文化部的成立标志着法国文化政策开始步入迅速发展的快车道。国家在文化政策领域的绝对主体作用表现在诸多方面：国家在全国范围内引领文化导向，在文化领域建立价值标准，对文化领域的工作人员进行管理和培训等。作为国家在文化领域的化身，文化部代表国家发挥四个主要职能：立法与限制职能、直接管理文化机构职能、再分配资金职能以及活跃文化氛围职能。

1. 文化政策的制定和实施

1959 年 7 月戴高乐总统任命法国著名作家马尔罗为文化事务部部长。1959 年 7 月 24 日的政府令明确了文化事务部的职责："使最大多数法国人能够接近人类的尤其是法国的文化杰作，确保他们对我国文化遗产的兴趣，促进文化艺术创作，繁荣艺术园地。"法国文化部主要通过两种方式影响文化活动：一是常规行为，根据国会通过的法律文本；二是直接行为，即国家预算拨款。地区文化部门对当地的文化事业负有完全责任。在政府权力分散的过程中，这是一个以协作为基础的新的公共行为模式，在国家对文化资助继续扮演重要角色之时，地区部门的作用明显增加，目前已占据总资助的 60%。

自从法国文化部成立以后，法国的文化政策在总体上保持了连贯性和持续性。即使在倾向于经济自由主义的右派政府上台期间，中央政府也没有明显地减弱对文化事务的干预，法国文化政策总的方针和原则也并没有大的变化。而在密特朗总统执政的 14 年间（1981 ~ 1995 年），法国更是全面强化了国家对文化事务的控制。不仅国家对文化事业的资金投入大幅增加，而且赋予了法国文化政策更多的内涵，更加强调文化的公益性："文化部的使命是培养全体法国人发明创造的能力，使他们能够自由地验证自己的才华，并能按自己的意愿接受艺术培训。为了集体的共同利益，保护全国和地方以及不同社会团体的文化财富，为艺术作品和艺术思想的创造，提供支持和帮助，并使这些作品获得广大的欣赏者，在世界文化的自由对话中，促进法国文化艺术的发展。"之后的希拉克政府更是把推广法国文化看作是重塑法国世界大国地位的重要举措，赋予其更多的政治内涵。在这种情况下，文化要服务于国家的政治，因此，国家对文化事业的控制得到了空前加强，许多文化事务被国家用正式法律来规范。其中"关于法语使用的法案"，简称杜蓬法，是学术界关注最多的一个。追求荣誉也顺理成章地成为法国文化政策的指导思想，之后的各个时期的文化政策无一不体现了这一原则。如果说利用文化张显法国作为大国的荣耀是法国文化政策的指导方针，那么国家干预则是这项方针最有力、最直接的手段保障。与美国采取的管理模式完全不同，法国在文化发展上并不信赖市场机制，他们以丰富的文化遗产为自豪，注重于以文化和艺术为主轴，倡导培育高雅文化的消费市场。在这一理念指导下，国家制定各种政策，以政府特有的行政力量，大力扶持本国文化事业与文化产业。

2. 财政政策

国家文化预算是推动文化发展的重要保证，法国自2008年至2011年间，文化投入从59.77亿欧元逐年增加到75亿欧元，增长了20%。与此同时，为适应文化发展现状，明确各部门职能，提高政府文化管理的效率，法国文化部近几年还进行了大规模的机构改革与重组，经过合并与精简，形成目前文化部的四大部门：文化遗产总司、艺术创新总司、媒体和文化产业总司以及总秘书处。同时，面对世界经济一体化背景下，文化交流日趋国际化，国家文化安全问题日益凸显，数字技术突飞猛进，传统文化与媒体陷于困境等趋势，法国文化部未雨绸缪，推出了一份长达302页的报告《2020年法国文化和传媒——新时代的文化部》，适时而有针对性地提出从六个方面应对面临的局势：创建数字文化政策，逐渐形成各地区文化资源平等的格局，建立一种协调公共文化机构系统的机制，促进建立一种欧洲模式的文化政策，建立部际协调机制促进与私有领域的互动，建立一个文化政策行动的创新实验室。这些举措表明，法国政府清醒地意识到文化发展所面临的新形势和新情况，并富有预见性地采取了必要的应对措施。近年来，法国不断加大文化投入，即使在欧债危机持续蔓延，欧洲各国普遍削减文化预算和投入的背景下，法国依然高度重视文化发展，并给予充足的资金保障。法国文化部门2011年9月公布的2012年文化预算总额达到了106.2亿美元，比2011年增加了0.9%，占国家总预算的0.76%。法国2012年的文化事业经费（不包括人员薪酬）共计30.1亿美元，比2011年增长了2.9%；人员薪酬9.24亿美元，比2011年增长1.6%；用于出版发行、文化产业和新闻媒体的经费为66亿美元，与2011年基本持平。文化研究项目经费为2.55亿美元同时，地方政府的文化经费达到11.68亿美元，比2011增长了0.6%。

法国是图书生产、销售和出口大国。目前，法国共有4000多家出版社，每年出版新书约4.5万种，其中1/2为新书，1/2为重版书，每年营业额为24亿欧元左右。从经济方面来看，出版业属于一个小的经济行业，但它在文化行业中又数老大，超过了影视、唱片业，已成为法国的“第一文化产业”。在全球图书市场中，虽然法国人口仅有5000多万，但其图书销售额和版权贸易量却占到了全世界的14.7%。法国政府文化和交流部下设的图书与阅览司的主要任务是保护和支持创作和出版，扩大图书的出口，帮助图书和阅读活动的开展。该司掌握着一笔主要用于对整个出版产业链进行资助的资金，但它不直接对法国出版企业进行资助，而是通过国家出版中心对出版业给予扶持和资助。国家出版中心资助的主要对象是作家、出版社、期刊、书店、图书馆，文化团体和文化活动等。在这一点上，没有其他任何国家可以与之相比。2004年由法国文化和通讯部支持的全国赞助图书和阅读计划项目有3.73亿欧元，主要有三项任务，其中第一项优先资助的是作者、出版社和独立书店，第二和第三项是对图书馆的资助。2004年，法国全国图书中心将4500万欧元用于支持为图书链的正常有序进行而制定的各种政策（例如，保护公共借阅权、统一书价制度等）和直接资助作者、译者、出版商和书商以及图书和阅读宣传活动。2004年，对作者的资助达到307万欧元，对出版商和书商的直接资助达到了250万欧元，对图书宣传活动的资助达到174万欧元，对因发展公共借阅权而使图书馆额外购买图书的资助达到150万欧元，对特殊的主题收藏图书的资助达到550万欧元。

法国为出版业贷款创造条件并实行优惠政策。由于出版社和书店经常经费不足，特别是一些小型出版社和书店情况更为严重，同时，出版行业的利润微薄，投资风险大，银行贷款困难，因此，政府与出版业相互担保公司建立了特殊担保基金会，以保证出版商和书商能从银行获得贷款。早在1983年法国就成立了电影及文化工业投资委员会，该委员会由政府拨款2800万法郎作为保证金，来保证包括出版业在内的文化业能从银行获得贷款。这样，法国出版业从银行贷款就有了双重保证。另外，政府还为他们的贷款给予优惠条件，比如优先贷款、放宽贷款期、低利率等。法国图书中心除了在每年的年初为开业1年以上的中小出版社和书店提供5～10年的贷款外，这些出版社和书店所在地区的文化部门和银行还对出版社给予资金支持（有时由电影和文化产业资助所担保）。除了申请补助外，出版社的单个图书项目也可以申请贷款，如外国文学类图书可以申请生产成本50%的贷款，古典文学、哲学和科技类图书可以申请生产成本66%的贷款。申请这些贷款要求印数不少于500册，一旦在以后的销售中失败，其中25%的贷款将作为对出版商的补助。

3. 税收政策

法国专门制定文化产业某个门类或每个领域独有的税收征管政策，其征收目的是专款专用于有效扶持相关文化艺术领域和文化产业门类的发展与繁荣，见下表2。基于世界文化产业走向与本国文化艺术的主导产业发展方向，法国分别制定了出版、影视、录像、文化艺术品、演出娱乐、文化旅游和数字游戏等产业的税收优惠政策，这些政策具有税率低、减免额度大、负税轻、扶持力度强劲的特点。如法国销售货物或商品的增值税税率为19.6%，而对出版企业的销售额和新闻出版物分别仅按5.5%和2.1%的税率征收；对全国电视税按2%的优惠税率征税；在演出娱乐业产业中，除综艺性演出收入免税以外，所有演出的销售收入按照5.5%的优惠税率征收增值税，而文化演出团体按2%的特别优惠税率计税，均大大低于一般商品的增值税税率。

表2　法国文化产业的税收优惠政策列表

文化产业领域	税收征管政策内容	税收征管目的
出版产业	（1）税务机关将出版人上缴的0.2%的图书营业额税和由出售复印机的商家上缴的3%的复印机营业额税上交给国家图书中心作为其资金来源。 （2）出版业适用5.5%的增值税低税率。 （3）已注册的新闻出版物按2.1%的增值税优惠税率征收。	征收税金专款专用于资助法国出版产业发展。
电影电视产业	（1）对电影门票销售收入按照5.5%的低税率征收增值税，其税款专门用于资助电影业发展。 （2）对色情和一般暴力影片征收11%的特殊附加税，用以资助电影业发展。 （3）在电视上播放的电影按10%的税率缴纳播放权税，税款用以保护版权，资助电影业发展。 （4）电视税按2%的特别优惠税率征收增值税。	征收税金专款专用于保护影视版权，资助法国影视产业发展。

（续表）

文化产业领域	税收征管政策内容	税收征管目的
录像产业	（1）录像出售或出租按出版商对发行商批发价的2%征收录像出售出租税，其税收收入用以资助录像业的发展。 （2）1985年开始征收私人复制版税。销售者销售的音像产品（如硬盘、CD、DVD、MP3等）根据其净销售收入按照产品不同税率征税，是一种间接税。	征收税金专款专用于资助法国录像与音像产业发展。
艺术品产业	（1）艺术品产业的销售收入可享受特殊的增值税减税优惠待遇，即作者本人或者权利所有者直接出售作品，买方按5.5%的优惠税率缴纳增值税。 （2）若艺术品交易在欧盟国家销售的，在艺术品出口国缴纳5.5%的优惠税率增值税；若艺术品在欧盟国家以外出口销售的，免征增值税。	征收税金专款专用于资助法国艺术品交易产业发展。
演出娱乐产业	（1）除综艺性演出免税外，所有演出的销售收入按照5.5%的优惠税率征收增值税。 （2）对于新创作的演出娱乐节目，前140场演出收入可按2.1%最低优惠税率征收增值税，超过140场以上的演出收入应按5.5%的低税率征收增值税。 （3）文化演出团体按2%的特别增值税优惠税率征收。 （4）大多数剧场经营按5.5%的增值税优惠税率计算缴税。	征收税金专款专用于资助法国文化娱乐产业发展。

（续表）

文化产业领域	税收征管政策内容	税收征管目的
文化旅游产业	（1）非营利性文化教育、旅游培训取得的收入免税。 （2）企业和各类文化旅游团体（组织）用于文化遗产维护的费用可作为特别投资支出允许税前扣除。	征收税金专款专用于资助法国文化旅游产业。
数字游戏产业	（1）对数字游戏开发商可在纳税额中减除游戏开发成本的20%计算应纳税额。 （2）本国游戏企业出口的高技术数字游戏软件免征增值税和企业所得税，同时给予全额退税，但高技术数字技术由法国相关最高部门确认。	征收税金专款专用于资助法国数字游戏产业发展。

资料来源：高强：《法国税制》，中国财政经济出版社 2002 年版；［美］赫斯蒙德夫：《文化产业》，张菲娜译，中国人民大学出版社 2007 年版。

为扶持文化产业中健康艺术内容和产业经营行为，政府专门开征某些税种，将征收的税款专款专用，强有力地支持相关文化产业的发展。如对色情和暴力影视文化产品征收不低于 11% 的特殊附加税收用于资助纯文艺类、儿童剧、记录科普类影视作品的制作与传播；对电视台播放的电影依 10% 的税率征收播放权税，将收取的税金用于打击盗版，保护法国的影视知识版权，促进本国影视产品与服务的健康发展。

为了鼓励本国文化产品和服务的出口，法国为文化产业制定了特别的税收优惠政策。如艺术品在欧盟国家以外出口销售的免征增值税；经法国预算部（相当于财政部）、科技部、海关等相关国家部门的认定许可后，本国游戏企业出口的高技术数字游戏软件免征增值税和企业所得税，同时给予其全部出口数额全额退税的税收优惠待遇。

为了激励私人企业或个人支持文化产业发展，法国制定了完善且专门鼓励文化艺术产业捐赠与赞助的税收优惠政策。1954 年法国颁布的《税制总法典》首次明文规定了文化赞助的税收优惠条款。随着社会的进步及民间参与文化艺术业的实践热情高涨，法国先后制定颁布了《遗产捐赠与继承抵偿法》（1968 年）、《企业参与文化赞助税收法》（1984 年）、《共同资助法》（1987 年）、《文化赞助发展法》（1989 年）、《文化资助税制优惠》（2003 年）等一系列完善的文化产业赞助税收法律体系。对文化赞助的性质、范围、条件、对象、目的以及税收优惠方式等进行了严格的法律界定，内容涉及法国文化艺术的众多领域。截至 2009 年法国由此动员了 1200 家以上企业出资 3.98 亿欧元资助各种文化艺术活动。法国政府以文化赞助税收政策为杠杆，以企业自身的经济利益为动力，驱动企业、公司、个人积极参与文化艺术活动，对文化产业发展的作用不可低估。

4. 法国文化政策的特点

法国政府的文化资助模式主要有以下几个特点：

第一，政府对文化发展高度重视并提供资金保障。法国历届政府坚持为文化发展提供充足的资金保障，政府对一些国家文化机构团体以及与国家有合同关系的文化团体每年给予固定补贴，金额逐年增长。这在西方国家中是不多见的，文化投资的绝对数额在逐年增加，在国家经费预算中所占比例也在逐年提高并已稳定在 1% 左右。

第二，政府对文化的投入采取直接拨款方式。法国政府由文化和通讯部对重要文化机构、地方政府、有关部门直接拨款。重要文化机构包括国家重点文化设施、重点文艺院团和一些艺术院校等。对一些重要文化活动直接提供资助，法国的公益性文化单位所需经费完全由政府负担，享受公务员待遇，如图书馆。政府对艺术表演团体的资助数额巨大，巴黎国家歌剧院等主要国家剧院财政拨款占剧院总收入的 66% ~80% 。地方政府对文化的投入也相当可观。各地都有文化体育中心，经费主要来源于政府补贴；各地都有公共图书馆，对当地居民免费，即使是临时居住的外国人也可办借书证借阅馆内书籍和音像制品。

第三，政府对文化的投入主要依靠合同进行管理。法国政府通过签订文化协定的契约形式确保实现政府的管理目标，政府的具体文化发展目标通过财政投入的方式来明确。近年法国政府为避免文化设施、文化活动和文艺团体过分集中在巴黎地区，开始实施文化分散政策，将文化活动资金和设施分散到全国各地。1995 ~2005 年的 10 年间，政府 2/3 的文化投资用于巴黎外省，重要文化设施大部分建在外省，目标是实现三个平衡：巴黎与外省的平衡以及城市与农村的平衡、市区和郊区的平衡。政府利用合同形式对政府资助的部门和单位进行管理和监督确保投入经费的使用效果实现政府的管理目标。

（二）法国的文化遗产保护

法国政府将文化遗产的保护放在文化政策的首位，认为文化产业关系到国民素质、民族传统和凝聚力、国家形象及国家文化安全等，是与其他产业有着巨大区别的特殊领域，对其采用一系列保护政策。法国是世界上第一个以公众利益的名义对历史文化遗产保护进行立法的国家。在文化遗产保护法的建设方面，法国一直走在世界的前列。据不完全统计，法国在多年的法制建设中，仅文化遗产法一项便颁布过 100 多部法律，为法国人依法保护自己的传统文化遗产奠定了坚实的基础。法国文化遗产保护方面的主要法律见表 3。

表 3　法国文化遗产保护方面主要法律

年　份（年）	法案名称
1840	《历史性建筑法案》
1887	《纪念物保护法》
1913	《历史古迹法》
1930	《景观保护法》
1941	《考古发掘法》
1967	《景观保护法》（修订）
1960	《国家公园法》
1962	《历史街区保护法》
1973	《城市规划法》

（三）对广播电视业的支持与保护

20 世纪 80 年代以来，卫星电视传输方式的兴起给欧洲人使用电视的方式带来了一场革命，也给欧洲广播电视立法机构限制国外广播电视节目的进入提出了新的挑战。其中，法国在有关方面的法规和条款最为详细。从 1996 年开始生效的一项法律要求全法国 1300 多家电台在每天早 6 点 30 分至晚 10 点 30 分之间的音乐节目必须播送 40% 的法语歌曲。同样，各电视台每年播放的法语电影也不得少于 40%，对违法者处以罚款，罚款金额用于资助民族文化。

为了抵制外来文化对本国文化的侵袭和影响，法国视听最高委员会对引进境外节目作出规定，有线电视网播出的节目中，欧洲节目的比例要占到60%（欧盟成员国的视听作品同样适用），超过了欧盟所规定的国产节目比例50%以上。其中法语节目占40%，即全天及黄金时段的40%必须按照“法语为主的制作语言”的规定，用于播出法语节目。法国规定国外节目的比例不得超过40%，通常对违规者处以罚款。在国内节目配额制实施的前几年，法国对违规者的处罚大约达到了1000万美元。法国还出台了各种不同法规针对各种影视作品的独立制作部门。电视机构必须将其年收入的15%～20%用于委托独立的欧洲制作公司制作“原版法语”节目，进行首轮播出，其中主要是法语故事片、“有创意”的纪录片和动画片等。其中部分的收入可以投资于室内节目制作或是由该公司的子公司制作，上限为1/3。独立制作公司并不直接或间接由一家电视机构控制（最多拥有20%的股份），同时不拥有任何一家电视机构5%以上的股份。电视机构可以将其节目配额的播出权下放给任何一家私营电视机构，最长期限为4年（提供财政资助的多数电视机构为5年）。法国电视和有线电视频道每周必须播出一定数量的电影（每年低于200部），以帮助法国电影宣传；同时，法国电视和有线电视频道必须播出规定数量的独立制作的电视剧。

法国对于外国在广播电视领域的投资在股权上进行了限制。法国规定所有欧盟投资者在法国拥有任何私营频道的股份不得超过25%。非欧盟成员国或欧盟成员的经济合作与发展组织，不能直接或间接拥有20%以上的股份，也不能直接或间接拥有被批准用法语播出的地面电视或广播节目。非欧盟成员不允许在有线电视机构中拥有绝大部分股权。

对于电视合作制作，法国也作出了限制。法国电视制作业每年投资约13亿美元，涵盖了故事片、微型连续剧、情景喜剧片、纪录片、杂志节目、儿童节目、音乐节目和游戏节目等所有的节目领域，其中27%通过合作制作或提前出售找到海外合作伙伴，80%的节目由独立制作公司完成。对于合作制作，法国视听最高委员会规定：为了获得“原版的法语视听作品”的授权，从而从各种不同公共计划中受益，原版的法语节目“必须由一家法语为主的制作机构（或两家最大的）根据其最终支出费用，至少资助其中的15%；原版作品必须主要用法语拍摄；至少有80%的财政资助来自于法国的合作伙伴，至少50%的制作费用必须在法国花费。对于法国资助不足80%的国际合作作品，如果满足一定的标准，也可以被视为合格的欧洲作品。

（四）对电影行业的支持和保护

法国政府通过政策和立法，对电影产业实行扶持性的资助制度，并随着时代发展和市场变化的需要不断调整、日益完善。法国早在1948年就开始实行电影资助制度，由政府设立电影产业临时资助基金，以支持战后法国电影的振兴。1959年1月8日，法国文化部成立后，从原来归属教育部和工业部的法国国家电影中心划归文化部管理，此时的电影中心开始设立电影产业资助账户，同时还进一步将相关扶持政策规范法制化，由此出台了《电影资助法》。该法明确规定电影产业享受国家扶持资金，但在资金来源上不直接从国家财政拨款，而是从每张售出的电影票中征收10.72%的税，所得税款直接纳入国家电影中心管理的电影产业资助账户中，作为电影产业发展资助基金。1984年，由于电视的普及和电视行业的蓬勃发展，法国又立法从电视台的营业额中征收5.5%的税，税款纳入电影产业资助账户，作为电影产业发展基金的又一资金来源。因此从那时起，电影产业发展基金正式更名为影视产业资助基金。1993年，法国再次颁布法令，对电影录像带和影碟征收2%的营业税，税款补充进入影视产业资助基金。随着互联网的出现，电影业不断受到冲击，于是法国政府又采取付费点播的方式来满足法国人休闲生活的需要，并逐渐成为重要方式。2004年，法国立法规定，所收点播费用也需交纳2%的营业税，作为影视产业资助基金的另一补充来源。经过60多年的不断完善，法国电影资助制度最终完全形成，为法国电影提供了制度和资金上的保证，使法国电影保持着较强的创造力和竞争力。

据法国文化部公布的电影方面的数据，2000~2005年，法国电影占法国市场的比例在27%~35%之间，美国片则始终保持在60%左右。2004年在法国发行的法国片有144部，美国片有194部，但票房收入前10名中，法国片只有3部，其他都是美国片。法国在欧洲是拥有电影院数量最多的国家（法国5000家，德国4000家，英国2500家），但是它们放映的美国电影数量却是比较少的，美国电影大约占据了法国市场的60%~70%，而在英国占到75%，在爱尔兰占到90%。法国电影只占到美国市场的1%~2%。

面对好莱坞电影的强势进攻，“保卫法国电影委员会”等民间组织呼吁政府以“政治力”形式介入电影产业。而事实上，法国政府也一直以正面干预的方式推行文化保护政策。为了促进和保护本国电影业的发展，提高国产影片的竞争力，早在1948年，法国政府就公布了一系列带有强制性质的本土电影保护及资助政策。其中，具有决定意义的规定有：①提高本土影片放映比例；②对美国影片输入进行配额限制；③加大对美国影片的税收力度，并将所得金额用来资助法国本土影片的生产。政府大力扶持电影业，不但从财政上给予资助，还在发行渠道上予以保证。法国多年来一直实行电影门票附加特种税（平均一张门票加12%的税额），用以支持电影业的发展。到了1998年，法国对电影业共提供了26.3亿法郎的资助，其中24.25亿法郎来自本行业的各种税收，2.05亿法郎来自国家的拨款。在“政治力”介入后，法国电影开始复苏。

近20多年来，法国电影在与好莱坞电影的艰苦抗争中逐渐走入了平稳发展期：法国影片年产量基本保持在120或130部以上，本土票房占有率也始终保持在30%左右。但是，与此同时，法国电影危机论的呼声却在日益高涨。这是因为：其一，主创人员的艺术化追求使法国电影与娱乐产业的距离在加大；其二，好莱坞电影的市场攻势在加强。因此，法国电影产业不得不进行新的选择。在20世纪80年代，法国出现了一股“非艺术化”的电影创作思潮，该思潮强调法国电影应该拍摄大众所喜闻乐见的传统影片，主张以大明星和好故事来吸引更多的电影观众。这一思潮不仅赢得了广大观众的支持，而且还得到部分具有人文批判精神的知识分子的拥护。在这一思潮的影响下，法国影片在保持其艺术个性的前提下开始了大众化、商业化的转型。如今，由法国著名导演吕克·贝松创办的“欧罗巴公司”已经成为可以和好莱坞一较高下的大型电影制作公司，其制作电影的规模、水准、模式都借鉴吸收了好莱坞的特色与风格，并已拍摄了一系列大众化、商业化的电影。

法国政府实施的“电视无国界”指示（“Television Without Frontiers” directive）和配额制度限制了美国影片在法国影院和电视上播放的数量。1989年10月，为了保护欧洲文化特性，欧盟通过了欧盟广播指示（The EU Broadcast Directive）。该指示要求欧盟成员国“确保不论在什么情况下，通过可行的和恰当的方式，除了新闻、体育、比赛、广告和文字电视广播节目时间之外的用于娱乐节目的时间段”里，必须保证有51%以上的时段用来播放欧洲本土制作的节目。法国在该指示得以通过的过程中起到了极大的促进作用，并在本国体制内实施严格的配额制度。为了更坚决地履行自身保护本国文化的承诺，法国甚至要求它的电视台和电影发行人从欧洲邻国那里购买影片。

（五）对于网络新媒体的支持和保护

当今网络在英语文化一统天下的状况下，各国政府纷纷对此做出了反应，反对“数字化侵略”和“信息殖民化”的呼声越来越高，法国、加拿大、德国、日本、新加坡以及一些第三世界国家，纷纷提出要防止强权文化利用信息高速公路侵蚀其本国民族文化，采取各种对策和措施。法国政府还积极推进自己的网络文化工程等。法国的文化保护政策曾经用来防范美国的文化入侵，但由于因特网的无政府主义特征，以及法国网民同时使用法语和英语的现状，法国现在则提倡“文化多元化、民主化”，一方面积极开发法语网上词汇体系，另一方面则积极扩散法语网站的影响。

2004 年底，拥有全球最大搜索引擎的美国 Google 公司宣布，该公司将与美国纽约公共图书馆以及哈佛大学、斯坦福大学、密歇根大学和牛津大学的图书馆合作，将这些著名图书馆的馆藏图书扫描制作成电子版放到网上供读者阅读。在 2015 年工程完工时，Google 将建成全球最大的网上图书馆。2005 年 4 月，法国总统府宣布，时任希拉克总统将向欧盟所有成员国建议，加速数字化欧洲图书馆的建设。法国媒体普遍认为，此举意在与美国 Google 搜索引擎公司全力打造的全球最大网上图书馆相抗衡。法国总统府在新闻公报中表示，加速欧洲图书馆的数字化建设是维护文化多样性的一项艰巨任务。希拉克提出，包括法国在内的欧洲各国图书馆资源必须在最大范围内，以最快速度在网上被人们共享。为此，他要求法国国家图书馆以及文化部研究数字化欧洲图书馆建设所需的一切条件，并向欧盟国家提出合作实施这一工程。据法国媒体报道，鉴于这一图书馆有可能推动美国压倒性的话语权，法国国家图书馆馆长诺埃尔·让纳内在 2005 年 1 月就曾提出，必须对 Google 的资源垄断进行“欧洲人的反击”，从而让人们了解欧洲的智慧、历史以及文化遗产。

2010 年 3 月，欧盟委员会出台的《欧洲 2020 战略》发布了 3 项任务，即智慧型增长、可持续增长和包容性增长。该战略指出智慧型增长意味着要强化知识创造和创新须充分利用信息技术。欧盟 5 个最大的经济体德国、英国、法国、意大利、西班牙作为欧洲信息技术产业发展的领头羊，其发展方向各有侧重、互有补充，而法国对文化数字化重视的独树一帜引起世界多国文化部门和文化艺术界人士的关注。2010 年 9 月 22 日，法国文化部在新闻发布会上宣布，法国文化科学和教育内容数字化工程从当年第四季度正式启动，总预算为7.5亿欧元，其中75%用于项目投资，25%用于资助部分科研计划。在2010年法国欧洲文化遗产日上，法国文化部推出的一系列三维数字化文化产品，让参观者通过点击鼠标即可轻松游历法国各地知名文化遗产。这是一个大型文化工程启动的前奏。

法国文化数字化政策落实在各行各业，包括图书出版、音乐、电影、音像、摄影图片、电子游戏等。在面向机构和个人广泛征集项目后，由专门评审委员会遴选确定项目，给予不同程度的投资和补助。仅2010年7月中旬结束的第一批征集，收到的候选项目就有141个。第二批项目征集计划在2011年第二季度进行，对20世纪的有版权保护但已退出市场的50万本图书进行数字化处理，加大对法文电影的修复和数字化处理，建立汇集1929年至1989年拍摄的3000部法文影片的视频点播平台，建立交互式统一数字平台，实现读者与所有加盟媒体以及媒体之间数字资源的自由交易，创建囊括法国所有免费及收费数字影视资源的门户网站并为用户提供更为便捷快速的服务，对所有有助于文化产业各领域适应并应用数字化技术的基础性研究项目进行资助，包括文化内容数字化转换技术、数据压缩技术、识别技术、索引搜索技术、存储技术版权保护等。

（六）法国的对外文化政策

法国作为抵制美国文化入侵意志最坚决、行为最果断的国家，不仅积极寻求欧盟内部其他成员国在寻求文化保护对策方面的支持，还把这种寻求的眼光拓展到了国际范围。

为了进行世界贸易组织谈判，有25个会员国（德国、澳大利亚、加拿大、法国、英国、新西兰等）的电影家协会代表根据世界电影家论坛的框架于1999年11月20日通过了保卫“文化例外论”的文件。1999年9月5日于加拿大蒙克顿举行的第八届法语国家会议重申了文化多样性的重要性。

2003年10月，由加拿大和法国牵头，大约60个欧洲国家和发展中国家主张达成一项关于文化多样性的联合国公约，发起新一轮的全球文化保护战役。有关各方将就一项在拟定中的联合国协议开始谈判。这项协议旨在帮助其他国家保护本民族文化，以免被好莱坞所“同化”。时任法国总统希拉克在联合国教科文组织大会上发表讲话时说，如果这样一项公约得以通过，“担心失去独特身分的国家和民族就能以更大的信心向世界敞开大门”。

法国政府在保护本国文化遗产与文化产业文化市场的同时也非常重视法国文化的国际影响力。法国认为法语文化的生存状态事关法国国家利益和命运，因此保护和复兴法语文化的国际地位成为法国国家文化战略的核心内容。1970 年第一个政府间的法语国家组织“法语国家文化技术合作机构”（Agency for Cultural and Technical Cooperation）在尼日利亚成立，21 个国家参加了该组织。1997 年，“法语国家文化技术合作机构”改组为“国际法语国家组织”（International Francophone Organization，IFO）。目前，国际法语国家组织拥有 56 个成员和 20 个观察员。近 40 年来，IFO 成员国家和地区从 2 个增加到 55 个，涵盖五大洲，占世界人口总数的 10%，世界工业总产量的 12%，国际贸易总额的 15%。IFO 带有浓烈的法语文化色彩，增强了以法国为轴心的法语文化向心力。在国际法语国家组织发展的过程中，法国逐渐地强化了对该组织的主导权。第九届至第十四届国际法语组织的会议主题见表 4。

表 4　第九～十四届国际法语组织会议情况

时　间	届　次	地　点	主　题
2002 年	第九届	黎巴嫩首都贝鲁特	“不同文明的对话”
2004 年	第十届	布基纳法索首都瓦加杜古	“团结一致，持续发展”
2006 年	第十一届	罗马尼亚首都布加勒斯特	“教育信息化”
2008 年	第十二届	加拿大东部城市魁北克	“文化多样性”
2010 年	第十三届	瑞士西部旅游城市蒙特勒	“法语国家面临的挑战和未来远景”
2012 年	第十四届	刚果民主共和国首都金沙萨	“经济发展的关键与环境面临的挑战”

法国在世界各地设立数目众多的法国文化协会，为各国法语教学提供教师，为各国的法语教师提供赴法进修的奖学金。目前法国在 152 个驻外使馆设立了文化处，在 20 个驻外领事馆建立了文化组。法国已与一百多个国家签有文化协定和文化交流计划，在世界 68 个国家开办了 134 个文化中心和文化学院。在法国举办外国文化周、文化季、文化年等活动已是持续了若干年的传统，曾先后与埃及、以色列、摩洛哥、捷克、中国等国家举

办文化交流活动。进入新世纪，法国力图用文化大国来提高其国际威望和政治地位的战略意图显而易见。

“二战”以后，美国就把对外传播平台的运作与公共外交的政策性目标结合在一起。在阿富汗战争和伊拉克战争之后，美国又先后开播了跨地区的阿拉伯语媒体 Sawa 电台（2002 年）和 al - Hurra 电视台（2004 年），这两个媒体与 CNN、ABC、NBC、FOX News 等大媒体一起对外播送。而半岛电视台的崛起更促使法国下定决心打造自己的国际传播平台，在世界舆论的“心理和思想”争夺战中力争赢得自己的地位和身份认同。2006 年 12 月 6 日 20 点 29 分，法国首个全天 24 小时播报国际新闻的电视台 France 24 在巴黎开播。它由私营的法国电视一台（TF1）和法国电视集团（France Télévisions）合资共同持股组建，属于由国家提供补贴的合营公司。France 24 是一个具有综合传播功能的媒体，拥有 5 个传播平台：3 个互动和互补的互联网站（法语、英语、阿拉伯语）和 2 个同步对外发布实时信息的电视频道（一个完全播出法语节目，一个播出 75% 的英语节目和 25% 的法语节目）。当前数字播出范围是欧洲、中东以及美国的纽约和华盛顿特区，播出范围可以覆盖 90 多个国家的 7500 万个电视用户，并且 3 年之内将扩大到整个南、北美洲和亚太地区。France 24 总裁普齐拉克说：“France 24 虽然不是法国的喉舌媒体，但它展示的是法国的观点，它根据新闻业的客观和独立原则以及法国特有的价值观来处理国际新闻。”希拉克在 France 24 开播之际接受采访时说：“像法国这样的大国对世界发表自己的看法是必要的……这个任务实际上由 France 24 来完成。”

在当今世界，任何挑战文化霸权的文化举措不仅需要政治勇气，同时也需要在资金、人才、制作和技术等环节保持相应的竞争力。对于 France 24 所面对的主要竞争对手 BBC、CNN 和半岛电视台，最令人担心的是资金问题。2006 年 12 月 6 日，法国《人道报》发表一篇题为《France 24 中的三色世界》的文章，表达出这种担忧：“雄心勃勃地与享有盛名的 BBC 和 CNN 竞争的 France 24 在 2007 年度的预算是 8600 万欧元，在随后的 4 年左右每年是 8000 万欧元。如此少的预算与 CNN 的 12 亿美元和 BBC 的 6 亿欧元相比是微不足道的。”但 France 24 的编辑部主任格列高利 · 德纽认为，France 24 有一个非常重要的记者网络，它的背后还有两个母公司以及其他的国际新闻专家的支持，特别是法新社和法国国际广播电台。France 24 虽然在预算方面暂时处于弱势，但它拥有由 28 个民族的 170 名记者和 50 名技术人员组成的工作团队，同时它还与法国的相关国际媒体合作，组建了庞大的记者网络，将有效地利用信息资源来弥补资金弱势，挑战 BBC 和 CNN。

四、法国文化保护政策对我国的启示

法国的文化治理模式是典型的国家主导型，强调国家和政府的主导作用，面对美国在文化领域咄咄逼人的态势，法国采取了“文化例外”的保护政策，这些情况都与中国非常相似。由于法国建立的是政府主导型的文化事业与文化产业，没有建立起符合经济发展规律的市场主导型的文化产业，其可持续发展的能力不强，会随着国家经济社会意识的兴衰而波动。自从 20 世纪 70 年代中期以来法国的文化软实力在逐渐地衰落。2007 年 12 月发布的美国时代周刊以封面专题“法国文化已死”一文报道了法国文化软实力衰落的现状。法国的文化发展模式在近 30 年的部分衰落值得中国深思与借鉴。

（一）过度的文化保护政策不但保护不了文化产业，反而会限制文化产业的发展，从而导致国家软实力的衰退

法国提出“文化例外”原则的背景是法国经济实力和国际影响力日渐衰落，是法国文化竞争力下降的无奈之举。法国保护文化产业的目的是维持法国的文化软实力，但是法国对于文化产业的过度保护却导致了法国文化软实力的进一步衰落。法国政府一直非常重视对于文化市场的扶持，政府每年将 GDP 的 1.5% 投放在文化和娱乐活动上，与之相比，德国只有 0.7%，英国只有 0.5%，美国只有 0.3%。法国文化部慷慨地将大量资金投入博物馆、歌剧院和艺术节，供养了 148 个文化团体、26 个研究中心、176 个考古队和 11 200 名文化官员，数字比例高得离谱。而誓将“法兰西文明再次发扬光大”的萨科奇总统上任后更是将文化部的预算增加了 3.2%，达到 110 亿美元。法国政府对于文化产业的补贴政策也引来了众多的批评。批评者称，补贴保护了庸才，过分保护文化产业限制了创作者的视野和创作热情。在一个被配额和语言屏障保护起来的国内市场，法国制作人不需将版权卖到海外。法国电影只有 1/5 销到了美国市场，1/3 销到了德国。法国作家马尔特尔曾说：“要不是因为铺天盖地的文化部门，法国人的文化生活大概可以更丰富多彩。”他认为法国的文化补助政策保护庸才，限制创作者的视野和热情，导致如今法国根本无力抵御美国文化的

入侵。

我国政府也投入了大量的财力扶持文化事业和文化产业，对文化产业尤其是核心文化产业也采取了严格的保护政策。这些政策措施出台的背景也是基于我国文化产业市场化水平低、竞争能力弱，无法参与国际竞争等现状。本来，对于弱势产业保护的目的是避免国外强势产业的损害，通过政府扶持增强它们的竞争力，但是现在文化产业中很多扶持政策只是为了扶持而扶持，为了保护而保护，最终看似产业发展态势不错，实则偏离市场需求，市场竞争能力反而下降，比如动漫产业的分钟补贴政策看似促进了动漫作品产量的大幅上升，但实际上却造就了大量的劣质产品，损害了动漫产业的竞争力。因此，我们有必要对于现有补贴政策的实际效果进行评估，对于不利于产业市场竞争能力增强的产业扶持、补贴政策，要坚决取缔。

（二）我们要认识到法国实施“文化例外”原则的实质，不能一味地强调文化特色

文化层面虽然属于精神层面，但却与物质层面无法分离。在全球化趋势导致产品和服务在全世界范围更加自由流通的时代，在全世界都要遵循WTO规则的情况下，世界任何地方只要有需求存在，就可以得到满足。物质与文化是一体的，无法通过主观的愿望让文化“例外”起来。早在20世纪60年代后期，后来成为卡特总统国家安全顾问的地缘政治家布里辛斯基认为，在“电子科技革命”的效应之下，一个全球化的社会即将诞生，从发生在美国社会的诸多征兆可见一斑。他认为，美国生活模式对全人类而言是迟早的事，美国之所以占有新世界文明灯塔的位置，多亏它所具备的“文化吸引力”，他们的模式、他们的电视节目、他们的资讯、他们的科学发现、他们的企业管理方式等。虽然布里辛斯基的观点有失偏颇，但全球化带来的经济、文化的趋同显现却是存在的。

法国虽然倡导“文化例外”，但是法国政府并不将文化例外原则合法化。法国倡导的“文化例外”并不是真的“例外”，而是保护本国文化产业的一种手段。当自己是弱者时，则擎起文化例外的大旗作保护；当自己成为强者时，则祭出市场规律的口号去要求公平的待遇。正是因为看到了“文化例外”防御的色彩过浓，法国近年来用“文化多样性”来替代“文化例外”。

法国政府主导式的文化政策，以及在全球化背景下提出的“文化例外”原则都和我们国家的情况非常相似，都是希望在经济全球化、贸易全

球化的同时，保持自己国家文化的独立性，以及本国国民的“民族特色”。对我们国家而言，文化不仅仅是“民族特色”，更是“意识形态”。我们国家虽然没有像法国那样明确提出“文化例外”原则，但实际上我们一直在强调“中国特色”。如果我们像法国那样把“特色”作为文化保护的一种手段，对于我们争取时间培育自己的文化竞争力当然是有好处的。但是，如果我们真的把自己的文化作为一种“特色”来建设，无视世界文化的发展趋势，对于提升我国文化“走出去”以及提升我国文化的国际影响力是不利的。

（三）法国文化遗产保护的经验值得我们学习和借鉴

放眼世界，法国在文化遗产保护方面走在世界各国前列，积累了大量保护的经验，对于我国完善文化遗产保护体系具有重要的借鉴意义。比如以《遗产法典》为核心建立的法律保护体系；法律保护过程中强调专业性；对遗产的科学管理，对遗产价值充分合理的开发利用；以登记保护和分类保护为核心的层次分明的保护体制；偏重对物质文化遗产的保护；强调国家主导，并以税收、政策等方面优惠措施激励引导的保护策略等，都对我们有启迪意义，值得我们参考借鉴。

虽然我国已形成了以《中华人民共和国文物保护法》为核心，以行政法规、部门规章和地方法规为骨干的文物保护法规体系，在文化遗产的法律保护方面取得了重要发展。但是，我国现有的文化遗产法律保护主要存在以下问题：第一，缺乏系统的文化遗产立法体系。从我国现行的有关文化遗产保护的立法来看，物质文化遗产的法律保护是以文物保护为核心的，由于文化遗产的范围要大于文物的范围，因此文物保护法难以涵盖所有类型的文化遗产。而在非物质文化遗产的法律保护方面，我国目前尚缺乏统一的较高层次的立法。此外，从分类上看，我国现行的立法未能对文化遗产予以抽象化和概念化，而是明确区分为物质文化遗产和非物质文化遗产，但事实上其两者有时是紧密联系在一起的，如建筑和建筑的方式方法，简单地割裂二者的联系容易导致在具体的保护过程中出现偏差，进而失去保留文化遗产原生价值的意义，不利于对文化遗产的整体保护。第二，法律保护方式过于行政化，缺乏统一高效的管理体制。法律保护方式的行政化，主要体现在现行的多部门分级管理体制上，这种文化遗产的行政管理模式导致具体的法律执行困难重重。第三，法律保护内容的规定比较笼统，可操作性不强。我国现行文化遗产保护法的主旨多侧重于明确保护对象、保护内容和保护方法，而对于保护实施过程中所涉及的一些具体法律问题，如保护范围的确定方式、保护管理机构的设置与运作程序、监督机构的设置与职责、保护资金的来源与金额比例等还都缺乏明确规定。

借鉴法国的经验，我们应该尽快完善中国文化遗产的法律保护。第一，尽快建立完善的立法体系。在宪法保护历史文化遗产的大原则下，将物质文化遗产和非物质文化遗产分别立法，作为文化遗产法的基本法，并辅之以行政法规、部门规章和地方性法规予以补充完善，待时机成熟后再制定统一的文化遗产法；应将有关非物质文化遗产的法律法规予以整合，形成专门的针对历史文化遗产的法律法规体系。第二，尽快统一文化遗产保护的行政管理体系。统一和有效运转的行政管理体制是实现文化遗产法律保护的重要因素。从法国相应的行政管理机构的设置来看，法国文化部始终是文化遗产保护的核心机构，文化部之下又设有专司各种不同类型遗产的部门，在地方也设有专司文化遗产保护和管理的行政机构。除此之外，法国还设有部际联合机构负责协调不同部门在文化遗产保护和管理过程中的职责。我国在此方面处于“多头管理”的状态，存在很多弊端，应借鉴法国经验，尽快建立起有效运转的统一的行政管理体系。第三，设立专业性咨询机构，并从法律上赋予其一定职权。咨询机构是确保文化遗产得到专业、科学保护的基础，也是体现社会参与性的重要内容。我国现有的咨询机构偏重行政主导，缺乏应有的独立性和制约性，其主要原因在于法律法规未能明确赋予其一定职权，这也是造成我国文化遗产保护水平较低的重要原因之一。因此，有必要在中央和省级文化遗产行政管理机构之下设立咨询机构，专门负责各种文化遗产的清点、登录、评定的咨询，依法对其职责予以明确规定，并赋予其一定的监管职权，维护其相对独立的地位。

（四）借鉴法国的税收政策，支持文化产业的发展

首先，实施费改税，开征专门税种支持我国文化产业的持续发展。发展文化产业需要有足够的资金对产业竞争的弱势领域——文化基础设施等加以重点扶持。我国应借鉴法国的税收制度与税收政策经验，并结合自身文化产业发展的现实国情，改革现行的文化事业建设费，将其改革、优化成为具有中国特色的文化产业税。开征的目的是通过征税获得持久而稳定的财税资金，进而强有力地支持我国文化战略产业和支柱性产业的持续发展。

其次，优化与完善我国文化产业税收优惠政策。我国应借鉴法国完善的文化产业税收优惠体系，丰富与完善现行文化产业税收优惠政策。在税种优惠方面，鉴于现行文化产业税收优惠仅局限于增值税、营业税、企业所得税和个人所得税等少数几个税种，激励力度不足，因而应学习法国的税收实践经验，将文化产业税收优惠政策扩大到现行所有税种之中，以全面激励我国文化产业的发展。在税收优惠属性方面，我国应改变现行只在货物与劳务税类、所得课税才有文化产业税收优惠政策的现状，在税收优惠属性上涵盖到财产课税、资源税类、行为课税和目的课税方面，完善我国文化产业税收优惠方式。在税收优惠内容方面，我国应增加与非物质文化遗产保护、文化娱乐休闲、数字游戏、文化信息技术、广告会展、文化创意、文化网络、动漫卡通等新兴文化产业相关的税收优惠政策内容，尤其对于重点支持的文化产业及其项目应准许其税前据实扣除加速折旧的部分和风险准备金；对中国文化企业的创业投资可按其创投资金的相应比例税前抵扣创投企业的应纳税所得额。

最后，灵活运用税收政策引导、激励企业和民间资本投资发展文化产业。我国应充分运用税收优惠措施鼓励民间资本投资文化产业。企业可采取参股、入股、合资、特许经营等运作形式投资国家需要扶持的文化产业项目，政府可在投资抵免、税项扣除、税额减免等方面给予税收优惠支持：应借助税收政策的杠杆、引导作用，鼓励社会民间资本进入非物质文化遗产、文化基础设施、公益性文化项目等非营利性文化产业领域，给予其税利返还、投资退税——税率式减免、税基式减免等不同形式的税收优惠待遇；为激励民间资产对文化产业项目捐赠的积极性，应借鉴法国的捐赠税收政策扩大现行捐赠税收扣除标准。

参考文献

[1] 顾军：“法国文化遗产保护运动的理论与实践”，载《江西社会科学》2005 年第 3 期。

[2] 管宁：“时尚创意铸就的朝阳产业——法国文化产业的经验与启示”，载《东岳论丛》2012 年第 12 期。

[3] 贾玉敏：“文化保护与市场化进程中的法国广电业”，载《当代传播》2001 年第 4 期。

[4] 李志伟："法国捍卫'文化例外'"，载《人民日报》2013 年 7 月 25 日。

[5] 刘望春、王眉："法国牵头维护欧盟'文化例外'立场"，载《中国文化报》2013 年 5 月 23 日。

[6] 田珊珊："法国的文化政策：一个基于民族文化视角的研究"，载《法国研究》2012 年第 2 期。

[7] 王海冬："法国的文化政策及对中国的历史启示"，载《上海财经大学学报》2011 年第 5 期。

[8] 谢明："试论法国大众传媒与法兰西文化保护政策的互动关系"，中国社会科学院研究生院 2005 硕士学位论文。

[9] 杨京钟、洪连埔："法国文化产业税收政策对我国的借鉴"，载《税务研究》2012 年第 12 期。

[10] 杨诗勤："文化多样性背景下的法国国家电影干预机制"，上海外国语大学 2012 硕士学位论文。

[11] 叶秋华、孔德超："论法国文化遗产的法律保护及其对中国的借鉴意义"，载《中国人民大学学报》2011 年第 2 期。

[12] 朱振明："France 24：法国文化的突围"，载《世界知识》2007 年第 1 期。

文化产业创新管理研究

我国文化产业发展的生态标度探究

李宝玲 *　李瑞娥

[摘　要] 文化产业作为整个产业体系中的重要组成部分，在满足社会对文化产品的供给中具有不可替代的作用。本文以文化产业发展的生态标度为主线，分析了文化产品供求与社会经济均衡发展的关系，构建了文化产业生态标度的价值体系，针对影响文化产业发展的因素提出基于制度建设的对策建议。

[关键词] 文化产业；文化产品；生态标度；制度建设

一、引言

文化是一个民族的灵魂和民族精神的体现，也是一个国家国民价值体系的完善性传承，文化产业是这一过程的重要载体，通过为社会提供文化产品以满足国民精神文化的需求，因此，文化产业是整个产业链不可或缺的重要组成部分。文化产业的内涵和外延远远丰富于其他产业，它提供的文化产品既有有形产品又有无形产品；既有本土的信息、技术、文化遗产，又有来自外国的创新设计、前沿技术、人文历史；既有本民族的历史传承记载，又有其他民族的风土人情、异域风光；既有严肃、严密的技术或资讯，又有花边新闻或民间趣闻……在市场化条件下，文化产业既追求经济效益最大化，同时要兼顾社会效益最大化；既要满足社会文化消费的需求，也要提升公众的整体消费层次；既是一个国家产业完整性的体现，

* 李宝玲，女，1967 年生，陕西泾阳人。任教于北京印刷学院，副教授、硕士生导师，西安交通大学经济学博士、挪威奥斯陆大学和美国纽约州立大学布法罗分校访问学者。主要研究领域：营销管理、电子商务、传媒企业经营与管理等。近五年在学术期刊发表论文二十余篇，主持和参与国家级、省部级课题十多项，并多次参加国际学术会议交流。

也要展示产业带动的文化引领；既体现市场经济条件下产业发展的特征，也是满足文化需求多样性的重要载体。正因为文化产业所展现的多重意义，在“文化自觉、自信、自强”的制度体系构建中，文化产业的生态标度不容忽视，本文以此为切入点，试图对中国文化产业发展的生态标度进行理论联系实际的探究。

二、相关研究综述：一个简单的回顾与思考

早在1955年，美国文化人类学家朱利安·斯图尔德发表了《文化的变迁理论》，首次提出“文化生态学”的概念并阐述文化生态学的基本理论。这一理论被普遍认为是文化生态学诞生的标志。文化产业的生态平衡就是文化产品供给和经济发展对其需求的协调性，包括数量的均衡和品质的适应，即文化产业提供的产品可以满足社会积极向上的文化需求。近年来，基于生态文化视角的研究也进入了研究者的视野。20世纪八九十年代，在改革开放的时代背景下，面对各种文化产业的崛起，我国学者对文化生态的研究也给予了高度重视。程恩富在《文化经济学通论》中首先对文化产品的社会属性进行了界定，并明确提出文化产业在兼顾社会效益和经济效益的同时要纳入市场化运作中，认为市场是检验文化产品生命力的重要场所。黄育馥提出了生态环境决定生产活动和生活方式的理论，既承认文化与自然环境相互作用，又认为自然环境起着最终的决定作用，强调环境对文化的影响，认为文化进化的因素是文化对生态环境的“适应”，文化之间的差异也主要是由社会对某一特殊环境的适应过程引起的。戢斗勇将文化的生态问题界定为“人类在创造文化的过程中与环境的相互关系为对象的一门学科”，他对西部文化生态保护与文化资源开发的关系进行了研究。彭岚嘉认为“建立良好的民族民间文化生态环境，是文化开发的基点，文化资源是最具开发价值的资源，开发高文化含量的文化产业，发展文化资源化的人文经济，”本质上是对文化产业的生态要求，人文生态的失衡需要正向的文化产业来拯救。

由于中国历史悠久、地域广袤、多民族的人群分布，几千年的风云激荡造就了生生不息的文化源脉和各具特色的文化品格，历史的连贯性与延续性，又延伸和扩展着生生不息的文化传承。因此，中国历史赋予了文化的多样性与丰富性，使中国大地遍布辉煌灿烂的文化遗存，诸如，古朴原始的文化遗址、巍峨壮观的古代建筑、精美绝伦的雕塑、壁画，还有千奇

百异的山川地貌等自然资源，可以说，中国文化的丰富性为其产业发展奠定了基础。然而，在开放条件下，文化的国际渗透与东西方文化交融甚至碰撞，也使文化产业领域良莠不齐，多元的文化传播渠道在带来文化繁荣的同时，不免有鱼龙混杂、泥沙俱下的情况。在大力发展我国文化产业的进程中，生态标度是一个不容忽视的重大问题，本文试图从文化产品供求的“生态平衡”视域探讨文化产业发展的路径。

三、文化产业的生态标度与影响因素

（一）文化产业的生态标度

文化产业和社会经济发展的协调是一种特殊意义的“生态平衡”，它不仅是数量供求的均衡，更重要的是质量与品位可以引领国民的科技素养与价值导向。因此，文化产业的生态标度是一个具有丰富内涵的复合型概念，概括地讲，就是文化产业所提供的精神产品与国民对其需求既要求数量平衡，又要求品质适应，由此构成服务社会和“引领社会”的辩证统一。因此，文化产业生态标度的研究范围比文化产业更加宽泛，因为文化产品仅仅就产业提供的产品来判断市场认可度，而生态标度将文化产业的发展推向了全方位的思虑，涵盖了社会发展和经济质量提升的一切行为模式，它“更贴近文化的特质，反映了文化的核心内涵”。

追求创新性、进取性的文化产业，可以通过其所提供的产品在一个国家政治、经济、社会等领域产生积极的影响，形成经久不衰的精神动力和有利于社会发展的价值取向。文化产业一经变成产品，对这种产品的消费就会产生一种难以替代的精神领域的渗透力，它可以使人们沿着积极进取的精神道路去学习、领悟并进行相关配套，进而成为精神文化的乐园并产生积极向上的价值追求。当然，如果不是这样，文化产业的产品消费也会产生极大的精神迷离，比如，不加选择地引进西方文化产品、推崇个人迷信的封建沉渣泛起、一味迎合的低俗读物泛滥、过多的“报忧不报喜”或有偏倚的“报喜不报忧”等都会使人们产生不同程度的思维错觉，对这种思维错觉，文化产业往往起到了推波助澜的作用，使许多人在迷失了判断中对所关注的问题产生价值判断的偏离。

文化产品通过产业提供，其利润追求似乎在常理之中，不过，从文化产业与社会经济发展的“生态均衡”看，文化资源的开发要始终把社会效益放在首位，在文化产业的质量提升中实现经济效益与社会效益的统一，是需要“鱼和熊掌”兼得的特殊产业。如果只追求政治或经济上的立竿见影，或制造一些文化轰动效应，可能会损害文化资源、破坏文化生态。如果说自然界的生态平衡需要确立全体国民的自觉环境保护意识，那么，文化产业的生态标度研究实际上是寻求文化产品供求的“生态阈限”，要求文化产业既要立足国民科技素质、文化品位提高、提供高质量的文化产品，同时又要深入挖掘本国文化资源，因地制宜地发展有地方特色的文化产业；既要选准突破口，找准切入点，善于把深厚的文化资源做成具体的产业项目、把产品优势打造成品牌优势，又要前瞻性地打造文化企业的核心竞争力；既要着力打造具有中国特色、文化品位高、能满足国民对开放条件下全球性多元文化的需求，又要有市场影响力和国际竞争力的知名文化品牌。只有将经济效益放在社会效益的大思路下，才能符合文化产业的生态标度，真正提高文化产品的影响力和竞争力。因此，文化产业的生态标度研究，就是探索文化产业持久性的生命力。

（二）影响文化产业生态标度的因素

文化产业的生态标度是产业质量辩证统一的有机体，在现实经济生活中，有许多因素对文化产业的生态标度都会产生或多或少的影响，在此对其归纳旨在将文化产业发展的研究放在市场化的背景下。影响文化产业的因素主要有：专业化程度、文化多样性程度、文化资源的丰裕程度、市场开放程度、政策宽松程度，如图1所示。

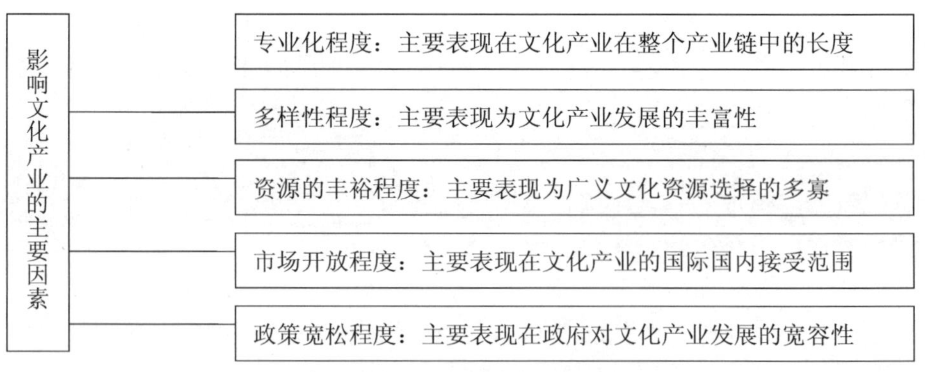

图1　影响文化产业的主要因素

文化产业发展的程度是社会分工情况的折射。从文化产业的属性看，它归属于现代服务业。现代服务业的发展程度体现一个国家社会分工的深度和广度，在大力发展现代服务业的过程中，文化产业的数量与质量对整个产业链的延长具有不可忽视的作用，专业化程度越高，意味着文化产业的内容越丰富、传播渠道越广阔，不仅如此，文化产业的发展本身也可以增加现代服务业的供给，正向的文化产品可以提高现代服务业在创意产业、文化品质、教育等方面的质量，通过产业引领深化社会分工并带动经济发展。

多样性是适应文化产品供给的多元化而对产业的要求。面对多层次的文化产品需求群体，文化产品的生产必然要求其适应性的供给。在我国众多的消费群体中，不同人群对知识、信息、娱乐等方面的要求存在一定的差异，多样性的供给必须满足多层次的文化产品需要，如对IT产业群体、证券从业人员及高等教育提供的文化产品必然区别于农民工群体，而供给于青少年的文化读物又不适应于老年人群，等等。多样性本身蕴含着文化产业的生态平衡，如同人与自然的和谐发展一样，在多样性中兼容了众多的产业空间。

资源的丰裕度与文化产业的发展相得益彰。文化产业通过丰富的文化产品展示人文资源、自然资源，资源的丰裕程度是文化产业发展的基础，东西部差异的自然资源、南北方不同的山川地貌、古今传承的文化积淀、千奇百异的文化习俗，资源越是丰裕，越能扩展文化产业的广度和深度。特别是现代，人们摄取知识的工具从书本到网络，从坊间的口口相传到各种媒体，应接不暇的知识更替也是文化产业的从业者需要具备前瞻性的判断能力和深刻的挖掘能力。因此，资源的丰裕度提供了文化产业发展的基础，文化产业的丰富性又将丰裕的资源以文化产品的形式展现在世人面前。

市场开放程度决定了文化产业发展的现代化程度。当市场经济成为资源配置的主要形式后，文化产业既要适应市场同时又要展现市场魅力，这样必然存在市场选择与淘汰的问题。当最后一场斗牛娱乐画上句号，标志着人们的文化产品需求本身就有选择性。在中国，根深蒂固的封建制度在很大程度上阻滞了工业化、现代化的浪潮，闭关锁国虽然留下了灿烂的古代文明，但也和西方现代文明拉开了巨大的距离，进入国际化分工后，中国在文化产业上同样需要审时度势，吸纳精华，筛选优劣，在文化产品的引进中需要进行“适应本土、融入本土”的选择。

政策宽松程度包括经济政策也包括文化政策，对一个国家来说，政策的开放度影响到文化产业的生态标度，主要表现在政府对文化产业发展的宽容性，在“焚书坑儒”、“文字狱”的状态下，文化产业可能面临毁灭性打击。当然，在净化文化产品市场的博弈中，政府需要在“有所为，有所不为”中确定其正确的角色定位。

文化产业特别强调对文化内容的开发利用，是以内容为素材、以创新为牵引的一种新的产业模式，又被称为内容产业。文化产业的生态标度研究，一方面是将文化产业的发展放在整个社会分工、市场经济质量提升的考虑中，同时，文化产业的发展需要十分关注国民精神文明建设的需要，片面的经济效益追求不仅会误导年青一代的思维方式塑造，而且容易使许多人进入思维误区，进而产生片面化、表面化、简单化、情绪化的思维危机。强调文化产业的生态问题，需要我们对文化产业发展的筛选性予以高度的重视，在鱼龙混杂的文化产品中，产品消费者很难从浩瀚的知识海洋中进行低成本的选择，需要文化产业本身进行“净化”，文化生态资源开发上的粗制滥造或对外来文化的不加选择，都会对消费者的时间、精力造成巨大的浪费。

四、文化产业生态标度的设计

鉴于文化产业特殊的社会定位，基于文化产业生态标度评价问题的研究必须考虑的问题包括（见图2）：

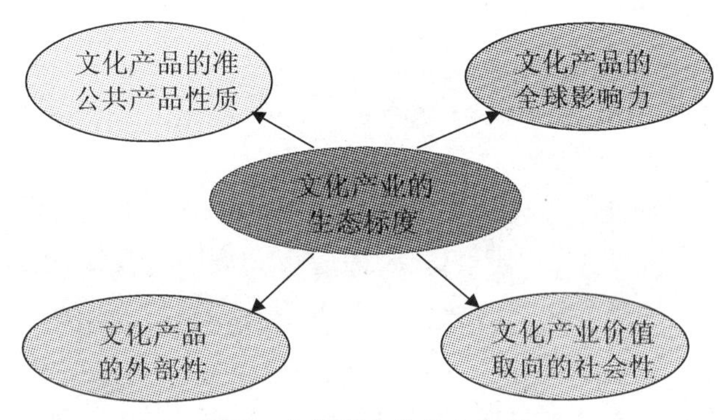

图2　文化产业的生态标度

首先，必须考虑文化产品的准公共产品性质。按照经济学的一般理论，公共产品区别于私人产品的两个基本特征是非排他性和非竞争性。非排他性是指在产品消费中很难将其他消费者排斥在该产品的消费之外，非竞争性是指消费者消费某产品时并不影响其他消费者同时从该产品消费中获得利益。准公共产品（Quasi Public Good）则是指具有有限的非竞争性或有限的非排他性的公共产品，如教育、收费交通、政府兴建的公园等。对于准公共产品的供给，在理论上应采取政府和市场共同分担的原则。这样，文化产业就具备了准公共产品的性质，作为产业物质承担者的文化产品就是一种准公共物品。文化产品的消费多数情况下是汲取知识、获取信息、欣赏、消耗文化艺术的物质载体，所以体现了丰富的文化引领和价值导向。优秀的文化产品可以跨越时空以实现知识资源的共享，可以通过再版、再演、复制拷贝获得永久的生命力，这就赋予了文化产业一定的历史使命，具有一定程度的非竞争性和非排他性。

其次，必须考虑文化产品的外部性。在实际经济生活中，生产者或消费者从一项经济活动中获得的私人利益小于社会利益，称为外部经济性，而生产者或消费者从事一项经济活动中付出的私人成本小于社会成本时称为外部不经济性。文化产品可能是外部经济性，也不排除外部不经济性，外部经济性文化产品能够增进消费者的精神激励并促进社会进行创新性劳动，将潜在的生产潜力变为现实的经济发展动力，实际上是为消费者提供一种享受型的精神福利和创造性劳动的文化支持，对于满足国民文化消费需求、提高国民科技素质、传承和弘扬民族文化具有积极作用，使广大民众崇尚正义，包括在接受西方文化的同时，在国际事务中维护国家独立、主权和不干涉别国内政，在国际经济秩序中坚持公平、正义、平等、互惠原则。反之，文化产业也可能在文化产品的供给中提供了附炎趋势、低级趣味或不加选择的文化产品，不仅不利于国民素质的提高，也产生了社会性的外部不经济性，导致一部分人价值倾向错位，进而降低社会福利甚至对社会和谐产生影响。

再次，必须考虑文化产业价值取向的社会性。与其他产品的效用标度不同，文化产品的效用，即文化产品的社会价值很难用经济标准去衡量，一般来说，初期的产品研发因效用难以衡量具有较大风险，在产业发展中投资收益具有很大的不确定性。所以，在文化产业市场化的经营中，同样要考虑产品生产和文化资本投资的边际成本，在解决国民不断增长的文化产品供给与文化产品需求的矛盾中，客观上需要扩大文化产品的供给量，满足社会需求。不过，在制度构建不完备的条件下，一方面，文化产业制度建设的复杂性使文化立法存在诸多技术困难；另一方面，文化立法滞后又影响我国文化产业制度建设的进程。文化产业价值取向的社会性，需要充分考虑生态标度的基本要求。

最后，必须考虑文化产业辐射的全球性。经济全球化的推进，使文化产品的传播时空扩大到更大的范围和更加久远的未来，经济全球化和当代传媒的高度发展，各国之间的文化交流日益频繁，众多的文化传播路径必然将文化产业推向全球化的高度，这要求我们重新审视西方及世界各国文化发展的历史与现状，学习、沟通、批判与借鉴其市场模式的运作方式，以适应并掌握当代文化的世界性交往的契机，并逐步建立完善的具有前瞻性文化引领的主导产业。

基于这样的考虑，我们在文化产业的生态标度研究中，需要构建经济发展和文化长远协调发展的动态机制。

第一，对文化产业和文化产品进行市场化经营和制度化规制。文化产品的准公共产品性质，决定了它一方面具有市场趋利性，但又不能完全交给市场，作为产业，可以按照产业运作完成文化产品的供给，但鉴于其产品效用的特殊性，必须在文化和经济的生态均衡中寻求文化产业发展的有效路径。文化资源配置的市场化要求是市场经济在资源配置中的功能之一，然而，纵观纷杂的文化产品市场，需要不断完善制度建设，完备的制度对于规范文化产业、提升文化核心产业竞争力并推动文化产业结构升级具有重要的意义。制度建设不仅包括正式制度规则的完善，更重要的是非正式制度的完善，因为非正式制度本身和文化产品有着不可分割的联系，积极的文化产品可以通过潜移默化的力量来影响非正式制度的健全，当然，非正式制度也可以在意识形态、信仰与习惯等方面对文化产业施加正向的引导。

第二，文化产业的生态标度需要我们审慎划分文化产业的边界。产业边界不仅取决于产业规模和产业定位，关键是文化产业价值取向的社会性、正外部性决定了在提供公共产品时的产业边界要求。经济开放与文化多元化增大了文化产品的需求弹性，尤其是年青一代，对文化产品的需求已经从传统产品扩展到现代的有形产品、虚拟产品（网络游戏，电子商务等），从国内扩大到国外，从发达国家扩大到发展中国家（旅游观光等），文化产业的边界也发生了极大的变化。在众多的有形、无形文化产品生产中，无论文化产业的规模边界如何扩张，价值边界、精神边界需要反映文化产业的特质及核心内涵，把握基本的道德底线、社会意识形态底线及文化产业从事者的良知底线，底线原则是文化产业边界的无形底线但又是不可或缺的，它是文化产业生态标度的内核，将其扩展到社会经济的各个领域，可以形成健康的文化、经济互动格局。

第三，文化与经济的均衡发展是可持续发展的要求。文化产业的发展包括两个层次：一方面是做大做强，充分体现文化企业的实力和产品影响力，另一方面必须体现文化产品的渗透力和影响深度，好的文化产品是千古传承、经久不衰的。我们从李白、杜甫的名诗绝句、司马迁长卷《史记》中千古传颂的事实可以看出文化的历史穿透性与可持续发展能力。现代文化产业的可持续发展最重要的是在浩瀚的文化海洋中取其精华去其糟粕。在文化产业的生态标度构建中，必须充分考虑地区之间的文化差异性和经济发展的不平衡性，既深入挖掘本地文化资源的文化内涵，充分展现和继承本国文化的优良传统，又从实际出发，寻找探索最适合中国特点的文化资源开发模式，发展有中国特色的文化产业。近年来，西方文化对中国传统文化的冲击也不可小觑，意识形态的差异可能会使年青一代有耳目一新的感觉，但是仍然有许多人对不同文化的形成背景、文化传播的环境及文化适应的差异性缺乏了解，一味的新奇感极有可能忽略了文化的生态标度，继而形成无所选择的接纳。

第四，文化产业的国际化需要构建高层次的交流平台。文化的传播是在更大范围内了解一个国家的重要渠道，但必须看到当代中国“生态失衡”的潜在危机和文化滞后对经济发展的严重制约。在后改革时代，经济转型的现实同样要求文化产业转型，不容忽视的是，经济与文化的综合平衡问题已经严峻地摆在我们面前，迫切需要并呼唤新的文化发展总体战略、管理方式、产业机制和市场运作体系。

五、结论与启示

文化以产业的形式爆发的力量，已深深地熔铸在国民的生命力、创造力和凝聚力之中，形成了经久不衰的精神动力。文化产业的生态标度研究，旨在用系统论的方法来把握文化和资源环境的整体性、关联性和互动性，将文化产业纳入经济发展和文化产品供给量的均衡和质的适应的研究视域。文化产业的生态标度说到底就是产业发展的良态环境和产业成长的制度完善。本文的研究结论与启示是：

其一，文化产业的生态标度本质上是一种均衡理念。作为载体的文化产品是社会进步的精神动力，是一个国家安身立命之本，文化产业需要十分关注人文背景下的精神幸福诉求。文化产业的生态标度研究，可以通过文化产业与社会经济发展的有机结合，有效实现产业和文化生态的协调，将产业发展放在质量型的高度，使文化产品成为社会进步的精神力量，以实现经济发展质量的提升和国民科技素质、文化素质、综合素质的提高。

其二，文化产业的生态标度研究是一种开放性思维。文化产业的方兴未艾，使文化经济作为一种“人文化的知识经济”并展示了极强的生命力，它不仅在传统文化与现代文化之间产生了激励的碰撞，而且文化产业在全球化的过程中也经历了一个文化与产业不断接近、接纳甚至部分融合的过程，这就需要我们拥有开放的思维。当然，开放性的思维并不是不加选择地一味摄取，而是必须关注文化产业的特殊性与精神诉求。当物质文化生活得到满足后，精神幸福需要丰富、多元、持续魅力的文化产品。

其三，文化产业的发展需要规范的制度约束。文化产品涉及最多的是原创性、发现性和综合性的知识，因此，文化产业应该在尊重知识产权的前提下，通过知识的传播发挥创造财富的潜力。由于其内涵丰富、外延宽广，文化市场需要制度化、规范化管理，将其纳入正式制度规则的他律和非正式制度的自律中，使产业发展符合生态标度的要求。同时，尽快实现由行政整合机制向法律契约化整合机制过渡，为我国文化产业发展所需宽松政治环境的创立提供法制保障。

参考文献

［1］程恩富：《文化经济学通论》，上海财经大学出版社 1999 年版。

［2］黄育馥：“20 世纪兴起的跨学科研究领域——文化生态学”，载《国外社会科学》1999 年第 6 期。

［3］戢斗勇：《文化生态学——珠江三角洲现代化的文化生态研究》，甘肃人民出版社 2006 年版。

［4］彭岚嘉：“西部文化生态保护与文化资源开发的关系”，载《社会科学研究》2001 年第 5 期。

［5］张胜冰：“创意产业与文化产业的边界及中国的运作模式——兼论中国创意产业发展中的政府思维”，载《思想战线》2010 年第 3 期。

[6] 李晓玲、李会明："内容产业的产生及其影响"，载《现代国际关系》，2003 年年第 5 期。

[7] 冯梅："试论科学与西方哲学中的主客二分思维"，载《理论观察》2009 年第 4 期。

文化贸易对文化软实力提升的影响及其对策

佟　东*

[摘　要] 文化贸易是一国文化产业走出国门、提升文化软实力的主要途径，而我国文化贸易囿于其贸易规模小、贸易平台建设不完善、特色文化品牌少、贸易模式单一和贸易地理方向过于集中的现状，因而对文化软实力的提升作用不甚明显。本文通过研究发现，加强对文化贸易平台的搭建、特色文化品牌的培育、文化贸易模式的创新、文化贸易地理方向的拓展和对外投资的加强将有助于提升文化贸易在提升文化软实力中的作用。

[关键词] 文化贸易；文化软实力

一、文化贸易在提升文化软实力中的不足

（一）文化贸易规模小限制文化的吸引力

虽然我国文化产业发展很快，但与世界文化强国相比还有很大的差距。日本、美国、英国和德国是世界上文化产品出口排名前四的国家，其出口总额占到世界文化产品销售额的一半以上，美国、英国、德国、法国占进口总额的近一半，不论进口还是出口中国都没有一个位于世界前列。从中看出，世界文化贸易集中于少数发达国家，我国文化贸易额极小，占世界文化产品贸易的比重微乎其微。尽管从 1995 年开始，中国与美国、英国、日本、法国占据世界文化贸易前五名（这是由联合国教科文组织统计整理确认的），但是通过一些统计数据不难看出，一半以上的文化贸易

---

* 佟东，北京印刷学院文化产业安全研究院讲师，主要研究领域为：文化贸易、文化产业安全。

额集中在发达国家之间，绝对量的排名可能会有所变化，但是相对规模却依然没有发生改变。我国所得文化贸易额与世界文化贸易额之比非常小，以致无须计量。例如，中美之间的文化贸易，在美国统计中中国占比不足1%，说明中国文化贸易需要大力发展。再以图书版权作为例子说明情况，2012 年我国进口美国版权 5606 项，而出口仅为 1259 项，引进与输出之比接近 4.45∶1。虽然相比于 2010 年的 4.61∶1 有进步，但幅度很小。从整体看，文化贸易额不断增加，但是文化贸易额占比却没有明显改善，文化贸易整体发展欠佳。我国没有品牌文化产品和服务能够在世界主流文化市场上立足。我国既没有美国式大片也没有能引领亚洲的“韩流”，这与我国五千年文明历史不相匹配。

多年来美国海外票房与本土票房比例一直维持在大约 2∶1，2011 年北美（包括美国和加拿大）票房为 102 亿美元，海外票房（不包括北美）达 163.63 亿美元。而我国 2011 年国产影片海外市场收入为 20.46 亿元（约 3.15 亿美元）。据中国电影海外推广公司统计显示，从 2002 年到 2011 年，10 年间国产影片共在中国内地以外的市场取得 180 余亿元（约 27.69 亿美元）的销售收入。美国的电影生产尽管只占全世界总量的 5% ~6%，但放映时间却占全世界观影总时间的 80%。国内票房收入与海外票房收入的比值基本维持在 0.618 的黄金分割点区域，产业结构非常成熟与科学。美国票房并不是回收成本最重要的指标，它只占电影总收入的 1/4，其余的 3/4 是其他衍生品或关联产业，这几个方面共同打造出一条完整的产业链，这些衍生收益是无法估量的。中国电影在海外的状况恰恰相反，过于追求票房或者说只能追求票房，票房收入占总收益的 95% 左右（甚至以上），尚未形成打造产业链的观念。作为一个电视剧生产和播出大国，相对于美、日、韩等影视产业强国而言，中国在国际市场上所占份额还相当微小，传播力、影响力还相当有限。中国电视剧辐射的范围主要限于亚太地区，约占出口总量的 2/3，即使在亚洲，也逊于韩国和日本。近年来海外销售量下降趋势明显，海外销售额仅占总额的 5% 左右，且销售面小，售价不高。我们的电视剧作品还没有得到国际社会消费者的认可，依然属于弱势文化。由此可见，中国真正进入国际市场的影视作品数量还很有限，流行文化的国际影响力偏弱，文化贸易软实力缺乏足够的吸引力。

（二）文化贸易平台建设不完善削弱文化的凝聚力

我国综合国力不断增强，国际影响力日益扩大，为“走出去”创造了巨大商机。改革开放以来，我国的现代化建设取得了举世瞩目的巨大成就，综合国力不断增强，社会不断进步，国际地位和影响力显著提高。“中国文化热”的背后，是世界对我国文化产品和服务的巨大需求和商业机会。但是，我国文化贸易服务平台建设却不能够满足日益增长的文化产品贸易需求，这极大地削弱了文化产品出口企业的生产积极性，削弱了文化对经济的凝聚作用。

尽管国家各级政府部门出台了一系列推动文化产品和文化服务出口的政策，鼓励和支持各种所有制文化企业积极开展、参与和从事文化产品与服务出口。但是海关过境手续复杂、因公出国审批手续繁琐却是摆在文化贸易眼前的一道门槛。我国现已形成位于华北、华东和华南三地的国家级对外文化贸易基地，但其作用还未得到充分发挥。

尽管我国文化“走出去”机遇良好，但是也要看到文化贸易平台建设不完善已经阻碍了文化贸易进一步的发展，主要表现在资本来源渠道狭窄和缺少对国际市场的调查研究和交流联系渠道。在融资方式上，投资控股、金融信贷、资本融资等手段发展较慢，多渠道融资格局尚未形成。文化企业上市融资的较少，许多低赢利性的文化企业普遍面临资金匮乏、融资乏力、发展受限、甚至亏损等。另一方面，由于市场信息闭塞，不能很好地根据国际市场需求策划、生产和营销我国的文化产品，这也导致我国缺少在国际文化市场上具有竞争力的文化产品，不利于提高我国文化的凝聚力。

（三）特色文化品牌少降低文化的感染力

文化传播的核心竞争力就是品牌的竞争力，特色突出、文化鲜明的品牌无疑会提升国家文化的感染力。从好莱坞电影在全球的流行可知，好莱坞电影之所以在不同的文化中广泛传播，除了电影质量高这一前提，最终要归功于好莱坞品牌在全球的知名度和认知度，所以说在文化多元的全球化时代，竞争的核心在于品牌。品牌是立足市场的基石，是品牌所有者通过有效的传播手段使得消费者认识、喜爱进而产生购买行为的过程。如今，我国国内电影存在着数量暴增和品牌的知名度低之间的矛盾，影片纷扰、媒体竞争激烈的现状也使得人们在有着多样化的选择的同时面临着选择的困难。现在已经不是“酒香不怕巷子深”的时代，塑造自己的品牌并进行适当的传播是有效吸引受众的重要途径，也是进行沟通提高知名度的重要媒介，可以有效减少消费者内心的不确定性，增强购买和使用的安全感，在跨文化过程中还可以减少不同文化环境带来的陌生感和不适感，坚定消费者的信念，所以说品牌是电影跨文化传播中的核心竞争力所在。但是，我国国内电影制作公司没有整体规划，今天拍古装、明天拍现代，没有核心产品和主流电影，生产的电影数量不少但最终对品牌建设起作用的却很少，国际上对中国电影也难以形成一个比较具体的印象，这种不专一造成了跨文化传播的无目的性。中国电影并非不想走出中国，走向世界，而是缺乏品牌培养的意识，这使得中国文化产品很难实现跨文化传播。按照好莱坞的行业规定，其电影的品牌维护费用一般占到总费用的50%，而国产电影才逐渐开始意识到品牌维护的作用，但步伐缓慢，而且大部分影片并未针对海外市场，两者的差距是明显的——国产电影用于品牌培育和维护的费用所占比例相对较小。

（四）文化贸易模式单一减弱文化的同化力

由于中国大多数文化企业规模较小，资金实力有限，国际市场经验不足，缺乏世界市场的经验，而专注于国内市场的开发，甚至是地方性市场，因此，风险低、投入少的贸易模式仍是中国文化企业在国际市场上进入的首选和主要方式。如今，中国文化企业走向国际市场主要依赖于两种模式：一种是文化产业博览会，另外一种是国外发行公司代理。尽管这两种模式都有一定的作用与效果，但是局限性也随之产生。尽管中国国内一些外向型文化企业已经看到了国外市场的发展潜力，不再局限于文化交流、寻找海外代理等模式，而是适应时间的要求，通过联合创作、合资经营、购买影院剧场等方式，积极地谋求海外发展，但是，从企业整体的国际化水平来看，仍然处于初级阶段。企业要想选择直接投资的方式进入国际市场，并且不断拓展文化产业价值链，主动开发文化衍生品，走向国际化价值链的高端，形成较强的风险控制能力，能够与当地文化企业或者其他跨国公司同台竞争，还有很长一段路要走。

中国文化产品出口的渠道较为狭窄，即使有优秀的、市场价值大的文化产品，也只能滞留在国内而不能走出国门为国外的消费者所知。目前我国国内文化产品出口主要有两个渠道：一是通过国内外的文化博览会，如北京国际图书博览会、深圳文博会、法兰克福书展等，近年来我国90%以上的版权贸易合同是在此类展览会上签订的；其二是通过外国发行公司代理。这两种渠道在图书文化贸易中扮演了一定的角色，但是其局限性也体现在市场、资本、人才、体制等还不完善，不能形成常态的文化贸易模式。

在国际文化贸易中，文化同化力表现为原有文化被新文化所代替，跨国企业并购通常是文化同化力发挥作用的主要形式。文化同化通过并购方的文化取代被并购方的文化，被并购企业被完全吸收进另一方为主要方式。近年来，我国文化企业逐渐放开走出去的步伐，大踏步地走向国际市场。继安徽出版集团全资收购波兰时代马尔沙维克集团，中国出版集团以1亿元收购英国出版科技集团股份，积极抢占数字技术制高点后，2014年出版业的海外并购又掀起新一轮高潮，凤凰传媒以8500万美元的大手笔收购了美国出版国际有限公司（PIL）童书业务，广西师范大学出版社集团以200万美元的最终价格将澳大利亚视觉出版集团收入囊中。即便如此，我国文化企业走出去的步伐明显落后于文化强国，这严重制约了我国文化对他国的同化力。

（五）文化贸易地理方向过于集中限制文化的传播力

文化全球化的国际大背景给我国对外文化传播提供了更大的发展空间。目前，我国正处于重要的历史机遇期，振兴中华文化、传播中华文明是民族复兴的重大任务和战略课题。积极地实施对外文化传播战略，广泛传播中华文化，增强国家文化影响力和竞争力，这对于提升我国文化软实力具有重要而深远的意义。而我国文化贸易，无论是出口还是进口都存在贸易地理方向过于集中的问题。

出口方面，从区域上看，我国对外产品出口主要集中于亚洲及大洋洲地区的日本、韩国、新加坡、阿联酋和中国香港，美洲地区的美国、加拿大和巴西，欧洲地区的德国、英国、荷兰、意大利、俄罗斯、法国和西班牙等国。近年来，马来西亚和印度逐渐取代俄罗斯和西班牙成为我国文化出口的对象国。从贸易额上看，2007～2013年美国一直是我国文化贸易出口的第一大对象国，而从第二位到第六位也始终是中国香港、德国、英国、日本和荷兰五个国家（地区）。我国文化贸易出口的前六大贸易伙伴共同贡献了我国文化产品出口额的60%左右，由此可见，我国核心文化产品出口的集中度较高。

进口方面，从区域上看，我国对外产品进口主要集中于亚洲地区的日本、韩国、新加坡、印度尼西亚、中国台湾和中国香港，北美洲地区的美国和加拿大，欧洲地区的德国、英国、荷兰、意大利、俄罗斯和法国等国。近年来，泰国和印度逐渐取代爱尔兰成为我国文化进口的对象国，特别是泰国，2013 年一跃成为我国文化产品第一大贸易进口国。从贸易额上看，2007～2012 年美国一直是我国文化贸易进口的第一大对象国，而从第二位到第五位也基本上是中国香港、英国、德国和日本三个国家（地区），2013 年泰国成为我国文化产品第一大进口国，其后是美国、中国台湾地区、日本和英国。我国文化贸易进口的前五大贸易伙伴共同贡献了我国文化产品进口额的 50% 左右，由此可见，我国核心文化产品进口的集中度较高。

较高的进口和出口集中度表现为我国文化对外传播的局限性，广泛的传播才能使世界各国人民了解到中国文化，因此从这一点上看，我国文化贸易较为集中的贸易地理方向将限制我国文化的传播力。

二、发展文化贸易提升文化软实力的对策建议

（一）搭建文化贸易平台提升文化走出去的规模质量

加强渠道和平台建设，构建多元化、多层次国际文化营销网络。如果没有平台和网络，文化产品根本传播不出去，更不要说走出去。通过各种渠道，重点瞄准国外主流市场、国际汉文化圈和我国港澳台地区。支持并鼓励文化企业参加国家重点支持的文化展会，通过中国（深圳）国际文化产业博览交易会、中国国际广播影视博览会、中国国际动漫节、中国国际动漫游戏博览会、北京国际图书博览会等推动文化出口。支持文化企业到海外参加国际展会、进行商贸推介，如参加境外演艺交易会、艺术博览会、图书展、影视展、音像展、艺术节、双年展、动漫游戏节等国际大型展会和文化活动，进一步扩大文化企业国际影响力。借助区域文化合作等平台，支持文化企业按规定与国际著名文化制作、经纪、营销机构合作，在境外建立文化产品营销网点。打造广东南方国际版权交易中心等具有重要影响力的国际出版版权交易平台，发挥其在对外推广文化产品和服务方面的积极作用。在我国驻外机构的协助下，积极搭建对外文化贸易平台，为企业进入国际市场铺设道路。中国文化要实现融入世界、影响世界的目标，既要有自己特色的文化内容，更要结合当地的需求，走本土化道路，才能真正进入当地主流社会、家庭。因此，要鼓励各类文化企业到海外建立营销渠道，重点抓好影视音像、动漫玩具、出版物、文艺演出、新闻媒体网络等国际营销网络建设。

文化产业的发展历程并不是很长，因为它和其他的产业是不同的。其

他的产业可能发展至今已经成熟，而文化产业起步相对较晚，目前仍处于不断发展以及完善的阶段，文化产业是新兴的朝阳产业，尤其是我国的文化产业更需要长时间的发展。因此文化产业的发展离不开政府的扶持和引导。没有政府的扶持就很难在激烈的市场竞争中取得优势，并可能被其他国家相对强势的文化企业所垄断和打压。因此我国政府必须加强对产业的补贴和奖励，并给予一些优惠政策。对于那些具有竞争力的文化企业，政府更应该重视，对其增加出口补贴以及生产补贴，鼓励其出口，以保证并提高这些文化企业在国际文化市场上的竞争优势，提高产品出口能力。我国政府也可以调研我国文化产业各个领域的发展情况，并以它们的发展情况为标准将它们划分层次，按照层次分类，重点培养那些发展较好且发展潜力较大的行业。例如，和其他文化领域相比，我国的电影产业发展的情况相对较好，而且近些年大有进军世界电影市场的良好势头。政府可以针对我国电影行业发展的特点进行补贴和扶持，以提高其在国际上的竞争力；而对那些发展相对较弱的企业，也要给予重视和扶持。要对这些企业发展的潜力进行分析，对发展前景较好的企业给予补贴，从而保证其健康的发展。政府要大力培养大型的具有竞争优势的文化企业。日本对文化产业的并购、重组经验对今后中国如何更好地发展文化产业具有很大的帮助，中国需要进一步推动文化机制的改革，不断地去鼓励文化企业之间的并购与重组，让大型的且具有优势的文化企业并购那些没有竞争优势且不具备发展潜力的企业，也可以减少资源浪费，从而提高我国大企业的发展潜力，提高我国文化经济发展的整体效应。

（二）培育特色的文化品牌讲好中国故事

不同于以往的产品竞争阶段，当今品牌竞争是国际市场竞争的特征，文化产品和文化服务方面更是如此。当前文化消费在某种意义上可以说就是品牌消费，品牌是一个国家的企业及相关产品和服务跻身于国际市场的根本保障，它的意义已经超越了单纯的商标和标志，是企业乃至一个国家竞争力的源泉。因此，要提高中国文化产品和服务的国际竞争力，扩大对外文化贸易，提高中国文化软实力，文化企业必须要树立和增强品牌意识，提高对实施品牌战略重要性的认识，高度重视品牌战略的作用。首先，要提供一大批信息含量大、知识含量多、原创性强、科技含量高的文化产品，形成精品积聚优势，打造在国际文化市场上享有一定声誉的、有中国特色的文化产业品牌。其次，中国文化企业作为文化产品和文化服务的供给者，要以打造世界知名文化企业集团为目标，实施品牌战略，并积极参与到文化贸易的国际竞争中。同时，文化品牌的开发应注重对科学技术的应用，积极发展数字电视、数字电影、网络游戏和动漫等高新文化产业，用先进的技术手段再现传统文化的精华，不断创新文化传播的方式，展开物流配送、电子商务等现代流通组织形式和经营业态，从而提升各国人民对中国文化的认同感。

提升我国文化软实力，要依靠发展我国对外文化贸易，就必须依托文化产业自身的发展和强大，同时利用中华民族丰富的文化资源优势，通过多种经营方式，研发具有中国特色的产品，打造民族特色品牌，讲好中国故事。重点扶持具有中国民族特色的文化艺术品的出口，支持动漫游戏、电子出版物等新兴文化产品进入国际市场。要大力提高文化产品的出口比重，消除文化贸易赤字，让中国尽快变成文化出口大国，这是实现由“中国制造”跃升为“中国创造”的关键所在。

文化产业及文化贸易的发展同样也需要品牌建设。只有建立属于自己的并且享誉世界的知名品牌才能推动文化产业及文化贸易的繁荣发展，这对于提高我国文化贸易的国际竞争力，并在国际市场占据优势地位都具有积极意义。值得学习的是，日本之所以能摘取“动漫王国”的桂冠，除了该行业自身不断努力之外，最重要的原因就是它成功地塑造了日本的动漫品牌，这样既融合了日本独特文化，也满足了多国消费者的需求偏好。

文化品牌的培育要有国际化视野，让文化品牌在世界舞台的角逐中有足够的竞争力。文化品牌既是民族的，同样也应该成为世界的。并且只有当文化品牌成为世界的，才能成为真正的文化品牌，才能在全球经济一体化的市场博弈中成为强者和胜利者。培育文化品牌必须要有国际化视野、适应国际化的规范、坚持国际化标准、拓展国际化市场。善于实施“走出去”战略，让民族文化品牌与世界著名文化品牌进行对话和竞争，在这个过程中强筋壮骨，让民族文化品牌成为世界品牌。文化品牌体现的是国家形象和文化软实力，跨文化交流需要平等对话。没有品牌的文化，只能在交流中被他者化、殖民化。因而以国际化视野提升文化品牌品质也是国家文化安全的需要。

（三）创新文化贸易模式提高文化的传播力

一个国家文化的软实力不仅取决于其内容是否具有独特魅力，更取决于是否具有先进的传播手段和强大的传播能力，特别是在当今信息社会，凡是传播手段先进、传播能力强大的国家，其文化理念和价值观念就能广为流传，就能掌握影响世界、影响人心的话语权，文化的传播能力已经成为国家文化软实力的重要因素。

文化贸易具有国际化传播的特征，以文化贸易为载体，创新文化贸易模式，按照行业集聚、空间集中、资源集约的发展策略，科学规划文化贸易整体布局，建设文化产业示范基地和文化产业园区，以集团军的形式联合开拓国际市场，增强文化走出去的传播力。

要想在国际文化市场上拥有长久的竞争力，必须拥有独特的竞争优势。而我国也同时拥有悠久的历史和渊博的文化，因此我国应利用自身的特有的文化，从两个方面，进行文化市场的开拓。

一方面，可以不断开发和扶持国内具有民族特色的相关文化产业，将我国的民族文化实行资产产业化，并加大对文化主体的培养力度，因为具有特色的文化产品或服务，在国际市场上竞争独特，容易渗透至国外文化中，在获得利益的基础上，可以发展我国的文化产业；另一方面，需要针对我国的特色产业，加大对外开放力度，把民族文化推向世界舞台，让它在实际市场上获得更大的发展空间，从而提高我国文化产业在国际市场上的竞争力。

（四）拓宽文化贸易地理方向拓展文化的传播范围

大型跨国文化企业认为营销是文化商业运作过程中的一个重要营销环节，一个文化产品的营销成本占总成本的比例很高。经过多年的发展，这些文化巨头占据国际市场的主导地位，资金实力和人才资源使得它们建立起了一整套完整和成熟的调研、生产、制作、营销及后期衍生产品销售的渠道，并在全球主要国家和地区建立了市场营销网络。反观我国，文化企业提高了市场营销的重视程度，但是在营销上的投入比例十分小。

中国文化产品在国外遭遇较高的“文化折扣”，国外的消费者不熟悉中国文化产品，从而不能建立亲切感，因而也不会进行消费。因此，中国文化企业可以利用关系营销，培养国外消费者对中国的亲近感。首先，中国文化企业团结合作成立海外办事处，定期地举办中国文化展，介绍中国文化并与当地的消费者建立良好的关系。其次，积极地与国外文化企业合作，充分利用它们本土化宣传的优势，推广中国文化产品。另外，除了利用关系营销外，中国文化企业开拓国外市场时还要利用绑架式营销，这种营销方式可以通过策划具有影响力的活动来吸引消费者，从而提高知名度和竞争力。以江苏卫视的《非诚勿扰》为例，截至2013年10月，《非诚勿扰》已经与海外媒体、报社等合作，成功地举办了8个海外专场，观众群遍布五大洲，创下了电视相亲节目的新高，而国外的观众也因为新颖的节目模式越来越多地关注到该节目甚至同类型的节目。最后，中国文化企业也要充分利用在国内举办的国际交流平台，如上海国际电影节、China-Joy、北京国际图书博览会、深圳文化博览会等大型节庆会展活动，通过这些平台可以和与会的海外优秀文化企业进行交流合作，并举办一些推广活动。例如，在2011年第十五届“北京放映”活动中，有数百部国产影片通过150多位海外片商销往世界70多个国家和地区。

贯彻实施文化“走出去”战略的是提高文化贸易，促进经济增长作用的另一法宝。为此，我们要积极主动地开展对外文化交流以提高我国的国际文化地位。加快成立和壮大文化跨国公司，采取较为自由的文化贸易政策，对于国外文化企业集团的兼并和收购给予鼓励，加大中国文化的国际传播力度。其次，重点开拓俄罗斯、东亚等国家和地区的文化市场。从上文分析可知，我国文化产品输出地过于集中，市场占有率并不高，中国文化产品的国际化程度低。我国与日本等东亚国家“文化折扣”程度较低，但我国文化产品出口数量在“儒家文化圈”依然较少。中俄两国作为邻邦，有着良好的外交关系，因此我国提升自己文化产品质量的同时应当努力去开拓俄罗斯市场。此外，在文化贸易竞争日益加剧的情况下，我们应该去积极开拓日本等东亚文化市场。另外，最后需要指出的是，我国既要保持文化出口，也要促进文化进口，不能为了改善文化贸易存在的输出地过于集中的问题就单方面地增加文化出口，也不能一味地增加文化进口。必须双管齐下，发展我国文化产业的同时，也积极参与文化贸易。

（五）加大文化产业对外投资深入海外市场

支持国内媒体和各种所有制企业赴境外投资。按照有关规定，鼓励企业通过新设、收购、合作等方式，在境外收购剧场，设立演艺经纪公司、艺术品经营机构、出版社、报刊社、印刷厂、广播电视网、出版物营销机构等。鼓励国内媒体创办外文报刊、广播和电视频道，或在境外购买媒体播出时段和报刊版面、开办广播电视频率频道、开展对外劳务合作，支持国内网站与国外知名网络媒体合作。对符合国家出口指导目录规定的境外投资，在信息咨询、考察市场等方面予以支持。提升文化软实力，发展文化贸易，增强走出去的能力，归根结底还要落实到人的因素上。在文化生产、文化创造、文化经营、文化传播、文化管理和文化出口等方面，我们要培养大批具有国际视野的复合型人才，充分发挥人的能动性、创造性，建构文化本土性价值体系和话语体系，全面振兴文化产业，才能真正走出国门、走向世界，同全球文化进行平等的对话和交流，展示文化强国的气象和风度，提升我国的文化软实力。

要树立中国文化的国际形象，扩大中国文化贸易的发展，提高我国文化产业的国际竞争力，必须走规模化发展与经营之道。加快产业重组步伐，建立大型文化产业集团，实现规模经济，进而以强大的规模提升文化产业的国际竞争力。同时，注重培养外向型骨干文化企业，鼓励有实力的企业“走出去”进行跨国经营，建立面向国际市场的文化产业集团。规模经营方面要组成产业集团，改变文化企业规模小且分散的现状。以我国的电影业为例，中国电影业扩大经济规模的基本思路是成立电影集团，实现集团化经营。发行放映的主要改革思路是建立院线为主的供片机制，利用现有的发行放映资源，建立区域性院线和跨省院线，鼓励有条件的发行放映公司进行院线制改造，主要目的是减少发行环节，扩大发行放映的企业规模。通过改革，逐步在全国范围内建立起几家跨媒体经营的大型电影制片集团和若干跨地区经营的、设施先进的、院线布局合理的电影发行放映集团，这样中国电影产业的规模效应就可以形成。

参考文献

[1] 张慧、徐小立：“国产电影跨文化传播的核心竞争力——以《功夫熊猫2》的品牌营销为例”，载《电影评价》2012 年第 15 期。

[2] 王娟：“中国文化企业国际市场进入模式探析”，载《国际贸易论坛》2012 年第 3 期。

[3] 李月明：“对外文化传播与我国文化软实力的构建”，载《攀登》2009 年第 1 期。

[4] 冯艳霞：“浅论增强我国文化软实力的途径”，载《改革与开放》2010 年第 14 期。

文化企业商业模式研究[1]

谢　巍*

[摘　要] 文化企业为社会传递精神产品，承担着一定的社会责任；文化企业本身又具有一定的经济属性，参与市场竞争，推动文化产业成为国民经济支柱性产业。文化企业设计适合的商业模式有助于文化企业创造和传递价值、形成竞争优势和核心竞争力。通过对商业模式内涵的梳理和对文化产品及文化企业特征的分析，本文提出文化企业商业模式的概念内涵。在此基础上，本文以商业模式四构面模型为依据，分析文化企业的商业模式并提出建议。文化企业可结合自身的实际情况设计适当的商业模式：第一，基于顾客需求的商业模式，具体包括“产品+咨询服务”商业模式、“俱乐部”商业模式、“产品+体验”商业模式及“产品+私人订制”商业模式；第二，基于战略定位的商业模式，具体包括“品牌化”商业模式；第三，基于战略资源的商业模式，具体包括“资源整合型”商业模式和“资源集中型”商业模式；第四，基于价值网络的商业模式，具体包括“产业链延伸”商业模式和“跨产业融合”商业模式。

[关键词] 文化企业；商业模式；顾客需求；资源；价值

2014年2月，我国颁布《关于推进文化创意和设计服务与相关产业融合发展的若干意见》，“提升文化产业整体实力”是重点任务之一。文化产

〔1〕 本文受基金项目“北京印刷学院校级资助项目：实体书店商业模式创新研究(Eb201512)”和“北京印刷学院北印英才项目（27170115004/034）”资助。

* 谢巍，女，1981年生，天津人。北京印刷学院经济管理学院市场营销系副教授，硕士学位(正在攻读博士研究生)。研究方向：传媒企业管理。参与出版专著3部，以独立作者或第一作者身份在《中国出版》、《编辑之友》、《科技与出版》等学术期刊发表论文十余篇。

业整体实力的提高也意味着文化企业个体实力的提升，这对文化企业的竞争力和成长性都提出了新的要求，也创造了良好的政策环境。与此同时，从文化企业上市的情况来看，具有良好的商业模式和成长性的文化企业仍是少数，商业模式方面的不足很难用各种资源优势来弥补。良好的发展环境与文化企业有难度成长的现实并存，本文将从商业模式的角度探究文化企业的成长性和竞争力的形成。

一、文化企业商业模式的内涵及意义

（一）商业模式的内涵

自 Timmers 首次明确提出商业模式的概念以来，学者们多从不同的角度对其进行界定和阐释。一些学者从运营视角来看待商业模式，将其定义为企业在创造和传递价值过程中的内部流程、组织设计和经营结构，是对企业如何运转的描述和归纳，关注企业的价值创造和价值传递活动及相应的支撑系统。运营视角下的商业模式包括了利益相关者、潜在利益相关者及收入来源等多种要素，有对企业、供应商、合作伙伴及客户之间交易运作方式的描述。

一些学者从经济视角看待商业模式，将其定义为一种企业的盈利模式，认为商业模式是构造或保持收益流的方法，为企业创造更多的利润和价值。与这种模式相关的要素有收入来源、成本结构等。

一些学者则从战略视角看待商业模式，将其定义为对企业战略定位的考量。企业就是要寻找到一种独特有利的定位，从而设计一套与之相适应的与众不同的运营活动；而企业定位的本质其实就是企业的价值主张。

近年来，更多的学者从系统论的视角来看待商业模式，认为商业模式是由多种因素构成的系统，是全面分析企业、从整体角度阐释企业运营的工具。基于系统论的商业模式概念，是对运营视角、经济视角和战略视角的观点的综合。在现有研究中，Hamel 提出的商业模式四构面模型是系统论的典型代表。模型中的四大构面包括顾客界面、核心战略、战略资源和价值网络，Hamel 认为这四构面是企业运营时考虑的主要因素，四构面由三大桥梁因素联接来检验其绩效的发挥情况，还有四大支撑因素用来判断商业模式的盈利潜力和竞争优势。

（二）文化企业的商业模式

1. 文化产品及文化企业的特征

文化企业的产品形式丰富，涵盖各类文字内容、音像制品、文化服务等。随着现代化网络技术、通讯技术、电子信息技术的快速发展，文化产品的内涵更加丰富，文化产品载体更加多元化。在传统文化产品的基础上，电子出版物、网络信息产品也成为文化产品的重要组成部分。文化产品承担着传递文化的责任，既是精神产品，又是物质产品。而随着文化企业改革和市场化的进程，文化产品的物质产品属性也有更多的显现。

文化企业提供给社会的产品具有精神产品属性，承担着更多的社会责任，文化企业具有一定的社会属性。同时，文化企业是市场经济中的企业，要为顾客提供物质产品，参与市场竞争，需要不断提升企业的竞争力水平，具有一定的经济属性。作为文化产业的微观成员，文化企业在推动文化产业成为国民经济支柱性产业的进程中有着重要的意义和作用。

2. 文化企业商业模式的内涵

对文化企业商业模式的分析，本质上是对文化企业经济属性的认识。文化产业对国民经济发展的潜力和影响力决定了该产业的重要性，文化企业的商业模式则决定着微观企业的战略发展方向、运营水平和盈利能力。文化企业作为市场经济的主体，在构建商业模式时也符合企业商业模式的一般规律，同时也有文化企业自身的特征。综合上述分析，本文认为，文化企业商业模式是指文化企业明确自身的战略定位，整合企业的内外部资源，明确企业创造和传递价值的运营结构，形成企业的竞争优势进而获取价值的方式。

（三）构建文化企业商业模式的意义

1. 理论意义

商业模式有助于企业进行战略选择，商业模式还能够反映企业如何创造价值。通过对企业战略与商业模式进行整合分析，有利于探究企业可持续竞争优势的来源，有利于提高企业的竞争力水平，使企业可持续发展。从商业模式的角度探究文化企业的发展问题具有一定的理论意义，是一般理论在文化产业应用的检验。构建适合的商业模式有助于文化企业的战略制定、价值创造和可持续发展。

2. 现实意义

目前，新技术、新应用等都在快速发展，顾客对文化产品的消费习惯不断变化，满足顾客需求的文化产品也越来越多元化。文化企业面对的市场更加复杂化、竞争也更为激烈。在面对更多挑战的同时，文化企业也迎来了很多发展机会。文化企业在转型和变革的过程中也在不断探索发展的新途径。商业模式是将多种资源转化为经济价值的中介手段，是文化企业在转型和创新过程中抓住机会、创造价值的重要途径。因此，从现实意义来看，也有必要对文化企业商业模式进行研究，将研究成果用于指导企业实践。

二、基于四构面模型的文化企业商业模式分析

Hamel认为，企业必须以事业创新观念来建构商业模式，从而制定出与竞争者不同的战略，建构出不同的商业模式来满足新经济时代的需求，创造出企业持续的竞争优势。Hamel提出的商业模式四构面模型中包括四大构面（顾客界面、核心战略、战略资源、价值网络），三大桥梁（资源配置、顾客价值、企业边界）和四大支撑因素（效率、独特性、一致性、利润推进器）。其中，四大构面是企业运营决策的重要因素，三大桥梁用于检验构面间的连结情况，四大支撑因素用于衡量商业模式是否具有利润潜力和竞争优势。

基于四构面模型探讨文化企业的商业模式有以下发现：

第一，在顾客界面方面，与其他企业相比，顾客需求更具有不确定性，满足顾客需求的产品更加多元化；同时，要使顾客满意也更具有难度。正如马斯洛需求层次理论中提到的，越是较高层次的需求，满足其所需的产品越不明确，顾客精神层面的需求正是如此。例如，顾客有一天休假，想要悠闲而不乏味地度过休闲时光。满足顾客需求的产品有很多种：附近郊区的乡村文化旅游、某剧院最新的话剧演出、某博物馆的专题展览、在某书店边喝咖啡边阅读图书……对文化企业的顾客来说，除了有形产品或服务，顾客还非常关注文化企业带给自身的体验。基于这种服务及体验，整体文化产品的定价结构更复杂，但同时也更具有差异化。

第二，在核心战略方面，文化企业的经营宗旨中蕴含了经济效益和社会效益统一的观念，文化企业在市场竞争中充分发挥其经济属性的同时，还要向社会传播文化，发挥其社会职能。文化企业还应同时明确其“产品/市场范围”，明确其战略定位，避免同质化竞争问题。目前，文化企业的同质化竞争现象并不少见。例如，全国大多数出版单位都进入了少儿出版

领域，争相出版少儿图书。仅在京东商城图书专区上架销售的京东自营“少儿”类《三字经》图书就有749种，这些图书来自于90家出版社。此外，影视业的多家公司拍摄相同题材电视连续剧（如近几年的抗战题材、婆媳生活题材电视剧）等也陷入了同质化竞争的僵局。缺乏明晰战略的商业模式也是不成熟的，难以发挥商业模式的效果。

第三，在战略资源方面，文化企业的关键资源如果不明晰，资源也就难以形成资产、创造并传递价值；文化企业的核心流程如果不明确，则难以创造和传递价值，难以形成核心竞争力；如果缺乏对关键资源和核心流程的关注，那么资源的潜在价值也难以开发出来。水晶石数字科技有限公司是一家以技术为战略资源的文化科技企业，该公司以基于技术的三维可视化的开发和应用服务为核心业务。公司涉及的技术领域涵盖影视特效、3D动画、多媒体、影像数据库、在线三维展示等多个专业，在大型活动、演示汇报、科普教育、影视制作及城市数字化建设等方面为客户提供创新的视觉解决方案，成为文化产业细分领域的领先企业。

第四，在价值网络方面，文化企业与外部利益相关者的关系其实也是一种获取和利用外部资源的方式。一方面，文化企业可以与供应商等形成良好的合作关系，形成顺畅的产业链，使价值能够更好地在产业链上下游传递，最终传递给顾客；另一方面，文化企业还可以通过跨产业融合的形式，充分获取外部资源，深入挖掘资源价值。例如，对动漫企业来说，“内容”开发与动画片播出环节一直是备受重视的，但是“动漫衍生品”开发还有非常大的空间。很多国内动漫公司多未涉及衍生品开发方面的盈利，播出盈利不稳定且不能形成有效的持续性。很多顾客拥有大量迪士尼（Disney）出品的动漫衍生品而少有国产动漫衍生品，而且即使在国产动漫衍生品中，还存在着不少盗版产品。

三、文化企业的商业模式构建

根据前文的分析，本文以商业模式四构面模型为依据，构建文化企业的商业模式，见图1。即分别以四构面要素为基础，建立基于顾客需求的商业模式、基于战略定位的商业模式、基于战略资源的商业模式和基于价值网络的商业模式。

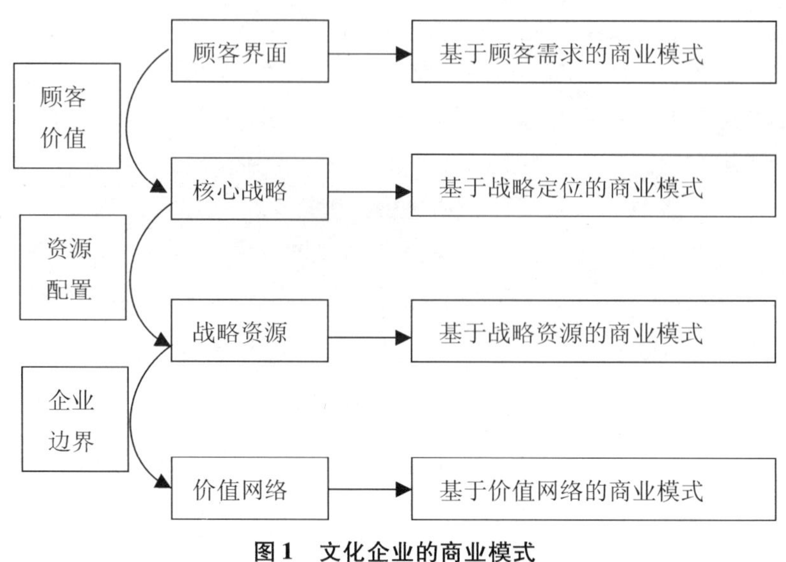

图1　文化企业的商业模式

（一）基于顾客需求的商业模式

当文化企业聚焦于顾客界面构建商业模式时，以顾客需求为其商业模式的起点。结合马斯洛需求层次理论，根据文化企业自身的实际情况来确定目标顾客的需求。目标顾客的需求可能是生理需求和安全需求方面的，是归属需求（人际关系需求）方面的，是尊重需求方面的，又或是自我实现需求方面的，还可能是包括多层次需求的。文化企业可以基于顾客需求形成“产品+咨询服务”商业模式、“俱乐部”商业模式、“产品+体验”商业模式，或者“产品+私人订制”商业模式。

例如，在实体书店构建商业模式的过程中，以顾客需求为起点时，差异化的顾客需求对应的商业模式也有所不同。如果顾客对图书的需求仅是基本需求，是购买自己所需的图书，那么书店应采取传统的“开架售书+顾客咨询服务”的商业模式。如果顾客需求是归属需求，是与他人进行阅读交流时，那么书店可采取“阅读俱乐部”商业模式，定期举行阅读体验与交流活动，举办作家讲座、图书推荐、阅读会等活动，提供读者与作者、读者与读者交流的平台。如果顾客需求是尊重需求或自我实现需求，是享受静心阅读的空间，那么书店可采取“图书+咖啡吧”的商业模式，在书店中开辟一个空间让顾客休闲阅读；或者采取“图书+私人订制”的商业模式，为顾客量身定制阅读清单、提供阅读解决方案、提供顾客书房整理方案等。

（二）基于战略定位的商业模式

当文化企业聚焦于核心战略构建商业模式时，将以战略定位为其商业模式构建的基础。明确文化企业的经营宗旨和价值主张，以社会效益为先导再追求经济效益，向市场传播正能量的文化，提供高品质的文化产品。确定市场范围，根据文化企业的资源和能力情况选择细分市场，实施战略定位。根据战略定位形成企业差异化的基础，避免同质化竞争的不利局面。

例如，山东影视传媒集团（以下简称“山影”）坚持以“内容”为核心，注重电视剧制作品质，有自己的战略定位而不跟风制作，逐渐形成了自身的品牌，赢得了口碑和市场。2014 年和 2015 年，山影作为制作方或制作方之一制作播出的《战长沙》、《北平无战事》、《伪装者》、《琅琊榜》和《他来了，请闭眼》获得观众的追捧，多部剧成为年度热剧。山影既适应年轻观众（顾客）的需求，又坚持剧作的品质；选择有文化认同度的题材，注重细节和品质；任用有名气的导演、编剧和主演们，同时重视启用优秀的电视剧制作团队。山影逐渐形成自身的品牌，将文化价值最大化。山影采取的以优质“内容”和“制作”为基础的“品牌化”商业模式可供文化企业参考。

（三）基于战略资源的商业模式

当文化企业聚焦于战略资源构建商业模式时，将以核心资源为其商业模式构建的基础。文化企业的战略资源影响着其核心流程的设计；战略资源是战略资产的重要组成部分，也是企业核心竞争力的主要来源。

一方面，文化企业可以选择将分散的资源加以整合，形成标准化的流程和管理体系，进而形成企业的核心竞争力，是一种“资源整合型”商业模式。例如，华谊兄弟传媒集团（以下简称“华谊兄弟”）把导演、演员、作家等资源进行有效整合，形成了从编剧、导演、制作到市场推广、院线发行等各方面比较完整的流程体系。华谊兄弟制作的电影作品（如《手机》、《天下无贼》、《非诚勿扰》、《私人订制》、《三城记》等）有着巨大的市场基础；该集团的影院放映业务（华谊兄弟影院）也在全国布局。

另一方面，文化企业可以选择聚焦于某种资源，以该项资源为基础形成企业的核心竞争力，是一种“资源集中型”的商业模式。例如，深圳华强文化科技集团股份有限公司以科技资源为基础，积累了多年的技术研发经验，掌握了动漫产品、特种电影、影视出品、影视后期制作、主题演艺、文化衍生品等多个领域的关键技术，形成多项自有知识产权，用科技资源形成了企业的核心竞争力。

（四）基于价值网络的商业模式

当文化企业聚焦于价值网络构建商业模式时，将以价值网络作为其商业模式构建的基础。一方面，文化企业可以重点关注产品价值在产业链上下游之间的传递过程，采取“产业链延伸”商业模式。例如，广东奥飞动漫文化股份有限公司是从玩具制造企业转型而来，通过动漫影视产品的制作和播出吸引顾客群，进而形成市场，同时在动漫影视产品的上游加强创意设计，在下游强化动漫衍生品开发和销售，形成较为完整的产业链。

另一方面，文化企业可以将价值网络拓宽，跨行业挖掘价值，寻找产品价值延伸的途径，采取“跨产业融合”的商业模式。例如，2011 年，腾讯控股有限公司入股华谊兄弟传媒集团，二者的合作就是如此。华谊兄弟拥有优质的影视制作资源和大量的影视作品及版权，腾讯的用户资源和渠道通路资源则是其巨大优势。华谊兄弟通过跨产业融合，能够使其影视作品及其衍生品得到更有效的传播，获取更大的市场。

参考文献

［1］刘京晶：“文化企业商业模式现状与创新”，载《投资北京》2013 年第 7 期。

［2］Timmers P.，“Business Models for Electronic Markets”，*Electronic Markets*，1998，8（2）.

［3］Mahadevan B.，“Business Models for Internet Based E – Commerce：An Anatomy”，*California Management Review*，2000，42（4）.

［4］Amit R，Zott C.，“Value Creation in E – Business”，*Strategic Management Journal*，2001，22.

［5］Magretta J.，“Why Business Models Matter”，*Harvard Business Review*，2002，80（5）.

［6］Stewart D W，Zhao Q.，“Internet Marketing，Business Models and Public Policy”，*Journal of Public Policy and Marketing*，2000，19（3）.

［7］Huizingh Eelko.，“Towards Successful E – Business Strategies：A Hierarchy of

Three Management Models", *Journal of Marketing Management*, 2002, 7/8 (7).

[8] Rappa M., "Business Models on the Web: Managing the Digital Enterprise", http://digetalenterprise. org/models /models. html.

[9] Chesbrough H. Rosenbloom R S., "The Role of the Business Model in Capturing Value from Innovation", *Industrial Corporate Change*, 2002, 11 (3).

[10] 成文、王迎军、高嘉勇、张敬伟："商业模式理论演化述评"，载《管理学报》2014 年第 3 期。

[11] [美] 博西迪 L、[美] 查兰 L 著，曹建海译：《转型：用对策略做对事》，中信出版社 2005 年版。

[12] Zott C, Amit R, Massa L., "The Business Model: Recent Developments and Future Research", *Social Science Electronic Publishing*, 2011, 37 (4).

[13] Hamel G., *Leading the Revolution*, New York: Harvard Business School Press, 2000.

[14] Shafer S M, Smith H J and Linder J C., "The Power of Business Models", *Business Horizon*, 2005, 48 (3).

[15] Santos J, Spector B and Van Der Heyden L., "Toward a Theory of Business Model Innovation Within Incumbent Firms", *Social Science Electronic Publishing*, 2009.

[16] Teece D., "Business Models, Business Strategy and Innovation", *Long Range Planning*, 2010, 43 (2-3).

文化企业众筹融资的风险防范研究〔1〕

张书勤* 张桂秋

[摘　要] 文化企业众筹融资是文化金融市场化在互联网世界的自然延伸产物，是民间资本与文化产业实体经济对接通道，国家对此融资方式的支持力度在逐步加强。众筹的深入开展将改变我国的文化产业生态环境。本文通过分析文化企业众筹融资模式及现状，针对我国文化企业众筹融资存在的法律环境不完善、众筹平台缺乏监管评判体系、众筹征信体系欠缺及项目知识产权保护不利等问题，提出要健全我国文化企业众筹融资的法律环境，建立双层监管体系，加强对文化项目发起人的知识产权保护及创新众筹融资方式等对策，既要做到发挥众筹融资的便捷性和经济性，同时也要保护好小额投资人的合法权益，更好地服务于我国文化产业的健康繁荣发展。

[关键词] 文化企业；众筹融资；风险防范

一、众筹的基本内涵及发展现状

（一）众筹的基本内涵及商业模式

众筹的概念来源于众包（Crowdsouring）和微型金融（Micro - finance），一定程度上可以被认为是众包的一部分。Mollick 对众筹给出的定义为：项目发起人利用各种互联网平台向分散的投资者进行融资，而投资者以规模较小的资金投入并以产品、投票权或者现金作为回报的一种筹资

〔1〕本论文受北京印刷学院校重点科研项目《文化传媒业融资制度研究》（项目号23190113006）及北京市大学生科研课题《文化企业众筹融资的风险及对策》（项目号：08150115125）的支持。

* 张书勤，女，北京印刷学院经济管理学院，副教授。

模式。由于在筹资过程中，投资者会参与到项目实施过程之中，所以众筹就其属性而言介于金融和实业之间，属于产融结合的范畴。在我国官方的定义中，众筹是汇众资促发展，通过互联网平台向社会募集资金，更灵活高效地满足产品开发、企业成长和个人创业的融资需求，有效增加传统金融体系服务小微企业和创业者的新功能，拓展创业创新投融资新渠道。

全球范围的众筹商业模式大体包括4种基本类型，即基于捐赠的众筹、基于奖励或事前销售的众筹、基于股权的众筹以及基于贷款或债务的众筹。①基于捐赠的众筹是指众筹的过程中形成了没有任何实质奖励的捐赠合约。近十年来，很多非政府组织（NGO）都采用这种模式为特定项目吸引募捐。②基于奖励的众筹是指项目发起人在筹集款项时，投资人可能获得非金融性奖励作为回报。基于奖励的众筹通常应用于创新项目的产品融资，尤其是对电影、音乐以及技术产品的融资。事先销售则是指销售者通过在线发布新产品或服务信息，对该产品或服务有兴趣的投资者可以事先订购或支付，从而完成众筹融资。该模式在一定程度上可以替代传统的市场调研和进行有效的市场需求分析。同时，投资者参与事前销售的动机除了希望产品或服务被生产出来外，在产品真实销售时获得折扣也是其中的原因之一。③基于贷款（或债务）的众筹与向银行借款不同，主要是指企业（或个人）通过众筹平台向若干出资者借款。④股权众筹融资是指众筹平台通过向出资者提供证券来为项目所有人筹集大量资金。根据《国务院关于加快构建大众创业万众创新支撑平台的指导意见》（国发〔2015〕53号）的规定，我国将出台相应政策支持股权众筹，提出“稳步推进股权众筹融资试点，鼓励小微企业和创业者通过股权众筹融资方式募集早期股本。对投资者实行分类管理，切实保护投资者合法权益，防范金融风险”。

（二）文化产品众筹融资的发展现状

作为一种商业模式，众筹起源于美国，已有10余年历史。近几年，该模式在欧美国家发展速度不断加快，在欧美以外的国家和地区也迅速传播开来。2007年，全球众筹平台的数量不足100个，截至2012年底已超过700个。总的来说，美国仍是全球最大的众筹市场。此外，欧洲众筹市场发展也很迅速。世界银行最新发布的《发展中国家众筹发展潜力报告》显示，目前，众筹模式已在全球45个国家成为数十亿美元的产业。预计到2025年，中国众筹规模将达到460亿～500亿美元，全球规模将达到960

亿美元。在过去的几年中，大多数众筹融资的模式是基于捐赠的众筹和基于奖励的众筹。但值得一提的是，基于股权的众筹模式也在快速增长，尤其在欧洲的一些国家及澳大利亚等地发展迅速。同时，2012 年 4 月，美国总统奥巴马签署了《促进初创企业融资法案》（JOBS ACT），为美国股权众筹融资提供了可能。2015 年新加坡成立了众筹融资联盟。

早在 2011 年 7 月，国内首家众筹网站——“点名时间”上线，它标志着我国众筹网站的开始；2011 年 9 月首个具有公益性质的众筹平台“追梦网”上线；2011 年 11 月股权众筹平台“天使汇”上线；2012 年 12 月“大家投”上线；2013 年 2 月上线的“众筹网”，成为国内最大的众筹平台之一，同年 10 月“中国梦网”上线，12 月“淘星愿”上线，并在随后更名为“淘宝众筹”；2014 年 7 月“京东众筹”上线。随着时间的推移，社会科技的更新换代，不少众筹平台仅是昙花一现，但历经时间的长足考验，也有一些众筹平台在国内形成了巨大的影响力。譬如今天的“点名时间”就已经转型成为首发平台，从产品的初级阶段进入到产品的研发团队中去，为团队提供了建设性意见，有效地减少了传统模式的跳票现象，同时也有助于改善产品的用户体验。从众筹融资的规模来看，2014 上半年，国内的众筹领域共发生融资事件 1423 起，募集总金额 18 791. 07 万元人民币。其中，股权众筹完成募集 15 563 万元，综合类众筹完成募集 1682. 04 万元，垂直类众筹完成募集 1546. 03 万元。

目前，无论是国外还是国内，众筹商业平台起步的主要项目内容是文化产品或服务。以下是中国众筹融资主要平台的基本信息。

名　称	项目类型	基本情况
点名时间	科技、音乐、影视、设计、出版、游戏、动漫、摄影等	点名时间是中国最先涉足众筹领域的平台，创立于 2011 年 7 月，迄今已经接到 13000 多个项目的申请要求，正式上线的众筹有 1500 个，项目成功率达到 43%。
众筹网	科技、设计、活动、影视、出版、足球、租车、其他	众筹网通过引入集团担保业务，由担保公司先承担项目中期破产或者没有按约定的计划执行的风险，以确保资金返还给项目投资人。截至 2014 年 7 月 29 日，众筹网共拥有 2446 个项目，累计支持 10 万人次，累计筹资 3408 万元。

（续表）

名　称	项目类型	基本情况
追梦网	音乐、人文，旅行艺术、漫画、舞蹈、设计、服装、电影、游戏、摄影、出版、科技和戏剧	与其他平台相比，此平台有一个优势，即平台服务完全免费，而在中国现有的众筹平台基本都会向项目发起者收取 1% ~ 10% 的费用。
淘梦网	动画、公益、爱情、创意、励志、学生、动作、科幻、纪录片等	淘梦网号称国内最大的微电影众筹平台，也是首家垂直型众筹平台，主要通过众筹的方式，帮助电影人获得拍摄电影的所需资金。截至 2014 年 7 月，上线 167 个项目，共有 44 个项目筹资成功。
乐童音乐	唱片制作、现场演出、音乐周边、音乐出版、电影视频、其他	乐童音乐是一个专注音乐行业的项目发起和支持平台，通过该网站可发起有关创意和音乐的项目和想法，并向公众进行推广。乐童还能为项目发起者提供音乐资源整合，如选择录音室、巡演服务等。截至 2014 年 7 月，共有 62 个项目正在进行中。
大家投	科技创新、连锁服务	大家投平台为私募股权性质，项目类型几乎包括各个行业。在项目融资成功后，平台将收取融资额度的 5% 作为居间费。截至 2014 年 7 月，共有 21 个项目融资成功，累计筹资 1744 万元，目前有 41 个项目正在进行。

二、文化企业众筹融资的必要性及优势分析

文化企业是生产、销售文化产品和服务的盈利性市场主体。我国绝大多数中小型文化企业没有雄厚的资金实力，在市场中的生存能力不强，未能充分拓展特色产品，规模一直未能壮大。国家鼓励性政策多向国企、大型文化企业倾斜，中小型文化企业单靠自己的力量进行原始积累很难在激烈的竞争局面下有所突破。文化产业的高风险性和难预测性让很多金融机构都望而却步。同时轻资产、难量化影响文化产业融资渠道的多元化发展。与传统企业相比较，文化企业的商品价值和发展潜力更多地体现在无形资产方面，有形的固定资产相对较少。文化企业的核心资产主要体现在著作权以及自身的品牌资产等知识产权方面，使得文化产业很难得到金融信贷机构的青睐而顺利获得贷款。目前我国文化企业的融资渠道虽在政府

政策推进下开始了多元发展，但始终难以如传统企业一般获得多层级、均衡互补的融资渠道。除了上市融资的途径，文化企业现阶段还需要积极开展其他的融资方式，大数据时代背景下的众筹融资方式因其公开、透明、快捷及接地气的特点给我国文化企业的融资打开了一片新的蓝海。

这种众筹商业模式又比传统的股权融资、债权融资更加适于文化产业的发展。一是文化企业可以把各自准备开发的文化产品或服务项目作为一个个独立的筹资项目，解决其相应的运营经费，即便筹资失败也不会影响其大局。二是此种众筹方式也使文化企业与消费者的互动更直接，交互性更强，用户的黏性也更强。除在生产开发前筹集资金、降低风险外，更主要的效果在于帮助文化企业提前判断、预测市场，配合进行相关营销活动。三是文化企业众筹融资更有助于文化企业建设自己的网络口碑，塑造品牌形象。网络口碑是企业或消费者通过互联网发布和分享的关于该企业、产品或服务的相关文字及多媒体信息，这些信息对于该企业、产品及服务的声誉、影响力有着直接和间接的影响。因此，众多企业都非常重视其网络口碑的塑造，文化企业建立消费群体网络分享和群体推荐基础上的网络口碑显得更加真实可靠，具有更强的渗透性和穿透力。

三、我国文化企业众筹融资存在的主要问题

我国众筹融资起步较晚，但发展迅速，特别是随着互联网金融的迅猛发展，众筹也呈现出爆发式的增长。但是，由于众筹融资的准入门槛低、渠道广泛、运作模式尚不规范、监管缺失等特点，文化企业众筹融资面临着一系列问题。

（一）众筹融资法律环境不完善。

在众筹起始地——美国，2012 年 4 月 5 日，美国总统奥巴马签署了 JOBS 法案（全称为《2012 年促进创业企业融资法》），该法案进一步放松对私募资本市场的管制，允许小企业在众筹融资平台上进行股权融资，不再局限于实物回报，同时法案也作出了一些保护投资者利益的规定。法案规定：对每一个项目来讲，其融资规模在 12 个月内不能超过 100 万美元，同时也限制了每一个特定投资人的融资规模，不可超过其年收入的 5%。JOBS 法案的出台使美国众筹有了合法生存的法律依据，尤其对股权类众筹发展有极大的促进作用。然而，在中国，根据中国法律，众筹不支持以股权、债券、分红、利息形式作为回报项目，否则有非法集资之嫌。根据现

行的公司法及证券法的相关规定，如果未经监管部门审批，向非特定对象公开发行股票，或者向超过 200 个特定对象发行股票，都属于公开发行股票。如果按照现行法律规定，股权众筹平台不能在平台上公开宣传众筹项目，否则，有可能违反未经审批向公众公开发行股份的法律红线，如果达到一定的程度，则可能构成犯罪。此外，也不能踩向超过 200 个特定的人发行股份的法律红线。在此情况下，股权众筹只能通过线下进行，难以充分发挥众筹的效用。

总体而言，就目前中国法律政策环境而言，债权类众筹、股权类众筹还存在诸多的限制，虽然《国务院关于加快构建大众创业万众创新支撑平台的指导意见》（国发〔2015〕53 号）明确鼓励股权众筹，但没有相应完善的法律环境予以配套，文化企业贸然涉足股权众筹，将面临撞击法律红线的风险。

（二）众筹平台缺乏监管评判体系

众筹在中国才刚刚起步，目前国内缺乏专门的法律法规对众筹行业予以规范，对于众筹网站的批准设立、业务经营范围许可、资金风险控制没有明确规定，日常监管方面几乎处于空白。在外部监管缺失的情况下，此类平台非常容易变成诈骗或者非法集资的工具。对于项目的审核和信用评判，法律或者整个众筹行业都没有形成标准化评判体系。项目发起前，众筹网站会核实发起人的身份，并调查对方是否有完成项目的能力。但是对于创意或者项目是否具有可操作性，以及是否经过官方或正规检测机构的检验，尚未有完整或者统一的评判检测标准，因此项目的科学性和可行性存在很大的风险。资金筹集完毕以后，网站并不对项目能否按时完成负责，也不会对创业者是否有能力完成该项目进行考察。尽管在法律上创业者有实现承诺的义务，但如果创业者将资金使用完毕仍未能实现承诺，也没有任何退款机制，甚至目前几乎没有具体的法律法规能判定如果项目出现诈骗，平台方是否需要承担责任。

（三）中国式众筹征信体系欠缺

征信体系也是众筹平台的一大难点，通过陌生平台进行开展众筹，筹资人的信任机制、分配机制、退出机制是否健全到足以让人相信，并且持久相信，是一个很关键的问题。项目发起人可以利用虚假信息进行圈钱，领投人也很可能是同谋。项目发起人的真实性以及其项目执行能力是每一个众筹网站应当考虑的重点，也是众筹网建立信用体系的基础。由于网络本身具有虚拟性的特征，一般的网众很难确认项目发布者的真实性和其执行能力。由于众筹平台游离于央行征信系统之外，再加之目前众筹缺乏明确的金融监管主体，很难被纳入央行征信系统。现在大多数众筹平台所能做的，是自建征信数据库排查借款人的恶意违约风险，央行的个人征信报告很难调用。除了央行的征信体系，个人信息的查询、身份识别、相关的其他司法状态信息等存在难以打通的障碍。缺乏用户征信在线大数据的支持，众筹平台只能依靠有限的人力和有限的手段并采纳传统的方法去调查项目发起人的资信能力，这种风险防控模式方法成本较高、效果较弱。

（四）众筹项目对文化企业知识产权保护不足的问题

投资者缺乏安全感，发起人也同样缺乏。国内知识产权保护的匮乏让筹资者面临创意剽窃的危机。鉴于国内知识产权保护现状，众筹平台无法保证创意不被他人剽窃，知识产权的权利人只能自己提高保护意识，部分披露产品或创意细节，同时与网站签订一些保密协议，防止项目鸡飞蛋打。但这样做却使得投资人看不到完整的项目和产品创意信息，无法做出投资决策，导致大量的股权类众筹及高科技产品的回报类众筹不具有吸引力。

而如何既能做到保证发起人的创意不被投资者剽窃，又能使投资者充分了解创意信息做出投资决策，这是一个艰难的问题。面对这种尴尬的局面，如何加大知识产权保护力度，惩处侵犯他人知识产权的违法行为，树立尊重他人知识产权的法律意识至关重要。

在上述诸多问题下，中国式众筹的现状无疑是：除了越来越膨胀的P2P之外，股权式众筹谨小慎微，步履蹒跚，唯有回报类众筹凭借“创意产品和文艺”在艰难生存。

四、我国文化企业众筹融资的对策

（一）完善众筹融资模式的法律环境

国内尚缺乏专门对众筹行业进行监管的专门法律。对非法集资的监管也限于事后案件监管，而对其批准设立、业务经营范围许可、资金风险控制更没有明确，日常监管方面处于空白。因此，众筹的发展正处于摸着石头过河的探索阶段，知名众筹机构的破冰都是依赖政策的“网开一面”。在这种环境下，存在着不合规的风险，众筹行业显得举步维艰。从监管立法进展来看，当前各国对众筹监管的程度不一。美国的JOBS法案开启了股权式众筹合法化的大门，但该法案只是概述一些初始的监管框架，具体的实施办法还有待美国证券交易委员会（SEC）出台最终的监管规则。欧盟委员会对众筹总体上持支持态度，在其 2013 年 3 月发布的关于欧洲经济长期融资的绿皮书中特别提出如何支持众筹等非传统融资。欧盟就众筹的监管提供了一个粗略的框架建议，由各个国家的监管机构自行决定监管范围和规则。英国和德国已经将股权式众筹融资看作合法的融资模式，但两国均没有专门针对股权众筹立法，而是将其纳入现有的金融监管法律框架。意大利在美国之后通过了类似的关于股权众筹的法案，并于 2013 年 7 月率先签署了监管细则，成为世界上第一个将股权众筹合法化的国家。加拿大没有设定全国性的众筹监管规则，而是由各州的监管机构负责监管，股权模式的众筹融资在安大略省已经被合法化，并受安大略省证券委员会（OSC）的监管，但在加拿大其他省份仍属于违法的融资形式。

在我国现行金融管制的背景下，民间资本投资渠道狭窄，大量资本用于“非法集资”，极易引发严重的社会问题。从表面上看，目前国内众筹融资与“非法集资”在形式上基本相同，未经有关部门依法批准、承诺一定回报且向社会不特定的对象筹集资金，但其本质目的完全不同，众筹融资并不以吸收公众存款为目的，而是一种支持实体经济发展的手段。因此，建立健全众筹融资特别是股权众筹的法律监管体系，对于众筹模式在中国的应用推广具有深远意义。

（二）建立“政府 + 市场”的双层自律监管体系

应考虑建立“政府 + 市场”自律的双层监管体系，政府部门负责制定行业的准入和退出、投资者权益保护、风险防范等的基本规则及禁止性规定，众筹网站的平台也应进行严格的监督。此外，参与各方的具体工作交给行业自律组织去做，以达到充分发挥市场自律的重要作用，进而促进行业标准的确立和形成一种约束机制。政府机构应该尽快出台相关法律法规，完善新型网络金融模式的规章制度，加大文化企业众筹融资模式的监管力度，加强网络众筹融资模式的风险监控。在规范众筹市场合理经营的基础上，加大鼓励专业性众筹平台与全链条式众筹平台的发展力度。

首先要加快推动我国社会信用体系的建设，完善相关立法，尽快建立集信贷征信、工商登记、税收社保缴纳、交通违章等各类信用记录于一体的统一大数据平台，形成各类市场主体的信用惩戒及约束机制，促成良好信用环境的形成。再者要推动互联网安全、个人信息保护等行业问题，为文化企业众筹融资提供安全运营的外部环境。其次要加快互联网金融法律监管体系的建设，借鉴境外在众筹监管方面的做法，明确监管措施。应加强市场准入监管，即对互联网金融机构的设立进行审批。对众筹平台的信息技术水平、业务流程、风险控制等方面设定准入标准。取缔未经监管批准的众筹平台，建立统一的数据平台。同时引入第三方机构（如银行、券商）负责资金托管，代理众筹平台在投资者账户、平台账户与发行人账户之间进行资金划转，保证资金的安全性。由于信息不对等、实力不一致的现实情况，投资者处于非常不利的位置。监管方要从制度层面加强对投资者权益的保护，对众筹平台的监管可侧重于以下几个方面：加强操作和融资的透明度；加大资金管控确保支付的安全；完善平台操作流程规范，确保投资人掌握更多的信息，避免欺诈发生。同时监管部门要加强对投资者的教育，提高投资者的风险意识和自我保护能力，引导其合理控制风险。

（三）加强对文化项目发起人的知识产权保护

众筹平台具有开放性的特点，无法完全避免创意项目被盗用的风险。由于目前我国在众筹文化创意的知识产权保护方面几乎没有明确的规定，项目发起人自身因难以保护自己的智力成果而导致众筹项目进入投资执行阶段的困难加大，众筹平台也因此难以出现真正有价值的创意项目。因此，我国应当加强对知识产权的保护力度，严厉打击假冒伪劣以及各类侵权行为，以保护和促进企业创新，与此同时，完善知识产权相关法律法规，为众筹平台的有效运行提供一个良好的外部环境。

（四）线上线下相结合，推进众筹模式创新

目前，众筹融资的形式主要有捐赠众筹融资、奖励众筹融资、债务众筹融资和股权众筹融资。各种形式的风险各异，在诚信体系不完善、激励机制不足等现实问题的制约下，众筹的发展思路可以是线上线下的有效结合。线上众筹融资灵活性强、融资面广、资源丰富，线下天使投资、风险投资、民间借贷、信托投资等发展比较成熟，信用体系相对完善，两者相互融合，吸取各自优势，不仅可以获得更扎实的发展，而且可以有效降低风险。对于具体的众筹融资模式，创新运作模式，可以采用“领投 + 跟投”模式，降低广大散户的投资风险，建立用户信用的积累和评价体系。

五、结论

文化企业众筹融资是文化企业金融市场化在互联网世界的自然延伸的

产物，是集众多民间资本参与到社会建设发展的有效途径。这对解决有创意、有想法、有梦想的文化企业的融资难问题具有独特价值。但目前我国的众筹融资仍处于起步阶段，发展不成熟。我国急需借鉴国外规范众筹网络融资的可行性做法，尽可能快速出台众筹网络融资的规范制度，进一步加强监管部门的引导和监督，既要做到发挥众筹网络融资的便捷性和经济性，同时也要保护好小额投资人的合法权益，更好地服务于我国文化产业的健康繁荣发展。

参考文献

[1] 赵胤钘："国外众筹融资运行机制及对我国的启示"，载《消费导刊》2013 年第 8 期。

[2]《国务院关于加快构建大众创业万众创新支撑平台的指导意见》（国发（2015）53 号）。

[3] 李雪静："众筹融资模式的发展探析"，载《上海金融学院学报》2013 年第 6 期。

[4] 贺骏："全球首家众筹大学成立，传统媒体尝鲜众筹出版"，载《证券日报》2013 年 12 月 23 日。

[5] 胡吉祥、吴颖萌："众筹融资的发展及监管"，载《证券市场导报》2013 年第 12 期。

[6] 黄健青、辛乔利："'众筹'——新型网络融资模式的概念、特点及启示"，载《国际金融》2013 年第 9 期。

文化传媒企业上市风险研究

陈学民 *

[摘　要] 为完善现代企业治理结构，加快企业的现代化发展，文化传媒企业对进入资本市场的迫切要求，通过首次公开发行或借壳上市的方式进入股票市场融资。有别于一般行业，文化传媒企业在经营管理和上市过程中需面对特殊的风险，其中包括宏观经济风险、行业政策与法律风险、经营与管理风险、高层人才流失风险、财务及财务舞弊风险、代理风险、实际控制人与恶意收购风险、借壳失败风险等八类风险。对文化传媒企业来说，上市既是机遇也是挑战。文化传媒企业应该正确评估经济形势寻找合适时机，树立正确的上市观念并组建高效运作班子，完善公司治理结构，加强企业经营管理水平，制定合理的战略人力资源管理，提高政策把握能力并聘请有实力的证券保荐机构以保证上市成功，向现代化文化传媒企业的方向发展。

[关键词] 文化传媒企业；资本市场；风险管理

一、引言

文化传媒行业兼具经济属性和文化属性，作为国民经济的一个重要组成部分，具有为社会创造价值、积累财富、传承文明等使命与功能。传媒企业进入资本市场既可以获得企业发展所需的资金，还能够有效的完善公司治理结构。2009 年我国《文化产业振兴规划》明确提出，支持有条件的文化企业进入主板、创业板上市融资，鼓励已上市文化企业通过公开增

* 陈学民，男，1972 年生，天津市人，汉族，经济学博士，应用经济学博士后，北京印刷学院文化产业安全研究院、北京文化安全研究基地，讲师，研究方向：经济学，出版专著一本，发表 CSSCI、SCI、EI 期刊多篇，邮箱：chernxm@ 126. com。

发、定向增发等再融资方式进行并购和重组，迅速做大做强。随着文化市场体系建设的逐步完善，不仅具有国企背景的企业能够获得上市资格，越来越多的中小型民营文化企业也能得到上市的机会。

根据对文化传媒行业和板块的确定，截止到 2015 年 6 月底，我国共有文化传媒类上市公司 61 家，其中主要包括广电、影视、出版和动漫四个类别。其中，有 42 家企业在 A 股主板市场上市，在中小板和创业板上市的公司分别有 9 家和 10 家。此外，我们注意到，截止到 2015 年 9 月，在 2015 年文化传媒产业中有 134 起并购事件已经完成或正在进展中。

邓帆帆等（2013）研究了中国传媒上市公司风险评价的指标体系，其指标体系中的一级指标包括环境风险、过程风险和决策信息风险，一级指标之下共分为十个二级指标。进而利用模糊层次分析法给出各级指标的权重，得出上市公司风险程度量。邹钟星（2015）对传媒上市公司的风险类型进行了辨析，认为主要存在宏观经济风险、政治风险、自然风险等十类风险。陈虹虹（2008）讨论了传媒企业整体上市时存在的问题以及上市后对该企业的影响。戴钰（2013）用面板模型实证研究了中国 A 股传媒上市企业资本结构与公司绩效关系，其认为，我国传媒业的资本结构与企业绩效之间存在负相关关系。海通证券并购团队（2010）认为，由于文化企业有异于其他行业的经营方式和盈利特征，因此上市过程、路径与模式也与其他行业企业有差异。邢会强（2011）总结了历史上中国传媒类企业上市的不同阶段及特点，发现在不同历史时期中，中国传媒类企业上市选择地的偏好以及上市方式均有不同。

有别于上述文献，本文针对文化传媒企业的经营实践，重点讨论了拟上市传媒公司在上市过程中面临的风险及特征，并结合企业运作规律，对拟上市传媒企业提出有针对性的建议。

二、文化传媒企业上市的风险构成与特征

拟上市传媒公司常用的融资方式有两种，即内部融资和外部融资。外部融资已经取代内部融资方式成为现代企业的主流获取资金方式。拟上市的传媒企业可以采用首次公开发行和借壳上市两种方式。通过首次公开募股（IPO）直接上市，可以快速改善公司的资本结构，同时不必有沉重的利息负担。拟上市传媒企业也可以通过对上市公司增发新股的方式，实现买壳或借壳上市，为传媒产业资产整合提供了可操作性。

文化传媒类企业进入资本市场领域后，机遇与风险共存。通过上市，企业可以获得发展所需的资金，同时也将在构建企业现代治理结构上迈进一大步，但获得机遇的同时，上市前后各种风险也随之而来。

（一）宏观经济风险

宏观经济风险是由于宏观经济基本面以及经济周期性变化给上市发行者带来的可能损失。在经济不景气的年代，各行各业都会面临经营困难，传媒类企业的盈利也会大幅减少。对拟上市公司来说，经济下滑也会影响股票投资者的投资热情，加大公司的融资困难程度，同时造成股票首次发行时的价值低估。传媒类企业的经营以文化传播以及媒体资讯服务为主，是文化生活较高层次的需求，不属于生活必需品。因此当经济的周期性波动引起公众消费能力下降时，他们会减少对精神层面的消费，而首先保障衣食住行等基本生活。特别是对中小创业公司而言，由于其自身业务单一，整体上更依赖于宏观环境和行业经济的走势。虽然行业特征不同，风险状况不同，传导途径也不同，但宏观经济风险终归会影响到传媒类公司。

（二）行业政策与法律风险

文化传媒产业受到政府的严格管制和行政干预。目前，我国对文化传媒产品的制作、进口、发行等环节实行发行许可制度。政府在资格准入、内容审查、行政许可等方面的监督与管理政策对企业经营构成比较重要的影响。但如果政府管制存在滞后、延期等问题，就会对传媒产业跨区域、跨行业、跨媒体的发展产生不利影响。

对于上市或拟上市传媒公司，除了要经营一般的业务外，为了吸引更多的观众或听众，同时出于保持提升行业地位的考虑，需要借助一些其他同行业没有的也无法经营的新闻、文化、视频制作和播放，向外发布敏感信息。这可能违反有关政策，从而受到惩罚或限制。极端情况下，会因为一条重大的错误信息或新闻使文化传媒企业被吊销相关许可证甚至被限制市场准入。与此同时，如果资格准入和监督管理政策进一步放宽，文化传媒行业将面临更激烈的竞争，外资制作机构、进口文化传媒产品将会对国内市场带来更大冲击。

传媒产业与法制系统有密切互动关系。过多的涉讼问题迫使传媒企业老板专设法律顾问来应付官司。由于传媒企业是需要观众的，如把关不严，把一些敏感或错误的信息发布出去，就有可能引起法律纠纷。而如果损害了国家的利益，产生了政治问题，则风险更大。中央人民广播电台与北京大学金融法研究中心对我国已上市公司进行了全面法律诉讼问题调查，在其联合发布的《2008年我国上市公司法律风险指数报告》中指出，上市公司中的传媒类企业的法律风险最高，风险指数大约是其他公司的10倍。

（三）经营与管理风险

文化企业具有经营方面的高风险。文化消费面向千家万户，属于可选消费，不确定性比较强。要预测一部电影能不能走红是非常困难的，能不能盈利更是困难的事情。不仅观众的需求难以判断，在拍摄生产过程中还存在演艺人员管理、作品审查、市场竞争、销售渠道和上映档期、盗版、知识产权纠纷等风险。此外，当公司为了做大做强以获得市场认可时，企业战略通常会从单一主业向多元化发展，在进入此前比较陌生的领域时会带来新的经营风险。国内很多上市和拟上市文化传媒公司的总资产、总市值和总收入一般都不是很大，竞争中的抗风险能力不强。

此外，企业一旦上市成功，会存在收入来源集中导致的成长性风险。如何合理使用上市募集的资金也是一个必须慎重对待的新问题。一些文化传媒企业采用稳固战略，主业鲜明，盈利模式比较单一，这种做法存在潜在风险。有些文化传媒企业的主要经营模式比较传统，营业收入主要来自广告。虽然目前我国广告市场还有较大的潜力，但世界传媒事业发展的经验证明，仅仅依靠广告不足以保持经营收入稳定、持续增长，广告市场终归存在饱和问题。

恰当而正确的管理是企业的一切经营活动能否达到预期目标的基础，其他因素都与管理息息相关。文化传媒企业受到政府管制较多，并且由于其创意类产品异于普通产品的特殊性，生产过程比较复杂，加上政策性制约，因而要求企业经营人员具备很高的管理水平。相比其他行业，传媒类企业公司进入市场较晚，整体管理水平欠完善，需要在组织结构、管理制度、人事等方面提高进步；同时在生产活动中，要有多于其他行业的协调和保障以提高企业整体管理效率。

（四）高层人才流失风险

文化传媒行业是人才密集性行业，企业在进行上市的过程中，有可能因为价值理念和利益分配问题导致企业内部的人才流失。企业的经营活动都是通过具体的人来实现的，因此如果经营过程中出现风险，也往往与人有关。而对人才要求很高的文化传媒类行业，其管理人才和业务人才表现出来的风险会显得更加突出。

文化传媒类企业具有较强的创意色彩，因此需要同时懂经营和创意的领导者指挥和引导核心策划团队。优秀领导者的签约和离去往往直接影响传媒公司的兴衰存亡，优秀人才成为稀缺资源。此外，文化媒体企业的内容产品的生产理念要具有连贯性和一致性，消费者已经认可和接受主创团队的风格并形成了一定的忠诚度。因此，一旦媒体的核心主创团队因为上市过程导致的内部矛盾而离开，就会给企业理念和经营带来波动，伤害企业的核心竞争力。

（五）财务及财务舞弊风险

拟公开上市的传媒企业要想符合上市基本条件并争取到理想的发行估值，往往需要扩大企业规模，增加生产线和产品，这样必然需要前期的大量资金支持。而传媒企业的自有资金往往难以承受，这就需要某种方式及程度的上市前期资本运作。但单纯为公开发行导致的扩大规模以及过高的债务杠杆有可能给拟上市企业带来沉重的财务负担，企业的抗压能力及企业声誉有可能因此受到负面影响。拟上市企业在上市过程中也不可避免会产生诸如保荐费、法律顾问费等费用，这也会给拟上市企业带来额外财务负担，一旦上市失败，便成为不可收回的沉没成本。

为在公开上市的过程中做到顺利无障碍，企业出于侥幸心理，有动机去向保荐机构（甚至与保荐机构合谋）以及投资人掩盖一些存在的问题。由于信息不对称，保荐机构虽然无法完全做到尽职调查，但证监会等监管机构会进行完整详实的财务核查，一旦发现有异常财务操纵手段和异常交易确实，拟上市企业将面临严厉惩罚。从以往经验上看，财务舞弊现象尤其集中在创业板。在证监会公布的资料中，每年都有若干家拟上市企业在财务专项核查自查阶段的截止日期之间提出撤回上市申请材料的现象。其中 2013 年 3 月 13 日一天之内，创业板就有 12 家拟上市公司撤回了申请材料，财务核查体现了重要作用。

（六）代理风险

现代企业制度下，由于企业所有权和经营权的分离，因而产生经济学中的委托代理问题。如果拟上市传媒企业是国有背景，政府作为出资人与经营管理者之间存在信息不对称，政府主管部门往往强调和侧重对传媒舆论导向的管理，而对资产保值增值和经营管理缺乏积极有效的监督。这样，由于产权缺位、委托代理链过长、委托人与代理人之间经营目标的不一致以及二者信息的严重不对称，再加上传媒企业代理人在经营管理方面权力过大以及企业内部监督机制薄弱，就容易带来腐败和运营的低效率。此外国有性质的传媒企业可能没有像私营上市企业那样完善和优越的激励制度，很容易让代理人在公司与个人的利益之间做出损害公司或股东利益的事情。

同时，上市文化传媒公司与拟上市传媒公司的风险也存在一定差异：首先，上市传媒公司的所有信息对外必须透明，而拟上市传媒公司则暂时不需要，因此上市文化传媒企业的经营发展将比没有上市的传媒公司面对来之更多的监督与管理，公司风险明显加大。第二，转制过程存在风险。由于拟上市传媒公司此前一直受政府的行政领导，企业性质属于国资控股或集体所有，而在实现上市后，在经营体制上会发生重大转变，这个过程必然会产生种种事先难以预料的不确定性。

（七）实际控制人与恶意收购风险

通常来说，企业上市成功后虽然实际控制人的控股比例相应有所降低，但依然处于相对控股地位。实际控制人有可能利用其相对控股地位，通过行使表决权对本公司的董事、监事以及高级管理人员人选、经营方针、投资决策和股利分配等重大事项施加影响，从而有影响或损害公司及公众股东利益的潜在可能。

由于在上市之后，原来处于封闭和半封闭式的传媒公司成为公众上市公司，其股权可以在二级市场上进行全流通。这样，对公司的控股股东和实际控制人来说，上市后必然会稀释公司股权，导致企业的控制权分散，实际控制人所掌握的公司股份比例会相应降低。这就有可能让想进入传媒的企业和个人产生通过购买流通股而收购这家传媒类上市公司，控股股东可以接受善意加盟甚至收购，但一旦发生恶意收购，公司将陷入被动。

（八）借壳失败风险

一般来说，判断文化传媒企业借壳上市是否成功包括三个方面：第一，是否成功控制壳公司，第二，是否成功重组壳公司，第三，重组后的壳公司效益和价值是否发生质的飞跃并继续获得上市融资的权利。在上述三个标准中，控制壳公司是前提，成功重组是借壳上市实现的关键，而能否继续获得上市融资资格是判断借壳上市是否真正实现的唯一标准。

在借壳上市过程中，有可能出现耗费了借壳方人力、物力、财力却不能有效获得壳公司控制权，或者即便获得了壳公司控制权，但耗费资金或代价过大，背上沉重包袱，甚至被壳公司拖垮的情况。重组过程中，有可能出现被收购方的壳公司核心竞争力仍未形成，业绩仍未改善甚或更糟，面临被退市的危险。这里也不排除控股方别有用心，其目的不是为了整合资源，而是为了配合在证券市场上股票的炒作。即便成功借壳上市，如果壳公司不能再次获得配股、增发新股等再融资，那么也完全失去了上市的意义。

以上我们阐述了中国拟上市传媒企业在生产经营和上市过程中存在的8种主要风险，但这里需要特别指出，拟上市传媒企业面临的风险往往是整体的、系统性的复合多重风险，而不是单一风险或特殊风险。

三、我国文化传媒企业融资上市对策建议

针对前面分析的拟上市文化传媒公司面临的8类风险，为提高企业上市效率及成功率，这里提出如下建议。

（一）树立正确的上市观念，组建高效运作班子

文化传媒企业不论是通过首次公开发行方式还是借壳方式来进行上市都需要部署与推进一个复杂的资本运作过程，这无疑要求其必须拥有高素质的人才团队。必须成立以公司最高管理层为首的上市工作小组，在人员搭配上，需要将上市有关各类人才搭配使用，一般还要聘请有实力的保荐机构配合工作。在前期调研分析的基础上，针对当前的市场和行业环境以及整体宏观经济发展走势，并与公司股东、经营决策层、当地政府、员工及债权债务人等有关各方及时沟通并达成谅解。在具体执行过程中，不能仅考虑个别方案，必须有多种方案作为备选，必须充分考虑到一旦某方案不利的情况下的弥补措施，并设计退出通道和机制，做好失败准备。在上市筹划期间，还必须对公司上市成功后的后续发展、长期愿景及短期目标做整体规划。虽然上市能够筹集到企业需要的资金，但如何利用好资金做到创新发展并做大做强才是企业上市的根本目的。

（二）正确评估经济形势

对拟上市企业来说，寻找合适的上市时间点十分重要。上市和拟上市公司的经营、业绩与宏观经济环境之间关联度日益紧密，宏观经济环境变化对上市公司的影响更为深远，且充满挑战。良好的国际国内经济形势可以促进企业的经营，也可以在企业上市时获得满意的估值。虽然单个产业或单个公司无法左右国内、国际宏观经济的走向，但可以通过主动分析来

感知宏观经济的景气程度。因此，对宏观经济风险的防范，只能采取规避措施，比如减少项目投资或开辟新市场等，尽量削减费用，降低现金的流出。

（三）完善公司治理结构

建立现代企业制度的核心内容是对传统的国有企业、集体企业和私营企业进行规范的公司制改造，而构建股东会、董事会、监事会和经理层各负其责、协调运转、有效制衡的公司治理结构是实行公司制的核心。

一些改制为国有独资或绝对控股的公司制企业，在法人治理结构上未能形成有效的制衡机制，股权过于集中。应该充分发挥“新三会”（股东会、董事会和监事会）的作用。实行公司制改造的目的是打破传统的企业制度模式，建立起符合市场经济发展要求和国际规范的现代企业制度。应当按《公司法》的要求尽快解决新旧制度的交叉，“老三会”（党委会、职代会、工会）与“新三会”的相近职能应逐步向新三会转移、并轨，着力发挥“新三会”的作用。要充分发挥董事会对公司重要问题的统一决策作用，即在一个企业中只能有一个决策中心。要建立规范的可以追究董事责任的董事会议事规则，实行集体决策、个人负责的制度。要积极吸收外部董事参与董事会决策，提高决策水平。全面推行经理人员选聘制度。加速将政府部门和党组织对经理人员的任命制改为董事会对经理人员的选聘制，发挥市场对经理人员的配置作用。要建立科学的激励与约束机制，使经理人员的报酬与经营业绩挂钩，使经理人员的行为更加规范。

（四）加强政治学习，提高政策把握能力

文化传媒企业必须坚持依法经营的理念，并及时了解掌握行业政策情况，健全内部质量管理和控制体系，有效防范文化传媒业务带来的政策风险，避免由于监督管理政策给企业政策业务经营带来损失。十八大以来，文化产业政策逐步摆脱以经济性目标为主体的发展格局，从而成为政治性目标的一环，各级政府对文化产业的重视将会提高到新的层面，更多细化的产业政策和扶持政策成为关注的重点。文化传媒企业遵循社会主义核心价值观的指导原则，一方面可以获得相应的项目扶持和政策扶持，增强企业的发展机遇，另一方面可以化解企业在发展过程中所面临的不必要的相关政策障碍和舆论障碍。

此外，也要把握好文化产业发展的价值属性：要坚持把社会效益放在首位、坚持社会效益和经济效益的统一。坚持把社会效益放在首位，最重要的表现便是文化产品和服务的价值属性不能违背社会主义核心价值观。为了培养社会的凝聚力和认同感，文化企业在文化产品和服务的创意、生产、传播和营销的过程中应该主动地、积极地遵循社会主义核心价值观的指导原则。

（五）加强企业经营管理水平

文化传媒企业要在严峻的竞争中求生存、图发展，不仅要有良好的经营策略和市场机遇，更重要的是管理层的执行力与员工的共同努力。企业应该以人为本，任何一个发展计划的实施始终是由人来贯穿始末的。健全的管理体制并不是一步就能到位的，各项规章制度需要在工作实践中不断地去修改、合并、优化，从而形成一整套适于公司发展的规范化管理制度。这是一个循序渐进的过程，要靠公司员工自觉去执行。必须注意到，无论是在监管政策还是企业规模等很多方面，我国传媒企业都与发达国家同类企业存在很大不同，因而不可能完全照搬西方传媒企业的管理制度。

十八大以来，在严格前置审批和准入门槛的大背景下，拟上市公司财务舞弊的风险成本越来越大，并进一步落实到负有责任的个人。所以建议拟上市公司的实际控制人，今非昔比，不要再抱着侥幸心理，有问题及早与保荐机构券商沟通，避免无事生非。

（六）完善企业战略人力资源管理

人力资源的管理在现代企业中的作用至关重要。在发展方向明确、决策正确的前提下，一个企业最终是否成功，关键在于能否将战略、人员、运营有效地进行结合。建立一支有凝聚力、执行力度好的高素质管理层，是任何企业最迫切的问题。没有健全的人力资源这个基石做后盾就不会有完善的经营管理机制。

上市和拟上市传媒公司可以针对高层人才表现出的有关风险，作出合适的防范措施，比如股权或期权激励；购买与公司利益相关的商业人才保险；定期对公司职工进行全面的身体检查；采取亲民政策，加强思想工作，及时消弭各种内部冲突，在公司管理中注意对人才进行法律教育或相关提醒；建立完善的公司商业机密保护制度；实行储备人才机制，建立公司人才库，注意主动寻找和培养随时可以顶替和接班的高层人才等。只有对高层人才提前设计相关的防范措施，才有可能在风险来临之时，将人才风险降至最低。

（七）聘请有实力的证券保荐机构

提高操作方案的可行性，降低上市风险。不论是首次公开发行还是借壳上市，上市活动的技术性很强、操作性很强，涉及多方面的利益和各种复杂关系，特别是在我国目前市场机制和法律法规尚不健全、不完善的情况下，具有较大的风险。因此，聘请在资本运作方面具有丰富经验和特殊专长的券商、保荐机构、财务顾问等中介机构，倾听并吸收它们的合理意见和建议，对于企业特别是初次涉足资本市场、从事上市活动而企业自身又不太具备资本运作人才和经验的企业，意义更为重大。

参考文献

[1] 邓帆帆、周凌燕、苏回水："中国传媒上市公司风险评价指标体系研究"，载《集美大学学报（哲学社会科学版）》2013 年第 1 期。

[2] 邹钟星："中国传媒上市公司主要风险辨析"，载《电视时代》2010 年第 3 期。

[3] 陈虹虹："我国传媒企业整体上市刍议"，载《新闻天地（论文版）》2008 年第 5 期。

[4] 戴钰："我国传媒上市企业资本结构与公司绩效关系的实证研究"，载《财经理论与实践》2013 年第 1 期。

[5] 海通证券并购团队："文化传媒企业重组上市路径的实践"，载《上海国资》2010 年第 12 期。

[6] 邢会强："中国传媒企业境内上市之路"，载《国际融资》2011 年第 8 期。

北京民俗文化的可持续再生模式分析

——以南锣鼓巷为例〔1〕

刘统霞 *

[摘　要] 北京作为民俗文化资源丰富的国际旅游城市，民俗文化旅游在近年来发展迅速。对民俗文化资源的开发利用过程中引发了种种社会问题，包括文化生态保护与经济发展之间的平衡问题和不同利益群体之间的矛盾冲突，如政府组织与非政府组织之间的博弈、开发商与当地居民之间的利害冲突等，各种关系交错复杂，所引发的社会问题不容回避。本文通过分析北京地区民俗文化资源被过度开发利用的种种原因及开发过程中各利益团体的矛盾产生的分析，特别是通过对南锣鼓巷这一历史民俗文化街区进行了详细的田野调查和具体的案例分析，并就目前世界上一些主要国家在民俗文化资源的整合及再生模式方面取得的经验及研究成果进行了对比和启示分析，目的是从社会可持续发展的理论视角，并采用人类学的田野调查方法，尝试探索一种适合北京本土特点和北京特殊城市功能定位的可持续性民俗文化资源的再生模式。以期在理论层面上，丰富民俗文化资源产业化的相关理论研究，同时在现实层面上为民俗文化传承与保护等相关政策的制定和具体项目的操作提供理论支持和参考。

[关键词] 民俗文化；再生模式；可持续发展

---

〔1〕 基金项目名称："北京民俗文化资源的再生模式研究"，项目编号：23190115019。

* 刘统霞，女，汉族，1969 年 2 月生，现任北京印刷学院文化产业管理系副教授，硕士研究生导师，人类学博士；主要研究方向：民俗文化、传媒文化及文化产业管理；近年来出版发表的作品主要有：学术专著 4 部；编著作品 2 部；翻译作品《享受放松》1 部；学术论文 20 余篇。

一、问题研究的缘起

北京是历史民俗文化资源非常丰厚的城市。北京作为元明清的古都，历史上一直是多民族文化汇聚交融之地，民俗文化尤其丰富多元，如散布在郊区的古老村落与民居、京城里面的四合大院、承载着民俗传统的胡同巷子、建制各异的宗教建筑，特别是年来节到时京城内外少不了的各类庙会和各种丰富多样的饮食、杂耍及民俗艺术展出等，都折射出北京地区居民传统的价值理念和多元的精神信仰，这一切又赋予了北京这所现代化的大都市所特有的乡土特色，或极富民俗气息的“京味”。作为一座国际化的大城市，其多彩的民俗生活和民俗艺术为北京多元的文化色彩增添了魅力，近年来，北京的民俗文化旅游产业得以迅猛发展。

但民俗文化本身有其固有的存在及演变规律，并具有某些易损性和不可再生性等特点。在某些以地方政府主导或完全着眼于经济效益的现代旅游业过度开发利用了民俗文化，对其造成了难以逆转的负面影响。民俗文化产业化运作引发的弊端主要体现在：一味追求经济效益和知名度的民俗文化产业开发，忽视了民俗文化主体的传统价值理念和情感诉求，破坏了民俗文化所固有的人文传统、民俗文化实践者的正常生活秩序、破坏了人文环境与自然环境的协调平衡。同时，在此基础上建立起来的民俗文化资源旅游开发，也忽视了文化消费者的体验感受。以上问题的存在必然引发当地居民和文化旅游的消费者对民俗文化产业开发的主导者，如开发商和文化产业的政策制定者产生了很大的不满，甚至是抵触情绪，不能实现真正意义上的体验经济和民俗文化产业化过程中的可持续发展。

鉴于以上问题的存在，作者尝试从社会可持续发展的研究视角，采用人类学田野调查方法，考察近年来北京地区民俗文化资源被过度开发利用的种种原因，特别是以南锣鼓巷这一历史民俗文化街区作为本研究的田野点，进行资料收集和具体的案例分析，同时对比研究目前世界上一些主要国家在民俗文化资源的整合及再生模式方面取得的经验及研究成果，目的是探索分析出一种可持续性的、有机循环的，相对适合北京本土特点和北京特殊城市功能定位的民俗文化资源的整合及再生模式。

二、可持续性发展理念与再生模式分析

在现代工业社会，发展一直是一个核心词汇，许多社会活动都是围绕

发展的活动。如在《发展的幻想》这本书的序言中，学者许宝强曾评价说："发展主义是一种意识形态，一种认为经济增长是社会进步的先决条件的信念。以经济增长作为主要目标，依据不同的手段，例如高科技、工业化、国家干预或市场机制，产生出不同版本的发展主义学说——自由市场、外向型经济、依附发展或以发展为主导的国家等。"但如学者许宝强所反思的，作为一种意识形态，各类发展主义学识都没有（或没有能力）反思一系列的基本问题：发展是什么？什么在发展？经济增长是否就等于改善人们的福利、提高人们的生活质量？

在"发展"作为主流话语的国际语境中，以发展的程度作为评价指标，全球的国家被人为地分成了"发达国家"和"发展中国家"。各"发展中国家"面临着"压力山大"的焦虑。当然，在中国，随着对这些问题的思考，人们的发展观在发生变化，人们开始关注以经济为中心的发展主义中所忽略了的重要问题，如在经济增长的过程中，不同社群所付出的代价是什么，对弱势群体或当地居民的影响如何，除了工业化之外，有没有能改善人们生活的另外发展道路？本着对以上问题进行解决的愿望，中国提出重在解决人际关系的"和谐发展观"。为了实现这一发展目标，十八届五中全会提出了"创新、协调、绿色、开放、共享"的五大发展理念。这"五大发展理念"集中反映了我们党对经济社会发展规律认识的深化，极大丰富了原来以经济为中心的发展观，为全面建成小康社会和不断开拓发展新境界，提供了强大的思想武器。"创新、协调、绿色、开放、共享"的五大发展理念符合联合国提出的"可持续发展理论"。确实，人类社会走过了原始文明和农业文明的谋生性发展，历经了工业文明的增长性发展，今天我们进入到了工业文明后期，着眼于社会、经济与自然平衡的可持续发展成为我们人类的共识和共同选择。可持续发展理论的发展反映着我们全体人类对传统发展模式的反思和否定，也反映着人类对规范的可持续发展模式的理性设计的种种探索。同样，民俗文化资源的再生方面有越来越多的人意识到可持续发展的重要性，并积极参与到这一问题的探索上来。如早在2004年，周正刚就在"论文化资源的可持续开发"一文中探讨了文化资源可持续发展的重要性。

对文化资源的可持续性观点与经济管理领域里的研究着眼点不同。从经济学和管理学的理论视角进行文化资源的分析，重点关注的是文化产业效益和规模快速增长的有效途径，以及这种增长对国民经济的贡献，如从文化产业的战略规划、目标、制度、政策、产业结构、类型、市场需求到文化产业资源和技术的开发、配置以及文化产业利益的分割、文化产业的管理和服务等。

同样，有关民俗产业化的研究也进入了行政管理或专门史的研究视野，如吴文才的学位论文《贵州民俗文化生态旅游资源保护性开发问题研究》与邹全民的学位论文《潍坊市民俗文化资源的旅游开发研究》。而在人类学领域，刘统霞的《被表述民俗艺术》详细论述了地方民俗艺术一次次受制于自上而下的各种政治、文化、经济因素而被改写，从而逐渐凋零的趋势，同时也反思了知识分子在促使民俗文化艺术边缘化过程中的推波助澜和无作为。从某种程度讲，在《被表述的民俗艺术》一书中作者提出了问题，但就如何重建民俗艺术的社会文化传统或使其“再生”，作者并没有进行深入的探讨或给出具体的建议。

“再生”原是生物学概念，是指生物体对失去的结构重新自我修复和替代的过程。这一理念后被应用于经济领域。作为一个经济概念，“资源再生”从广义上讲，是指生产和消费过程中产生的废物作为资源加以回收利用，其作用机理主要在于，资源经过利用，经过净化处理可以全部或部分恢复原有功能再次利用；或是，原有功能完全丧失且无法恢复，但其潜在的功能还可以利用。这一理念的提出也是基于人类对原有的工业化模式所引发问题的反思。自工业化以来，为满足日益增长的人口的物质需求而进行的经济快速发展过程中，人类从生态环境中获取大量物质能量，与此同时，工业生产过程中的剩余物也随着生产规模的不断扩大而放大比例，对这些剩余物绝大都没有进行回收再利用或者必要的处理，而是作为废弃物直接排入环境中并产生严重污染。人类对生态环境的过度开发利用和大量废弃物污染，超出了生态环境自我调节机制所能承受的限度，严重损害了生态环境的结构和功能，从而使其生产力逐年下降。所以如何对资源进行有机的循环利用，或探索有机的“再生模式”成为经济学领域一个重要问题。

同样，从广义上讲，民俗文化也是一种再生资源，与其他种类的资源形态相比，它最大的不同点在于它除了能够创造出经济价值之外，还能够衍生出新的文化资源和价值理念，即它可以随着社会意识形态、技术条件的变化而变化，最终实现再生。在商品化、市场化的浪潮中，一些地区的民俗文化资源在向文化产业的模式发展，特别是自 20 世纪 90 年代以来，某些地区的民俗文化旅游的文化产业模式已成为传统民俗文化在当代社会中传承与发展的重要形式之一，并进行着意义再生产。如“云南印象”、“多彩贵州”与“印象刘三姐”等民族艺术演出及民俗旅游项目的成功运作都是对当地少数民族民俗文化资源的再生性发展运用而实现的。

在国外，许多国家在民俗文化资源的开发利用方面也积累了丰富的经验，并形成了相对成熟的理论，特别是一些欧洲国家。在欧洲，民俗旅游产业发展相对较早，其在历史民族文化资源的保护和发展问题上也经历了一个长久的探索过程。早在19世纪中期，欧洲人就意识到传统民俗和历史遗迹的保护问题，但那时他们所关注的还只是单体建筑和文化遗迹，忽视了对历史文化遗迹和民俗文化等文脉的完整保护，随着工业化的快速发展，大批历史文化遗产遭到破坏。随后一个阶段他们便意识到整体文脉保护的重要性，就把保护关注的重点放在历史文化遗产的“原真性”上，对历史遗迹和民俗文化进行最大程度上的保护。特别是到了上世纪的后工业化时期，欧洲民众对保护观念随之深化，历史民俗文化和传统建筑等受到了高度重视，形成了成熟的、完善的民俗文化资源保护机制，并从单纯的保护发展为复兴和再利用，特别是社区参与的模式受到推崇。如在法国民众为保护历史文化古迹而自发组织的“城墙运动”，意大利政府为了低成本高效率地保护维修当地的历史文化建筑所采用的允许国民参与保护古建筑的“认领制度”等全民社会实践活动，都是有利于民俗文化资源可持续发展的再生模式。

这是因为就民俗文化的再生实践而言，民俗文化不是独立于社会文化之外的专门领域，也不是固化的文化事项，民俗活动的整体效果与感染力和使之得以展示出来的居民行为是密切关联的。从这个意义来说，不能将民俗文化仅仅视为展现文化多样性的形式各异的静态事项，也不能将民俗文化实践视为一种抽离了时间、场景及人物的技术和形式化过程，而应将其视为民俗文化的实践者与特定社会文化场景互动中的实践过程。从这个角度来说，民俗文化不是一个边界限制的、静态的实体，而是一个需要社区民众参与的、充满活力的、持续更新的过程。

三、民俗文化产业化过程中的问题分析——以南锣鼓巷为例

南锣鼓巷作为一条历史民俗文化街区，其称谓是从明代“罗锅巷”衍变而来的。该街巷的地势中间高、南北低，如一驼背人，故名罗锅巷。南

锣鼓巷作为北京唯一保存着的元代“八亩院”式严谨规整院落肌理的民居区，其构架以南北向的南锣鼓巷为轴线，两侧均匀分布着16条平行胡同，呈“鱼骨状”，即民间所说的“蜈蚣”形。该巷在清乾隆十五年（即1750年）绘制的《京城全图》注明为“南锣鼓巷”。改名传说主要有两个，其中之一，明清时期这里聚集了很多经营锣鼓的商人，因此成为“锣鼓巷”，另一个则是因为宰相刘墉（刘罗锅）的名讳而改名。使得这一街巷有名的主要原因，还是因为清初南锣鼓巷属镶黄旗的聚集地，聚拢了很多达官贵人的府邸，如炒豆胡同的“曾格林沁府”、菊儿胡同的“荣禄府”和帽儿胡同的“婉容故居”等。历经七百多年的沧桑巨变，北京旧城内仍能保留“鱼骨状”形态胡同——四合院严整规制的，并且面积最大、格局最完整的，只有南锣鼓巷周边地带。

当地的居民反映说，自1949年以后，好多历史街巷的名称改成了具有时代政治色彩的名字，随着国家产权的几次整改运动，有的四合院彻底变成了大杂院，特别是在“文化大革命”期间居民和建筑样式的变迁很大，1976年唐山大地震的余波也殃及这条街巷的建筑，震后，又多了一些没有任何美感的乱搭乱建。自1978年以来，南锣鼓巷开始出现一些与生活相关的个体经营店铺，基本有了商业街的雏形。

1990年11月，南锣鼓巷入围了北京市首片规划的历史文化保护街区。1993年，菊儿胡同四合院住宅工程被授予“世界人居奖”。2004年，在北京市旧城改造的背景下，东城区进行平房区的“微循环”渐进式改造，政府搬迁疏散住户，引导社会投资改造院落，随后街道政府通过赎买、租赁、置换等方式再次改造院落，搬迁疏散住户，同时，又把疏散出来的住户转而交由商业开发。截止到2006年，南锣鼓巷各种店铺达到76家，主要集中在巷南段和中段，其中酒吧等特色店铺（46家）占总数的6成。这样，由政府主导，招商引资，南锣鼓巷作为一条历史民俗文化街区被开发出来。到目前为止，各种创意餐厅、咖啡厅、客栈、礼品店、创意工作室、传统或新潮服饰店、传统饮品店、特色小吃、文艺书店、手工艺品店、创意陶瓷店等共计200多家。

为了详细了解该历史街区在旅游开发中存在的问题，科研小组的成员主要采用实地调查走访的调查方法，分头对分管这一地区的政府管理人员、商业经营者、游客、居民等不同的利益群体进行深入访谈。尽量从当事人的主位视角观察与分析存在的问题。无疑，外来的游客来到这里是想看看原汁原味的民俗；商家是想谋取经济利益，实现创业理想；当地的居民想过的是安宁方便的生活；而分片的管理人员上传下达，想尽力协调好各方的利益。

在田野调查该历史街区在旅游开发中存在问题的过程中，依地区的政府管理人员、商业经营者、游客、居民等不同的利益群体进行访谈。

根据调查访谈，南锣鼓巷旅游产业的拓展严重影响到了当地居民的生活。主要体现在以下几个方面：一方面是南锣鼓巷地区的便民商店锐减，让位于越来越多的所谓创意商店，这给当地居民的实际居家生活带来了很大的不便；其次，主街客流量无限制地增多，有的游客未经允许就进院参观，当地居民的生活没有了隐私可言，时刻暴露在“被观察”的状态下，有小孩的居民更是担心孩子的安全问题，好多临街的居民出行极为不便，有的临街居民被迫大白天紧闭大门，特别是节假日，更是不堪其扰；晚上，游客少了，丢下的垃圾满街都是。另外，有的商业活动营业时间规律性差，早晚商贩们使用扩音器的叫卖声和游客的喧嚣让胡同居民无法正常休息。南锣鼓巷的魅力就在于传统历史文化的积淀、当地居民的京腔京韵及他们日常生活所特有的民风民俗。随着商业活动的无休止扰民及政府街道改造搬迁政策推出，生于斯、长于斯的老北京居民慢慢被置换到偏远的郊区，他们所传承的民俗文化也随之边缘化，而南锣鼓巷将会变成一个只有商家创意和游客失落的伪民俗一种街。这种开发模式绝不是一条可持续性的再生模式。

当问及游客的感受时，最多的反映是“挤死了”、“花钱买罪受”、“什么也没有看到，只看到人了”和“上这一次当，够了”等看法。自开发以后，南锣鼓巷一直在超负荷接待旅客，特别是在节假日，游客摩肩接踵，拥挤不堪。慕名而来的外地游客根本无法感受到这条文化街道的历史感和传统民俗文化的艺术感；过度的拥挤使得顾客不能在街上驻足停留，无心或不能观赏体验传统的民俗文化，更不用说去进行文化消费体验，这无疑也伤害了商家的经济利益。

在商家看来，虽然现在人多了，但真正进到店铺里安心进行消费的游客并不是很多。有的商家反映，房租在逐年提高，即便近年来随着南锣鼓巷名声在外，慕名而来的游客人数暴增，但愿意消费和消费得起的潜在“优质”消费者反而越来越少。还有，在同一条街道上，核心创意很难进行版权保护，且营销模式很难创新，恶性竞争并不鲜见，开张几个月或一年半载就收摊走人的情况也是常事。无恒产，也无恒心，大多数商家无力于品牌的长期打造，而是讲究短期效益，打一枪换一个地方，只要有机会宰客，绝不等下一次。因此，游客反映这条街上的物品相对都比较贵，但也看不出贵在什么地方。

所以，以上是在对南锣鼓巷实地走访、进行深入访谈的调查中发现的主要问题。这种粗糙无序的民俗文化旅游开发远远超过了这一街区环境的承受力和开发文化旅游预期要达到的经济效益和社会效益。南锣鼓巷如不调整经营管理的理念，则完全沦为一条伤民俗、伤民众的伪民俗文化巷，无和谐的发展定然不是可持续性的发展。更让人担忧的是，随着文化旅游开发的迅猛发展，北京民俗文化的色彩越来越淡，历史上一度繁华的前门大街与留下无数老北京记忆的大栅栏，承载着历史记忆的老建筑、老店与老景都被拆得面目全非，而复古的新建筑也难以留住人们觅根的脚步，乡土亲切的老北京越行越远。

四、民俗文化可持续性再生模式的倡导

早在2005年，学者刘长明在“对和谐发展观的再阐释”一文中曾评论说，可持续发展的目标是和谐发展，这也是发展理念的根本性变革。和谐与发展是和谐发展的两大构成要件，两者互为因果、共生互动，离开和谐的发展和没有发展的和谐都是难以想象的。为了实现和谐发展，必须进行与和谐发展相匹配的制度安排。这种制度安排应符合三个条件：一是有利于个体自我的身心和谐，以培养和谐发展的人；二是有利于人与人的关系和谐，以营造和谐发展的社会关系；三是有利于人与自然的和谐，以达到人类索取自然资源的速度与大自然再造能力的平衡。因此，任何产业的发展都应该遵循这一原则或理念，提高居民文化素养和弘扬传统文化的民俗文化旅游产业更应该秉持这一原则。

2009年，中国可持续旅游协会成立并倡导可持续旅游（Sustainable Tourism），就是“要求人们以长远的眼光从事旅游经济开发活动，并对经济不断增长的必要性提出质疑，同时要求确保旅游活动的开展不会超越旅游接待地区未来亦有条件吸引和接待旅游者来访的能力”。可持续旅游的提出主要起因于旅游发展问题的产生，特别是游客缺乏保护环境意识或损伤旅游地居民的感情、干扰当地人的生活习惯、惊扰旅游地生物等。这一理念倡导的目的在于，增进人们对旅游所产生的环境与经济影响的理解，

加强人们的生态意识；促进旅游的公平发展，改善旅游接待地区的生活质量，向旅游者提供高质量的旅游服务；保护未来旅游开发赖以生存的环境质量。中国可持续旅游协会有关可持续旅游理念的提出是对只注重经济效益的旅游产业开发活动的反思和超越。

着眼于全球可持续发展的共识和话语背景，并综合欧美国家在文化资源整合与再生模式摸索过程中所取得经验教训，北京的民俗文化应该坚持一种可持续性的、有机循环的、且适合本土特点的、与北京的城市定位和文化产业发展趋势相匹配、有利于民俗文化资源整合的再生模式。

本着可持续性的民俗文化“再生”模式要求对经济生态、自然生态环境和社会文化生态都具有建设性意义，且带动多方效益，促进多方利益团体的经济发展，特别是地方民众的利益。因为当地民众作为民俗文化的实践者或民俗行为的主体，他们的经济利益、传统的价值理念和精神归属诉求应该得到最大限度的尊重，这也是地域文化价值得以传承，民俗文化资源得以再生的不竭源泉。所以说可持续性民俗文化资源再生模式是一个多方面、多层次的立体发展模式，要发展这一模式，首先应该要对当地民众的生活、精神及创意需求进行调查，对当地民众需求的满足是民俗文化资源再生的前提条件和可持续性发展的不竭源泉。

如在北京还有许多传统民俗文化社区，一味地把当地民众迁出，进行招商引资，开发旅游，是对传统民俗文化的最大伤害，没有了地方民众参与的民俗是死的民俗，不具备任何的可持续性。可以尝试在交通偏僻的民俗文化区域，在保护生态环境的前提下，改善交通、适当引商和发展产业，综合改善、提升传统民俗文化居住地民众的生活水平，以防止居民因为交通不便和生活水平过低而搬离，造成民俗文化资源的真正枯竭，当地民众不能被隔离在经济社会发展红利之外；另外在有的地区以保护民俗文化资源为主，适当开发文化创意项目，使民俗文化资源注入新鲜的时代意义，适当满足现代人的消费品位，改善消费体验；结合当今的信息技术和传媒手段，巧用民俗文化元素，对某些民俗文化事项要么实行场景性的功能置换，要么进行新功能开发，让民俗文化资源巧妙地镶嵌或整合在被日益打造成支柱性产业的创意产业中，以求可持续性再生。

不可否认的是，今天的民俗文化以文化产业的模式发展也是一种社会实践，从某种程度上讲，这也是对民俗文化遗产进行的一种参与式的探索。适合中国本土民俗文化特色和规律的民俗文化资源再生模式，必须既要思考如何以文化促进发展，也要在发展中寻求传承与保护的路径，即实现可持续性再生模式。

五、结语

本研究将民俗文化视为动态的文化实践，综合运用可持续发展理论分析北京民俗文化的产业化变迁过程中存在的问题，并采用文化人类学的田野调查方法，以北京的历史民俗文化街巷——南锣鼓巷作为田野点，同时反思了文化与经济之间的关系、不同利益群体之间的关系，为民俗文化的再生模式研究提供一个新的研究视角和研究方法，以丰富目前较为单一的文化产业管理理论研究及研究方法探索。同时，也希望本研究的理论视角与问题分析能为民俗文化的产业化实践活动进行评估，进而为民俗文化产业化发展模式或可持续性再生模式的政策制定提供理论支持、策略建议。

参考文献

[1] 徐宝强、汪辉：《发展的幻象》，中央编译出版社 2003 年版。

[2] 吴文才：“贵州民俗文化生态旅游资源保护性开发问题研究”，华中科技大学 2009 年硕士学位论文。

[3] 邹全民：“潍坊市民俗文化资源的旅游开发研究”，山东大学 2009 年硕士学位论文。

[4] 刘统霞：《被表述的民俗艺术》，知识产权出版社 2011 年版。

[5] 吕斌：“南锣鼓巷地区的空间格局与历史文化价值”，载《北京规划建设》2013 年第 1 期。

[6] 黄斌：“北京文化创意产业空间演化研究”，北京大学 2012 年博士学位论文。

[7] 刘长明：“对和谐发展观的再阐释”，载《烟台大学学报（哲学社会科学版）》2005 年第 1 期。

以"艺术城市"概念探索北京古村落文化旅游发展新模式

刘　彤[*]　蒋骏雄[**]

[摘　要] 城镇特色化已成为新型城镇化进程中亟需解决的首要问题。"艺术城市"是一个城市根据其民族文化特点、地域特点、自身的文化定位，综合运用历史文化、民族文化艺术、当代综合艺术和各种环境艺术，所形成的体现该城市在世界范围"唯一"性的，以独具风格和风貌的城市建筑、城市公共艺术、城市文化为代表的个性化的城市符号。"艺术城市"概念从广义上讲，是以一个国家与民族的历史文化为依据，规划一座城市的建设，包括在旧城改造中保留历史文化、历史风貌，同时重塑城市功能。"艺术城市"是依照"以人为本"的原则，遵循文化艺术规律、经济规律而建立起来的，具有历史性、民族性、地域性、唯一性的城市设计和公共艺术，是具有可持续发展的文化内涵的人类聚居环境。以"艺术城市"概念构建"北京古村落文化旅游经济圈"，促进县域经济联合发展，打造一个超越县市乃至省区行政区划范围的特色文化旅游品牌，形成北京古村落文化旅游经济

* 刘彤，女，北京印刷学院文化产业管理系教授，经济学硕士，研究方向：文化旅游管理、城镇发展与管理、传媒管理。发表论文50余篇，共同编著国家级规划教材1部，出版学术著作10余部。2010年在国内首个提出"艺术城市"概念，被政府采纳落地国际旅游胜地桂林，列为广西壮族自治区层面统筹推进重大项目、自治区重大旅游项目，于2013年开工建设。人民日报"中国区域经济发展论坛"2013年3月20日以整版篇幅刊载"艺术城市"理论及其在桂林的实践，充分肯定了"艺术城市"概念的创新性、前瞻性、可操作性和对社会实践的指导作用。中宣部党建网、人民网、新华网、央视网、中国网等30多家中央和地方媒体同时报道，产生了全国范围的社会影响，取得了显著的社会效益，并正为地方经济发展带来巨大的产业效益。邮箱：liutong@bigc. eud. cn。

** 蒋骏雄，男，中国雕塑杂志社原副社长，高级记者，资深策划人，"艺术城市"理论创建者，桂林市灌阳县创建"艺术城市"特色县项目总策划、总设计。研究方向：城市经济管理；城镇发展与管理；区域旅游规划；城乡规划设计；文化遗产保护与开发；出版传媒管理。

的样板，带动京津冀各区、县形成一个区域特色产业格局，形成共同受益、共同发展的北京古村落文化旅游特色经济圈。以此提高北京古村落文化旅游区域（县域）经济的集聚效应，及其在国内外旅游市场上的地位与竞争能力。

[**关键词**] 城镇化；艺术城市；古村落；县域经济；文化旅游产业；模式

2001 年美国诺贝尔经济奖获得者约瑟夫·尤金·斯蒂格利茨曾预言："21 世纪人类发展进程有两大关键因素：美国的高科技和中国的城镇化。同时，新世纪对中国有三大挑战：城镇化居首位。"不管是"关键"，抑或"挑战"，斯蒂格利茨关于城镇化的预言都成为了现今中国最热的话题和最重要的发展方向之一。在新型城镇化进程中，如何解决由于传统城市规划模式僵化所导致的目标趋同、功能重复、产业同质、形象单一，特别是"千城一面"的特色危机等一系列问题？城镇特色化已成为新型城镇化进程中亟需解决的首要问题，各地政府正为此殚精竭虑。

以"艺术城市"概念整合丰富的历史、人文、自然资源，保护和利用好民族文化遗产，在发展旅游产业和其他产业的同时，保持并弘扬本民族的特色文化；将当地的民族艺术融入现代生态文明的城镇化建设；以文化产业为引擎，带动相关产业发展，实现经济持续稳定增长。本文试图以"艺术城市"概念对北京古村落文化旅游发展模式的创新，探讨如何走出一条特色城镇化建设的新路。

一、"艺术城市"概念与新型城镇化

党的十八大报告明确了推进新型城镇化的战略任务。这是我国在新的历史时期，顺应经济社会发展转型而提出的重要战略。新型城镇化是指在科学发展观的指导下，遵循城镇化的基本规律，以全面提升城镇化质量和水平为目标，坚持以人为本，强调城乡统筹、社会和谐、环境友好、集约发展、规模结构合理的城镇化发展模式。与传统城镇化模式相区别，新型城镇化更加注重城乡统筹、城镇发展的集约性、城镇化的社会性、城镇化的区域性、城镇化的协调性，以及城镇化质量内涵的提升。

早在 2010 年，笔者在厦门举办的"海峡两岸文化创意产业合作与发展论坛"上发表主题发言，从城市建设，特别是公共艺术建设以及旧城改造角度提出“艺术城市”的概念。我们认为，“艺术城市”是一个城市根据其民族文化特点、地域特点、自身的文化定位，综合运用历史文化、民族文化艺术、当代综合艺术和各种环境艺术，所形成的体现该城市在世界范围“唯一”性的，以独具风格和风貌的城市建筑、城市公共艺术、城市文化为代表的个性化的城市符号。“艺术城市”概念从广义上讲，是以一个国家与民族的历史文化为依据，规划一座城市的建设，包括在旧城改造中保留历史文化、历史风貌，同时重塑城市功能。“艺术城市”是依照“以人为本”的原则，遵循文化艺术规律、经济规律而建立起来的，具有历史性、民族性、地域性、唯一性的城市设计和公共艺术，是具有可持续发展的文化内涵的人类聚居环境。

在经济全球化的今天，每个城市都以其不同的文化特色，形成自身的亮点和影响力。文化特色越强，城市影响力就越大，社会经济发展就越快。在当前中国新型城镇化进程中，大量的旧城改造（尤其是县级城市改造），一定要以“艺术城市”的理念进行规划。创造“艺术城市”要结合生态旅游、文化旅游，挖掘当地未挖掘的历史和传统文化，形成地域性特色城市；要站在全球旅游、特色旅游角度进行城市规划；要从“影响力、标记性、艺术性、公共性”四个方面评价城市雕塑与公共艺术建设；要将构建“艺术城市”与区域经济、文化产业发展相结合。

以“艺术城市”概念指导城市规划建设，是对我国城镇化由速度扩张向质量提升转型新模式的有益探讨。以“艺术城市”概念为指导，充分利用我国丰富的历史文化、人文文化遗存，进行城市规划建设，将会让城市形象更加鲜明、更加美好，将会产生一大批经得起历史考验的，又极具个性风格的艺术城市、文化城镇，这必将使我们的民族文化升华，同时，也会给我们各个城市带来规模化的文化产业经济效益。

二、城镇化对县域经济的推动作用

县域经济作为社会经济功能比较完整和相对独立运行的综合性经济单元，是以县城为中心，以集镇为纽带，以广大乡村为基础的多层次的区域性经济系统，它处于国民经济的基础层次。县域经济是区域经济的一种特定形式，是中国经济中特殊的行政区域经济。县域经济除了具有一般区域经济共有的特征以外，还具有其自身的基本特征，即县域经济具有综合性经济特征；是以农业为基础，以中小工业为支柱的行政区域经济；是基本利用本地资源的行政区域经济；是一种中观经济；是市场开放型经济；也是市场化程度较低，资本、技术和人才为稀缺的经济。

城镇化是伴随工业化进程的一种规律性的经济社会现象，是农村人口向城镇集聚，农业产业向第二、三产业转移和城市文明向农村扩散的“三位一体”互动的社会变迁过程。发展城镇化可以加快农业现代化进程，带动县域工业发展和服务业繁荣，实现农村劳动力转移，同时加快产业结构调整，推进工业化、现代化步伐。城镇化是县域经济发展的核心主题；是县域经济发展的重要载体；也是县域经济发展的持久动力。

党的十八大报告明确了推进新型城镇化的战略任务。提出了“四化同步”的战略思想，作出了推进经济结构战略性调整、推动城乡发展一体化等战略部署。新型城镇化、城乡一体化成为了转方式、调结构的战略重点。推进新型城镇化是我国在新的历史时期，顺应经济社会发展转型而提出的重要战略，为县域经济发展指明了路径。

县域经济发展模式是县域地区在不断推进工业化与现代化进程中逐步形成的一种独特的发展过程和路径。在区域经济竞争日益激烈、县域经济渐趋同质化发展的大背景下，根据县域自身的发展阶段、区域环境、资源禀赋、人力资本等条件的特点和实际情况，选择正确的发展模式，对于形成县域经济发展战略、加快县域经济发展速度有着十分重要的作用。

县域经济的本质是特色经济。县域经济起步阶段的主要特点是寻求产业和产品结构的多样化，随着发展阶段的演进，县域经济的产业发展则由多样化转向特色化。特色经济是指从本地区比较优势和资源禀赋出发，根据本地区在某一阶段的要素禀赋结构，即经济中的自然资源、劳动力和资本的相对份额，在某一产业或产品上构建经济增长极，形成主导产业，提高县域经济增长的核心竞争力，最终促进区域经济全面发展。

县域经济发展模式应当是基于特定条件下的产物，其模式的创新必须立足本地实际，同自然资源、传统文化、政策环境、市场经济制度等因素紧密结合。所以，各级政府在发展县域经济上，应在实践中探索出适合本地特色的发展模式，做到尊重发展规律，符合时代要求，顺应群众愿望，特别是在政策上要给予强有力的支持。

三、以“艺术城市”概念构建“北京古村落文化旅游经济圈”，促进县域经济联合发展

在中国城镇化改造过程中，要保护、挖掘、利用好各民族非常稀缺、不可再生的珍贵资源。新型城镇化不是千城一面的“现代化”，而应是以“特色化”赋予城镇化新的内容和形式。特别要突出本土文化、民族艺术，通过彰显民族特有的文化，赢得在世界文化圈的话语权，以此开拓本民族的文化视域，建设中华民族共有的精神家园，构建和谐的美丽中国。

如何在保持民族文化多样性与丰富性的同时与时代同步，可持续发展民族文化和区域经济，如何立足生态环境、自然风光、特色文化等资源优势，走出一条旅游产业、文化艺术、城镇建设深度融合发展的特色城镇化之路，跳出以往县域经济发展的窠臼，另辟蹊径，通过城镇化整合各类优势资源，推动县域经济生态发展、绿色崛起，是摆在各地、各级政府面前的重大课题，更是深入贯彻落实党的十八大关于推进经济结构战略性调整、推动城乡发展一体化、大力推进生态文明建设等重大战略部署精神的迫切要求。

北京是中外历史文化名城，中华五千年文明光辉灿烂、登峰造极，形成了北京庞大的旅游体系和巨大的旅游产业基础。根据北京旅游“十二五”规划，到“十二五”末期，旅游业占全市GDP的比重争取达到7%至10%之间，未来旅游产业将成为北京市的重要支柱产业。北京旅游业除了传统的旅游项目之外，散落在京郊数以百计的不可复制的千百年古村落将会是中国后旅游时代“最具潜质”的旅游资源，其深厚的文化积淀、丰富的历史信息、意境深远的文化景观，使其具有“史考”的实证价值、“史鉴”的研究价值、“史貌”的审美价值，可以称为古代“资源节约型、环境友好型”社区的典范，具备和谐中国的历史风范和诸多宝贵的社区管理与繁衍发展的经验。但过往的北京古村落旅游，只是以简单的“乡村游”、“农家乐”、“景点游”为主体，而最宝贵的北京古村落文化遗存的文化特色并未被开发利用，如此舍本逐末，浪费了珍稀的历史文化资源。

主题文化是形成“艺术城市”唯一性的文化形象和品牌概念。构建“艺术城市”主题文化的目的和战略意义，就是塑造“艺术城市”主题文化内核、铸造主题精神气质、张扬主题经济态势、彰显主题建筑风格，以此形成“艺术城市”历史文化、民族精神、社会经济、城市形象的高度统

一和完美结合，从而形成"艺术城市"独一无二的形象和品牌，并拥有核心竞争力。

为此，必须树立区域（县域）经济联合发展观念，联合北京16区、2县，以及天津、河北，形成一个各方协同受益的"北京古村落文化旅游经济圈"区域特色产业格局，形成一个北京旅游新品牌。从而形成北京旅游新的兴奋点，并以此全面拉动北京京郊游，形成京郊文化旅游产业，走一条区别于其他地区和国家的，独具特色的古村落文化旅游大产业道路；一条古村落保护与现代城镇化建设和谐发展的道路。以意识观念现代化、资源整合特色化、运营理念品牌化、营销目标全球化的理念，共同挖掘"东方未挖掘的东方文化"，形成宽泛的"北京古村落文化旅游概念"和神奇的"北京古村落文化旅游现象"，打造一个超越县市乃至省区行政区划范围的特色文化旅游品牌，形成北京古村落文化旅游经济的样板（包括"艺术城市"概念的建设和古村落文化旅游产业模式），带动京津冀各区、县形成一个区域特色产业格局，形成共同受益、共同发展的北京古村落文化旅游特色经济圈。以此提高北京古村落文化旅游区域（县域）经济的集聚效应，及其在国内外旅游市场上的地位与竞争能力。

（一）整合资源，总体规划北京古村落文化旅游产业格局

以区域县域经济联合的科学发展观，联合北京16区、2县，以及天津、河北分布古村落的区、县、乡镇，组建中国唯一的、区域产业格局特色鲜明的、联盟成员共同受益的"北京古村落文化旅游经济圈联盟"，作为打造北京古村落文化旅游产业的总协调组织和轴心，以联盟的构架促进古村落区域文化旅游产业的发展。规模化、集约型地发展与繁荣区域经济，可以推动旅游产业、文化创意产业等相关产业的发展，促进招商引资；促进城镇化、国际化进程。这样，北京周边丰富的文化旅游资源，就会变成巨大的经济资源，同时，还有利于加强精神文明建设，构建和谐社会，创建美丽家园。这是一项功在当代，利在千秋的伟业！

整合梳理各区、县、乡镇原有的旅游基础上，整盘考虑和重新整合北京古村落文化旅游产业格局。以"意识观念现代化、资源整合特色化、运营观念品牌化、营销目标全球化"的理念，另辟蹊径，走出一条不同以往的文化旅游大联盟、大产业的新路子，使其成为一个自然生态、人文历史、产业业态等各方面真正具有神奇魅力的特色文化旅游区域。

1. 首先对北京16区、2县，以及天津、河北分布古村落的区、县、乡

镇现有资源及旅游基础做一次系统调查及整合工作。

2. 以“艺术城市”概念为导向，制定“北京古村落文化旅游经济圈”的总体规划。协调、整合、指导、规划各县的文化与旅游资源，共同规划“北京古村落文化旅游经济圈”的区域合作格局，明确各区域特色和产业布局，避免重复建设，形成一个特色鲜明的北京古村落文化现象、旅游概念和特色品牌。

3. 以此为基础，制定发展规划、实施计划、探索形成商业运营模式、政府指导与管理模式，并使之不断完善。

4. 选择有基础的区、县、乡镇试点，探索“艺术城市”的建设，创新古村落文化旅游经济发展模式，延伸至资源运营和产业运营、资本运营。不断建设和完善各区、县、乡镇的旅游设施，形成更多的优质旅游产品和精品旅游线路，为联盟发展古村落特色旅游经济做出样板。

（二）宣传推广“北京古村落文化旅游经济圈”

1. 与海内外旅行社、传媒机构建立长期合作关系，建立优质旅游产品、精品旅游线路推广中心。

2. 在各区域建立宣传广告牌、电子屏，建立“北京古村落文化旅游经济圈”信息网，编发《北京古村落文化旅游经济圈联盟会刊》。

3. 建立统一的票务销售、管理服务网络等现代旅游服务项目。实现资源共享、统一对外低成本运营与推广，相互协作，共同受益。

4. 建立协调机构，共同推进“北京古村落文化旅游经济圈”的形成。每年轮流由各联盟单位举办一届权威的“北京古村落文化旅游经济圈年会”和“北京古村落文化旅游合作高峰会”。

（三）以“艺术城市”概念指导新型城镇化规划建设

1. 指导联盟区、县、乡镇公共空间的规划、设计和建设，包括雕塑与城镇公共艺术规划，具前沿性和导向性的城镇化公共艺术，及其他主题造型文化形态的规划、设计等。

2. 指导联盟区、县、乡镇非物质文化遗产、文化遗存及传统文化艺术的保护、抢救、传承和开发利用。

3. 下大力气建设和推广北京古村落特色旅游，加强以国外游客为主体的旅游接待设施的建设和完善。

（1）制定与欧洲民间旅游对接的整盘计划。引导和发动农民搞特色旅游、团结一致、齐心协力、搞出世界唯一性的北京古村落文化特色。这种方式投资很少，能迅速改变旅游格局，也能迅速改变原来以国内市场为主体的旅游产品，转换为以国际游客为主导的设计产品，整合资源和营销推广，改变消费主体，改变市场格局。

（2）一定要让农民按自己的方式去做，从而形成真正的原生态特色，包括心态、方式、建筑风格、旅游业态等。政府不插手，只是起到指导、引导和服务的作用。

（3）对农民经营者进行系统培训。聘请欧洲行业专家对农民经营者进行系统培训，学习和了解欧洲乡村特色旅游的经营方式、业态，欧洲及世界发达国家吃、住、行习惯及旅游、民族习惯等。

（4）根据联盟各区域特点布局特色旅游网点。强调徒步、骑自行车旅游；布局并逐步建设中等的娱乐中心，以乡镇和民族村寨为主体散点布局建设，有组织的统一管理，每个区域凸显自身特色。

在中国新一轮的城镇化建设浪潮中，一定要依据当地特色以“艺术城市”概念进行城镇再造，要紧密依托丰富多样的民族文化，构成大的产业项目，或者形成与大产业的互动，从而形成可持续发展的产业经济格局，并提升城镇文化含量，扩大“特色城镇”的知名度，形成旅游业并拉动其他相关产业。这样，必将会产生一批经得起历史考验、充满民族魅力与民族风情，又极具个性风格的民族文化城镇，同时，为各民族地区带来文化升华，带来规模化的旅游效应及产业经济效益。由此，实现党的十八大提出的“四化同步”战略思想，建设“美丽中国”，实现中华民族永续发展的伟大的中国梦。

参考文献

［1］盛广耀：“新型城镇化理论初探”，载《学习与实践》2013 年第 2 期。

［2］刘彤、蒋骏雄：“艺术让城市更美好——浅谈‘艺术城市’概念”，载《中国文化产业评论》2011 年第 2 期。

［3］刘彤、蒋骏雄：“广西桂林市灌阳县‘艺术城市’助力建设美丽家园”，载《人民日报》2013 年 3 月 20 日。

［4］郭华：“县域经济发展研究的理论框架”，载《中国集体经济》2009 年第 30 期。

［5］赵润田：“欠发达地区城镇化与县域经济发展”，载《理论学刊》2012 年

第11期。

[6] 刘吉超:“中国县域经济发展模式研究评述及其反思”，载《企业经济》2013年第2期。

[7] 曹群:“我国县域经济发展的区域差异及模式选择”，载《商业研究》2012年第8期。

[8] 安士婧:“县域经济发展模式创新的理性思考”，载《黑河学院学报》2012年第3期。

文化景观遗产地国家公园保育模式研究

——以新西兰为例〔1〕

王　蕾*　范文静**　刘　彤***

［摘　要］我国国家公园体制建设中迫切需要借鉴国外发达国家的国家公园管理经验，探索中国特色的国家公园管理体制。在新西兰国家公园的发展过程中，建立了完善的国家公园保育法案体系，注重自然与人文景观相融合，大力发展生态旅游和环境教育，树立"生态立国"的发展战略，这为我国探索国家公园与世界遗产地相结合的保育模式提供了有益借鉴。

［关键词］国家公园；生态保育；文化景观遗产；管治模式

一、引言

我国的国家公园建设从2007年云南省试点开始，伴随生态文明法治的不断完善，正在逐步确立。2013年11月，中共十八大三中全会在《中共中央关于全面深化改革若干重大问题的决定》中明确提出"建立国家公园体制"。但与国外发达国家相比，由于起步时间较晚、资源种类繁多、地方行政垄断、旅游开发过度等问题较为突出，因此在我国国家公园体制建

〔1〕 基金来源：北京印刷学院校级社科类一般项目23190115031。

* 王蕾，1981年生，女，山东潍坊人，博士，讲师，研究方向为休闲产业与文化旅游，邮箱：wanglei@ bigc. edu. cn。

** 范文静，1983年生，女，山东德州人，博士，讲师，研究方向为遗产旅游与生态旅游，邮箱：fanwenjing@ bigc. edu. cn。

*** 刘彤，女，北京印刷学院文化产业管理系教授，经济学硕士，研究方向：文化旅游管理、城镇发展与管理、传媒管理。

设中迫切需要借鉴国外发达国家的国家公园管理经验，探索中国特色的国家公园管理体制。在现有国家公园研究成果中，不难发现多数学者都将研究视角放在美国、英国、加拿大、德国等欧美国家，对新西兰的国家公园管理的研究相对较少。而新西兰作为世界上第四个建立国家公园的国家，在国家公园的生态保育与管理方面积累了比较成熟的经验，尤其是新西兰的汤加里罗国家公园作为全球第一个被联合国教科文组织列入“世界文化景观遗产”的国家公园，对我国的国家公园体制建设和管理更具有独特的研究意义和借鉴价值。

二、国家公园的制度演变及其与世界文化景观遗产的关系

国家公园（National Park）这一概念被认为是美国人的发明，1832 年美国艺术家乔治·卡特林最先提出的“国家公园”概念主要是基于视觉景观的保护，保护“一切都处于原生状态，体现着自然之美”。1872 年，美国总统格兰特签署法令建立黄石国家公园，规定“保护所有的树林、矿藏、自然奇观和风景，使之永远免遭损害和不合理利用”，这是世界上第一个国家公园。随后，国家公园在全球范围内逐步确立。国家公园的扩展大致可分为三个阶段。第一阶段是从 1872 年黄石国家公园建立开始截至 19 世纪末期，在这期间美国设立了一批具有标志性的国家公园，如黄石国家公园、优胜美地国家公园等，而随后“国家公园”的理念也传播到加拿大、澳大利亚和新西兰等将英语作为官方语言的移民国家，其中比较著名的国家公园有加拿大班夫国家公园（Banff National Park）、澳大利亚皇家国家公园（Royal National Park）、新西兰汤加里罗国家公园（Tongariro National Park）等。第二阶段是 20 世纪前半期，经历“一战”和“二战”的灾难年代，“国家公园”的理念开始被欧洲国家广泛接受并应用于生态实践中，在瑞典、意大利、罗马尼亚、希腊、西班牙、冰岛、爱尔兰和瑞士等国都设立了各自的国家公园，如瑞典的阿比斯库国家公园（Abisko National Park）、意大利的大帕拉迪索国家公园（Gran Paradiso National Park）、冰岛的议会旧址国家公园（Thingvellir National Park）等。与此形成对照的是，作为欧洲传统强国的英国、法国、比利时等却并未在其本国领域内设立国家公园，而是不同程度地在它们的亚洲或非洲殖民地国家内设立国家公园。第三阶段是第二次世界大战结束以后的时期，“国家公园”的理念在全球范围内广泛传播，几乎每一个国家都声称拥有自己的国家公园，大

量独立后的亚、非、拉美国家，如肯尼亚、赞比亚、泰国、越南、马来西亚、韩国、阿富汗等国也纷纷加入到世界国家公园体系中，全球国家公园数量暴涨，从而汇聚成今日声势庞大的、遍及各大洲、涵盖各政体国体、惠及各种族民族的全球“国家公园运动”。也正是到了这个阶段，国家公园的功能定位在之前的传统美学、休憩与旅游经济功能之外，增加了自然保育和生态功能。

表1　国家公园的扩展阶段

扩展阶段	时间范畴	代表国家
第一阶段	1872年~19世纪末	美国、加拿大、澳大利亚、新西兰
第二阶段	20世纪初~20世纪中叶	欧洲诸国：瑞典、意大利、罗马尼亚、希腊、西班牙、冰岛、爱尔兰和瑞士等
第三阶段	20世纪中叶至今	亚、非、拉美国家：肯尼亚、赞比亚、泰国、越南、马来西亚、韩国、阿富汗等

国家公园制度的全球推广对于世界遗产运动的发展具有重要意义，根据世界自然保护联盟（IUCN）的定义，国家公园以保护生物多样性及其生态结构和环境过程，促进非消费性教育与游憩为主要目标。20世纪下半叶，国家公园的生态保护理念被应用于联合国教科文组织的《世界遗产公约》中，美国黄石公园作为第一批入选《世界遗产名录》的国家公园就是世界遗产地与国家公园相结合的典型代表。随后联合国教科文组织对于世界遗产的定位也在不断完善，目前世界遗产可以大致划分为五种类型：自然遗产、文化遗产、自然与文化双重遗产、文化景观遗产和非物质文化遗产（见图1）。作为20世纪末最新出现的一种世界遗产类型，文化景观遗产作为连接自然与文化遗产的纽带，为人类观察和理解遗产问题提供了一种全新的角度。1992年世界遗产委员会对“文化景观”予以认同，这就使得国际社会在人类对遗产的拥有与保护区相关的价值、权利和利益方面以一种新的眼光来看待；它体现了人与他们所处的自然环境之间强大的精神和文化联系，同时也是保护地球上文化和自然多样性的新途径。此后，虽然陆续评选出了一些文化景观遗产，但往往被列入了“世界文化遗产”的名单中。文化景观遗产（Culture Landscapes Heritage）的评定既采用文化遗产的标准，同时又参考自然遗产的评定标准。为区分和规范文化景观遗

产、文化遗产、文化与自然双重遗产的评选机制，世界遗产中心在《实施〈保护世界文化与自然遗产公约〉操作指南》中对文化景观遗产的评选原则规定为：文化景观“能够说明为人类社会在其自身制约下、在自然环境提供的条件下以及在内外社会经济文化力量的推动下发生的进化及时间的变迁。在选择时必须同时以其突出的普遍价值和明确的地理文化区域内具有的代表性为基础，使其能反映该区域本色的、独特的文化内涵”。可以说，文化景观代表了在物质条件的限制和自然环境提供的机会，以及连续不断的内、外社会、经济和文化力量影响下，人类社会及其居住地在历史长河中的演化历程。对文化景观的保护，有助于保持或增强景观区域的自然价值，因而有助于保持其生物多样性。1993 年，新西兰的汤加里罗国家公园成为第一处根据修改后的文化景观遗产标准被列入《世界遗产名录》的国家公园。之后，世界遗产大会陆续评选出一批文化景观遗产。据不完全统计，截至 2013 年底全球共有 73 处文化景观被列入《世界遗产名录》。

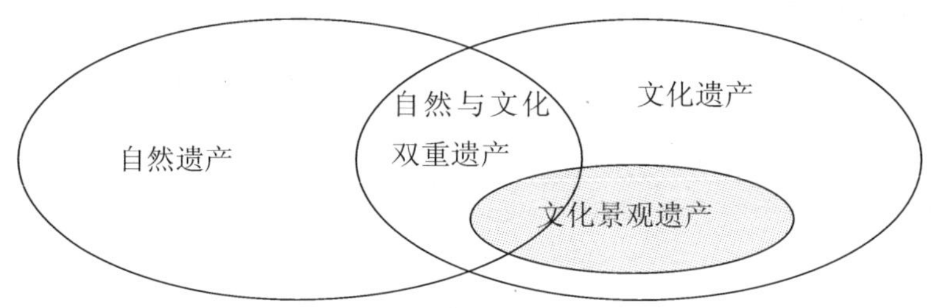

图 1　物质型世界遗产的主要类型

三、新西兰国家公园的生态保育模式

（一）新西兰国家公园发展现状

新西兰位于太平洋西南部，主要由南北两大岛及附近一些小岛组成，国土面积 26.9 万平方公里。尽管版图狭小，开发时间较短，但复杂的地质背景、典型的地貌景观、温湿的气候条件、特殊的生物群落与丰富的民族文化相结合，形成新西兰独特的魅力。截至 2014 年底，新西兰已经拥有 14 座国家公园，其中以汤加里罗国家公园最负盛名（见图 2）。在这 14 个国家公园中，共有两处世界遗产地，一处是汤加里罗国家公园，另一处是由新西兰西部泰普提尼、库克山、阿斯帕林山和峡湾国家公园共同组成的蒂瓦希普纳姆（Te Wahipounamu）世界遗产。新西兰境内公园遍布，其公园系统可分为三种等级：邻里公园、地区公园和国家公园，国家公园的辐射面积占其国土总面积的1/10，是新西兰生态环境保育的主要区域。

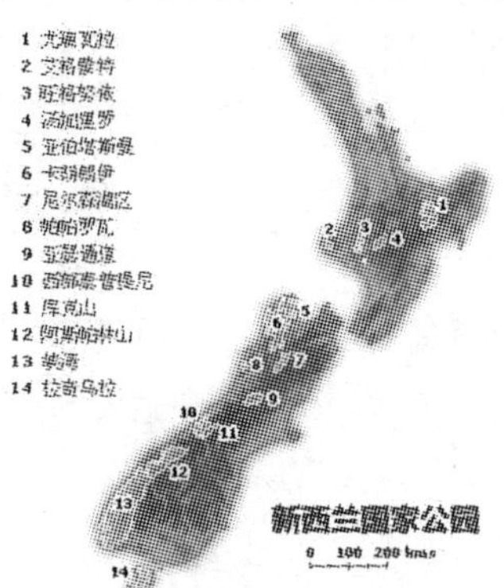

图2　新西兰国家公园分布图

资料来源：新西兰国家公园 http://www.tour110.com/newzealand/newzealand07192426.html。

（二）新西兰国家公园保育模式解析

新西兰的国家公园主要基于不同地质背景的地貌景观特征，如冰川、火山、峡谷、海湾、喀斯特等地貌类型，加之罕见的生物多样性，形成了独特而脆弱的生态系统。在新西兰国家公园的发展过程中，政府强有力的生态保育措施和公民高度自觉的生态保护意识起到至关重要的作用，新西兰“生态立国”的发展战略为我国国家公园体制的确立尤其是探索国家公园与世界遗产地相结合的保育模式提供了有益借鉴。

1. 完善的国家公园保育法案体系。新西兰政府对国家公园制度的管理依据，即是一套完善的国家公园保育法案体系，政府通过立法建立了总面积占国土面积1/3的原始森林保护区、国家公园、沿海自然保护区及岛屿海洋生物保护区。实际上，新西兰国家公园的发展历史上也经历过困惑时期，即各领域的法律分而治之，缺乏统一的法律，直到1987年，新西兰议会才正式颁布了《保育法案》（Conservation Act）统领以前分而治之的《资源保护法》、《海洋保护区法》、《自然保护法》等，与1980年颁布的《国家公园法案》（National Parks Act）共同组成新西兰等级最高的生态保育法律依据。

根据《保育法案》，新西兰政府成立了“保育部”（Department of Conservation，以下简称DOC），作为新西兰国家公园的行政主管机关。DOC直接对新西兰保育大臣负责，部门行政主要负责人是总干事，以整合国家各行政机构的保育管理职能。DOC 根据《保育法案》和《国家公园法案》的授权，推动实施国家公园的标准化管理，形成了以“保育政策——保育管理计划——保育管理战略，以及资源管理——自然保育管理——世界遗产管理——游憩管理”等构成的国家公园管理系统，并制定了一系列技术标准。DOC 的主要职责包括：监测体系管理、野生动物捕获管理、保育政策制定与实施、保育管理计划、保育管理战略、社区参与战略、国家公园政策、国家公园管理计划、运营计划及游客管理等。

除了上述两大法案之外，与新西兰国家公园管理相关并由 DOC 负责实施行政管理的法案还有很多，诸如：《野生动物法案》、《海洋和沿海区域法案》及各自然保护区法案等。在这一套完善的国家公园保育法案体系下，各个国家公园必须依据相关法律制定自身的公园管理规划。因此，新西兰国家公园的规划体系呈现明显的层次性特征，即在相关法律、政策的指导下进行，规划体现为策略、规划 2 个层次（见表 2）。

表 2　新西兰国家公园的法定规划框架

层　级	法定依据	名　称
最高等级	法　律	《保护法案》、《国家公园法案》、保护区法案等
第二等级	总体政策	保护总体政策、国家公园整体政策等
第三等级	保护管理策略	汤加里罗保护区域保护管理策略、Northland 保护区域管理策略等
第四等级	管理规划	汤加里罗国家公园管理规划、Kaimanawa 森林公园管理规划、Kaiteriteri 游憩保护区管理规划等

资料来源：赵智聪、庄优波：“新西兰保护地规划体系述评”，载《管理观察》2009 年第 6 期。

2. 注重自然与人文景观的融合。在国家公园建设中注重自然景观与人文景观的融合，是新西兰国家公园制度的典型特征。汤加里罗国家公园之所以能够成为全球第一个文化景观遗产，就是得益于新西兰对于本国传统文化的保护与传承。众所周知，毛利人的祖先是新西兰的土著居民，新西兰现有的 400 万人口中约有 15% 是毛利后裔或是属于某个毛利部落。汤加里罗国家公园地区原来归毛利族部落所有，毛利人视汤加里罗火山为神山，在毛利人心目中，这里是一片神圣不可侵犯的土地，毛利人经常在此举行祭祀仪式转念祖先的传奇历史。1887 年毛利人为了维护火山区的神圣，避免这块毛利圣地被欧洲人开发，就以这三座火山为中心，把半径大约 1600 千米内的地区献给国家，作为国家公园。1897 年新西兰政府将这三座火山连同周围地区正式开辟为国家公园，定名汤加里罗国家公园。1993 年，世界遗产委员会将汤加里罗国家公园列为世界遗产中的第一处文化景观。文化景观是《世界遗产公约》中一个重要的扩展项目，它包括梯田、咖啡种植园等以及那些融汇了自然景观和人类文化活动的遗产地，文化景观遗产必须具备独特的自然环境和文化内涵，是自然与人类相生相伴的结晶，是近年来世界遗产委员会对保护特定自然环境下的文化现象的探索成果。世界遗产委员会之所以将新西兰汤加里罗国家公园列为世界第一个文化景观类世界遗产地，就是为了强调保护毛利人文化传统与大自然水乳交融的重要性。在汤加里罗国家公园区域内有 15 座活火山或死活山以及不同层次的生态系统共同构成美丽而独特的自然风景，同时这些自然景观对毛利人具有文化和宗教意义，象征着毛利人的社会与外界环境的精神联系，体现出自然与人文景观的充分融合。

3. 大力发展生态旅游与环境教育。新西兰是全球著名的生态旅游目的地，该国入境游客中至少有 50% 要游览一个国家公园，在新西兰的 14 处国家公园中有 2 处被列入《世界遗产名录》，新西兰国家公园内的一切设施，包括公路、宿营地、步行道和游客中心均由政府投资建设，这些区域被视为保护生态和生物多样性的科研基础、公众教育和生态旅游基地，免费对旅游者开放。早在 2007 年，新西兰在进行全球旅游营销中就提出“100% pure New Zealand”的口号，旨在向全球旅游者宣传新西兰干净、纯净的生态旅游理念。其在《2015 年新西兰旅游业发展战略》中规定旅游业帮助改善和保护新西兰文化、自然和社会环境的方法，并关注燃料和能源效率，以期降低交通排放并鼓励使用公共交通，战略中还提及新西兰政府正与旅游业和研究团体合作，以测量和减少旅游业务的温室气体足迹，这些新西兰生态立国的方针吸引了越来越多的生态旅游者。同时，新西兰政府非常注重加强环保理念、意识的推广和教育，近几年不断加大对环保组织的扶助，发挥环保组织的作用，加强国际交流与合作，陆续签署了《生物多样性公约》、《气候变化框架公约》等多项国际公约，并通过国内立法予以落实。新西兰在环保问题上的坚定立场和取得的显著成绩为其在国际社会中赢得了独特的地位，也为本国的国家公园可持续发展提供了有力保障。

四、对我国国家公园建设的启示与建议

国家公园自诞生到现在已经历将近150年的历史，而我国的国家公园试点还不到10年，因此借鉴国际其他国家公园的管理经验对于我国国家公园体系的建设至关重要。由于世界各国各地区在文化、政治体制、经济发展水平等方面的差异，使得国家公园管理过程中不仅存在着普遍性问题，也存在着个性化问题，因此我国应在经验借鉴的基础上探索适合中国国情的国家公园体制。新西兰的汤加里罗国家公园是一处典型的文化景观型世界遗产地，其管理与保育模式对于我国的国家公园建设具有很强的借鉴意义。

我国现有的旅游资源中也具备多处文化景观型世界遗产，如庐山、五台山、西湖等，另外，我国还有众多闻名世界的文化遗产与历史悠久的地方文化，在世界全球化浪潮愈演愈烈的今天，维护文化的多样性成为一个无法回避的问题。对于文化内涵或者自然环境的简单保护已经不能满足人类社会发展的需求，如何在保护人文景观与自然景观的同时寻找二者的契合点成为世界各国都在探索的问题。我国的国家公园体制建设虽然起步较晚，但是我们可以充分吸纳世界各国的成功经验，避免其他国家走过的弯路。效仿新西兰的国家公园保育模式，结合文化遗产资源来进行国家公园设置是一种切实可行的途径，希望未来中国的国家公园不仅仅是一种名称的改变，更应该体现出自然与文化景观背后的精神价值。

参考文献

［1］吴承照、周思瑜、陶聪：“国家公园生态系统管理及其体制适应性研究——以美国黄石国家公园为例”，载《中国园林》2014年第8期。

［2］杨锐：“美国国家公园的立法和执法”，载《中国园林》2003年第5期。

［3］程绍文、徐菲菲、张捷：“中英风景名胜区/国家公园自然旅游规划管治模式比较——以中国九寨沟国家级风景名胜区和英国New Forest（NF）国家公园为例”，载《中国园林》2009年第7期。

［4］庄优波："德国国家公园体制若干特点研究"，载《中国国林》2014 年第 8 期。

［5］杨锐："美国国家公园规划体系评述"，载《中国园林》2003 年第 1 期。

［6］Warwick F，Michael C，王连勇等译：《旅游与国家公园——发展、历史与演进的国际视野》，商务印书馆 2014 年版。

［7］张海霞、汪宇明："可持续自然旅游发展的国家公园模式及其启示——以优胜美地国家公园和科里国家公园为例"，载《经济地理》2010 年第 1 期。

［8］卿雪梅："世界文化景观遗产命题的提出及其内涵解读"，载《旅游纵览月刊》2013 年第 6 期。

［9］彭兆荣：《文化遗产学十讲》，云南教育出版社 2012 年版。

［10］何才华、熊康宁："关于新西兰的国家公园建设与管理研究"，载《贵州师范大学学报（自然科学版）》1992 年都 1 期。

［11］罗勇兵、王连勇："国外国家公园建设与管理对中国国家公园的启示——以新西兰亚伯斯曼国家公园为例"，载《管理观察》2009 年第 17 期。

［12］舒旻：《国家公园技术标准体系框架——云南的探索与实践》，云南人民出版社 2013 年版。

［13］赵智聪、庄优波："新西兰保护地规划体系述评"，载《中国国林》2013 年第 9 期。

大数据时代读者阅读与出版服务转型升级策略研究[1]

刘　硕*

[摘　要] 数字技术改变了传统出版物的形态、载体和传播媒介，人们传统的阅读模式也随之发生了极大改变，大数据时代的到来为探索读者阅读规律提供了数据资源和技术支持。笔者分析了当前读者阅读特点和大数据分析在读者阅读、出版服务决策优化领域的应用可行性、适用性和具体流程。研究表明，数字阅读正逐渐成为人们主流的阅读方式。我国文化传媒和出版服务企业已经具备了收集、组织读者阅读行为特征数据的能力，同时也具备能够对这些读者阅读大数据进行分析、挖掘的算法和软件工具等利用大数据分析读者阅读规律进行服务优化的基本条件。大数据将会对传统产业的经营模式产生巨大冲击，基于经验的传统文化服务模式亟需向基于大数据与用户需求的全新服务模式转型，文化企业经营模式转型升级势在必行。

[关键词] 大数据；数字阅读；数据挖掘；规律；全民阅读

随着数字技术和信息技术的高速发展，人们的阅读习惯已经产生了重大变革。鉴于网络阅读资源的丰富、检索的便利以及数字阅读设备的便捷性等优势，数字化阅读逐渐受到人们的追捧，数字化阅读正逐渐成为人们的主流阅读方式。与此同时，随着互联网应用的深化和数据分析技术的发

---

〔1〕 本文受北京印刷学院 2015 版培养方案专业核心课程建设项目“数据仓库与数据挖掘”（项目编号：22150115137）和“信息管理优秀教学团队”（项目编号：22150115028）资助。

* 刘硕，男，1983 年 3 月生，北京印刷学院经济管理学院物流管理系教师，讲师，经济学博士、应用经济学博士后，研究方向为大数据分析、商务智能，2014 年获北京市高等学校青年教师优秀调研成果二等奖（排名第二），参编专著 4 部、独立或以第一作者发表学术论文 17 篇（其中 CSSCI 检索论文 4 篇、ISTP 检索论文 6 篇），邮箱：liushuo@ bigc. edu. cn。

展，“大数据”已成为时下的一个热门话题。大数据时代，人们日常的行为和网络应用都会被互联网记录并有效保存，即人们的日常行为规律均隐含在大数据背后。热衷于数字阅读的读者的阅读规律和文化需求同样会蕴含在大数据中，探索读者阅读规律、迎合读者阅读及文化消费需求，将会为传统文化传媒和出版服务企业的发展带来新机遇。

一、大数据时代读者阅读现状

数字技术的发展和人们生活节奏的加快，使得时下人们的阅读方式产生了重大变革，以印刷型媒介为主要载体的传统阅读比重正在逐渐减少，具有资源丰富、检索便利、携带方便等优势的数字阅读正为越来越多的读者所追捧。所谓数字阅读即阅读的数字化，包括阅读内容的数字化，如网络小说、电子书、电子地图、博客、数码照片、网页等；还包括阅读终端或阅读载体的数字化，如 MP3、MP4、阅读器、手机、电脑、数字电视等。鉴于数字阅读的资源丰富性和便捷性，我们可以随时随地看到利用手机、便携式平板电脑、电子书阅读器如 Kindle 等移动终端进行视觉阅读的人们，以及利用音频进行“听书”的“读者”，甚至对数字设备使用并不熟练的中老年人也正加入到数字阅读人群当中，数字化阅读已经遍及各个人群、遍布人们社会生活轨迹的各个角落，可以说，数字阅读促进了全民阅读事业的发展。

在数字阅读为读者带来资源和便利的同时，数字阅读的相关应用同时记录下了人们的阅读习惯，这为文化传媒企业和出版企业的传统阅读服务和出版服务转型升级提供了新的机遇，文化产业的大数据时代业已到来。大数据革命是当今信息技术的又一次重大变革，计算机、互联网、数字技术的高速发展推动了大数据时代的到来。2013 年被国内外许多媒体称为“大数据元年”，大数据记录了人们社会生活的轨迹和规律，这其中当然也包含利用数字终端进行数字阅读的读者行为规律，探索大数据隐藏的规律、迎合人们的需求已成为各行业企业必须慎重考虑的议题，不难想象，大数据将会对传统产业的经营模式产生巨大冲击，基于经验的传统文化服务模式亟需向基于大数据与用户需求的全新服务模式转型。

二、基于大数据分析的读者阅读与出版服务可行性、适用性分析

大数据是指无法通过现有主流（常规）技术和工具软件在可接受的时

间内管理、处理和分析的数据集合。因此，应用大数据进行服务决策优化，至少需具备“组织数据集合”和“技术工具软件”两个基本条件。基于我国文化传媒和出版业的整体信息化水平，其中的绝大部分企业都已经基本具备了这两个条件，可以尝试利用大数据分析进行读者阅读和出版服务的优化升级。

（一）应用大数据分析的基本条件

对于读者大数据，联机分析处理和关联分析、序列分析等数据分析与数据挖掘技术可以很好地探索其中隐含的阅读规律和服务需求，进而了解不同群体的阅读特点与偏好，据此进行有针对性的出版发行、推介等阅读出版服务，提高读者用户的满意度，创造基于大数据和读者需求的商业价值。

联机分析处理（Online Analytical Process，OLAP）是使数据分析人员、管理人员或执行人员能够从多种角度对从原始数据中转化出来的、能够真正为用户所理解的、并真实反映企业特性的信息，进行快速、一致、交互地存取，从而获得对数据的更深入了解的一类软件技术。关联分析是最常用的数据挖掘方法，其最早用于分析大量消费者交易记录中隐藏的购物模式，主要目的是从数据中寻找商品之间的关联性，以制定商品“组合”营销策略。序列分析是通过用户浏览网页或网络应用的数据进行的路径、轨迹分析，通过序列分析可以有效了解用户遍历网页和使用网络应用的顺序和习惯。

从目前大数据的主流分析和挖掘技术的概念中不难看出，应用这些大数据分析与数据挖掘技术至少需要读者阅读和出版服务提供者满足两个基本条件：其一，就是服务提供者具备收集、组织读者阅读行为特征数据的能力；其二，就是能够拥有对这些读者阅读大数据进行分析、挖掘的算法和软件工具，阅读和出版服务提供者需要配置专业的大数据分析或挖掘工具，或者至少需要具备利用常规工具软件进行高端数据分析应用、实现大数据分析算法的能力。

（二）基于大数据分析的读者阅读与出版服务应用可行性分析

时下基本所有的文化传媒和出版服务企业均已实现了管理信息化和业务网络化，管理信息系统、数据库技术和电子商务的应用已经成为企业正常运营的必要条件。大数据即是在众多信息、网络技术应用下产生的。因此，文化传媒企业和出版服务企业在为读者提供服务的同时，正在记录着读者各种类型的需求数据，只不过单独企业所存储的数据量更小，而且这部分数据大都处于支持企业日常工作的形态，并未被有效地组织形成支持大数据分析的分析型数据。也就是说，目前文化传媒和出版服务企业已经具备了收集、储存、管理应用于大数据分析的初始业务数据的能力，对这部分业务数据进行适当扩充和有效组织即可生成专门针对联机分析处理和数据挖掘等大数据分析技术的分析型数据集合。从这个角度分析，文化传媒和出版服务企业已经具备了应用大数据分析进行读者阅读和出版服务升级的数据条件。

对于大数据分析所需的复杂算法应用软件和硬件设施，文化传媒和出版服务企业可以通过购置专业的软硬件实现大数据分析和应用，当然这需要企业投入较大的资金成本，同时会带来管理流程的较大变革，会对企业的经营稳定性带来一定影响，而且短期内的经济效益可能并不明显，因此，并非所有企业都有能力并愿意付出这部分投入过早实现经营模式的转型升级，特别是中小型企业。对于那些没有意愿或无法承担软硬件升级成本的企业而言，利用当前现有的软硬件技术条件或借助第三方网络平台的部分应用，同样可以实现大数据分析的部分技术，以解决企业最为迫切的服务决策升级问题。实际上，目前文化传媒和出版服务企业日常的数据库和数据处理软件如 Microsoft Access、SQL Server，甚至办公软件 Excel 就可以实现初始业务数据向大数据分析用数据的组织；对于实现大数据分析算法的应用软件，可以利用日常办公软件和国内外研究机构开发的免费大数据分析软件实现，如应用最为广泛的 Office 办公软件 Excel 的数据透视功能可以完美地实现大数据的联机分析处理；新西兰怀卡托大学（The University of Waikato）自主研发的免费数据挖掘工具 Weka 可以便捷地实践诸如关联分析、序列分析等常用的大数据分析算法。因此，软硬件技术条件并不是文化传媒和出版服务企业应用大数据分析的障碍。

综上所述，就目前我国文化传媒和出版服务业整体信息化水平而言，已经具备了应用大数据分析提升读者服务决策科学性、推进读者服务升级的必要条件，大数据分析技术在阅读服务和出版发行决策优化领域具有应用可行性。

（三）基于大数据分析的读者阅读与出版服务应用适用性分析

大数据分析的核心是要探索隐含在数据背后的读者阅读规律和潜在需求，进而以迎合读者需求为出发点，提供更为优质的读者阅读服务和出版发行服务。大数据分析的不同算法探索的读者阅读规律和需求不尽相同，文化传媒企业和出版服务企业应根据自身业务特点和所需解决的问题，选择适当的大数据分析技术。

联机分析处理（OLAP）是一种从不同视角分析读者阅读和需求数据的分析技术，我们将分析数据的角度称为“维度”，如“时间”、“地点”、“阅读时长”、“阅读类型”等；同时将企业感兴趣的、需要进行深入分析的数据称为“度量值”，如读者的“阅读次数”、“下载次数”、“购买数量”等。这样通过对读者书刊阅读和购买数据进行不同角度的分析汇总，我们可以回答诸如“女性读者在某一时间段阅读文学类小说的总人数和比例是多少?”，以及“读者在何时购买何种类型的书刊数量最大”等一系列阅读和购买习惯问题。基于此类数据分析，文化传媒和出版服务企业就可以根据读者阅读和需求偏好，有针对性的进行营销和推介服务，在满足读者需求的同时提高自身服务品质。

关联分析的主要目的是探索挖掘大数据背后隐藏的读者阅读关联规则，特别善于回答企业诸如“读者经常阅读或购买哪几类书刊”、“阅读或购买了这本图书的读者，还有可能阅读或购买另外哪几本图书”等“组合需求”问题。基于大数据的关联分析，文化传媒和出版服务企业就可以进行“出版物组合”推介营销。此外，将关联分析的读者阅读购买组合规律与联机分析处理得出的读者阅读购买汇总规律进行结合，就可以将企业基于读者单一阅读规律的服务决策扩展为组合式服务决策，如此可以更好地满足读者需求的同时提升自身服务满意度和出版物阅读量、销售量；再辅以序列分析探索读者网络浏览的顺序与习惯，有效安排书刊信息推介的网络位置即可有效提高推介信息接受率。

不难看出，基于大数据分析的读者阅读和出版发行服务均是以企业的核心服务对象“读者”需求为出发点，其服务决策可以更好地迎合读者阅读需求，如此将有效提高企业服务满意度，进而提升企业业务水平，为文化传媒和出版服务企业带来可观的商业价值。因此，大数据分析技术在读者阅读和出版服务决策支持以及优化领域具有很强的适用性。

三、基于大数据分析的读者阅读与出版服务决策流程

大数据分析是解决企业实际问题的数据分析与挖掘技术，是问题驱动式过程，其源动力即在于企业亟需解决的业务问题。因此，对于文化传媒

和出版服务企业，首先需要进行明确的问题定义，提出希望获悉的读者阅读和需求规律；此外，由于不同类型的问题需要不同的数据组织形式和算法，因此，企业还需要明晰提出问题的类型，如具体希望获悉多角度汇总数据类规律、关联规则或序列规则等，以便根据问题选择适当的算法和软件工具以及相匹配的数据组织形式。

企业在问题定义后需要根据所需解决的实际问题、问题类型和相应算法组织数据，即将日常业务数据如书刊阅读量、书刊类型、书刊销售量、网页访问量等按照具体应用的大数据分析算法和软件的要求组织形成分析用数据源。具体而言，如果利用联机分析处理进行数据的多角度汇总观察，需要将数据组织成多维形式；利用 Weka 数据挖掘软件进行关联规则挖掘则需要利用二分法（YES 或空值）标注读者是否阅读或购买了某一本或某一类型的书刊；利用时间序列数据按时间或顺序记录读者的网页或书刊阅读次序。

按照大数据分析算法和应用软件的要求进行数据组织后，即可利用适合的算法进行大数据分析。大数据分析的不同算法技术的应用过程不尽相同，如联机分析数理技术属于演绎推理型大数据分析技术，每一个分析步骤都需要企业提出具体的问题，逐层深入，进而挖掘读者潜在偏好；利用关联分析进行关联规则挖掘过程只需在运行算法程序前输入适当参数，分析过程便可自动完成；序列分析则需要不断进行试算，以找到读者最为显著的浏览、阅读次序。

获得大数据分析结果后，尚不能直接用于读者阅读和出版服务决策支持与优化，还需要对所得结果进行评估，考虑分析结果是否与现有结论相矛盾、是否具有可行性、是否具有商业价值。如果大数据分析所得结论是以前未知的、具有可行性且能够带来商业价值，则进行知识同化，即根据大数据分析结论和企业自身经营状况，提出合理的读者阅读和出版服务对策并将其常态化；反之，如果大数据分析所得结论并不能满足文化传媒和出版服务企业的决策需求，则需要重新进行问题定义、数据组织、数据分析与结果评估，直至得到令企业满意的结果，再进行知识同化进而提出合理的阅读服务和出版服务决策。

基于大数据分析的读者阅读与出版发行服务决策流程如图 1 所示。

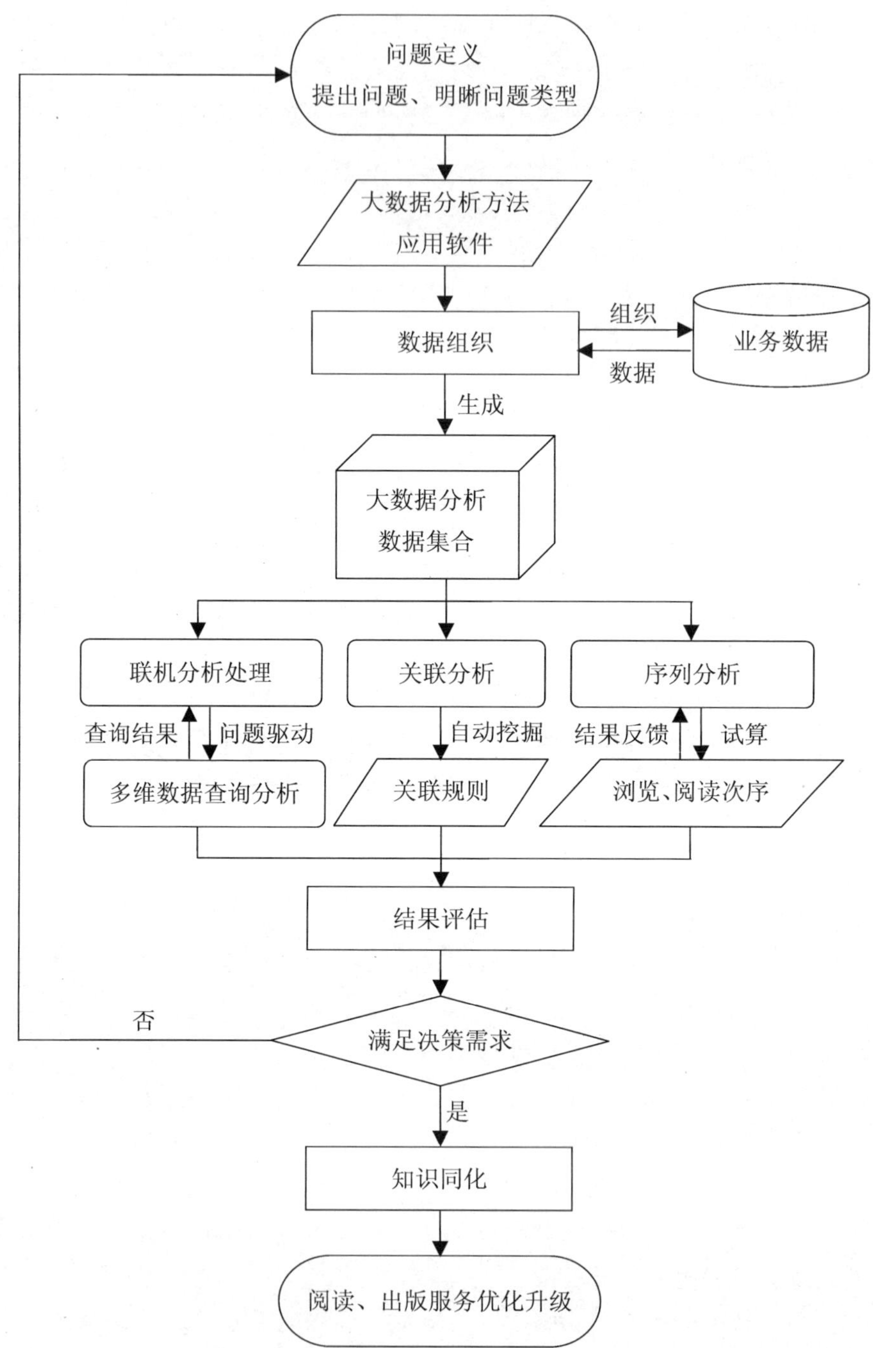

图1　基于大数据分析的读者阅读与出版发行服务决策流程

需要说明的是，以上只是解决读者阅读需求服务的某一个或某一类特定问题、依据一段历史数据进行大数据分析的应用流程。当文化传媒和出版服务企业面对全新的问题时，需要重新进行问题定义，并依此流程解决新问题；此外，随着信息技术和阅读媒体软硬件技术的更新换代，读者的阅读规律和偏好随时可能发生变化，因此，大数据分析应转变为文化传媒和出版服务企业的常态工作并将其融入到日常经营流程中，做到尽早了解读者潜在需求、优化服务决策、提升服务质量，增强企业在大数据时代的商业智慧和核心竞争力。

四、结语

2014 年，我国出台了多个文化产业相关扶持政策，为“十三五”时期文化产业发展方向奠定了基调，即以“逐步发挥市场在资源配置中的决定性作用”作为主线贯穿我国文化产业发展路径。非公有制文化企业的准入、小微型文化企业的扶植将会给整个文化产业市场带来更为激烈的竞争；大力度的金融扶植政策将使得有特色、优质的文化企业获得更多的融资机会和更广阔的发展空间。我国传统的文化传媒企业和出版服务企业已经处于转型升级的关键时期，提高自身服务质量、进行文化服务创新和转型升级已迫在眉睫。企业的文化服务创新、转型升级的目的即在于满足用户的文化需求，对于文化传媒和出版服务企业而言，仅仅满足读者的浅在需求并不足以带来优势竞争力，因此，如何探究读者的潜在需求甚至是读者自身都没有意识到的隐性需求已成为企业亟需解决的问题。

大数据时代的到来为文化企业带来了全新的机遇，大数据中蕴含的读者规律为企业提供了全新的商业价值挖掘空间，因此，基于大数据的企业经营模式是文化传媒类和出版服务企业未来发展的必经之路。大数据时代的经营模式转型涉及企业的软硬件升级、业务流程重组、人力资源配置等诸多方面的调整是一项复杂的系统工程，需要有规划、有步骤地推进，否则可能会造成转型低效益甚至转型失败。就当前我国文化传媒和出版服务企业总体信息化水平而言，首要的工作是转变传统的经营观念，以满足读者需求为经营出发点，以现有软硬件条件和人力资源为依托，逐步提高大数据分析对日常管理和业务决策的支持力度，渐进实现大数据的商业价值，期间有规划地进行软硬件升级和人才培养，最终实现大数据时代的读者服务转型升级，推进我国全民阅读事业，促进我国文化产业的繁荣。

参考文献

［1］段一、胡耀华："数字阅读：变革与反思"，载《中国出版》2010 年第 20 期。

［2］黄孝章、刘益："大数据时代出版业发展趋势研究"，载《科技与出版》2014 年第 10 期。

［3］何玉洁、张俊超：《数据仓库与 OLAP 实践教程》，清华大学出版社 2008 年版。

［4］刘硕："基于关联分析的出版社图书出版发行实证研究"，载《科技与出版》2014 年第 6 期。

［5］人民网：2014 年文化产业政策奠定"十三五"期间发展方向，载 http://culture.people.com.cn/BIG5/n/2015/0110/c172318-26360027.html.

出版企业高管团队社会整合对组织结构的作用研究〔1〕

刘　益*

［摘　要］出版企业实施战略过程中，需要通过对组织结构的内部结构差异化以及跨部门协调这两个方面的不断调整，以适应环境的需要。高管团队的社会整合水平影响了组织结构调整和变革的过程。本文以实证研究的方法，收集了出版企业96份问卷，验证了提出的两个假设，即高管团队社会整合能有效推动结构差异化和高管团队社会整合能有效推动跨职能协调。

［关键词］出版企业；高管团队社会整合；组织结构

一、问题的提出

组织结构通常被视作企业实现目标的基本框架和工具。通过构建和利用组织结构，企业可以更有效地获取市场机会、提升组织活动的效率并且降低成本（Daft & Lengel，1986）。从本质上来看，组织结构是指组织成员之间的分工和协作关系。其中，专业化分工可以使各部门提高工作质量和效率，而部门之间的协作与配合则可以使组织通过加强横向合作，提升组织整体的工作效率。近年来，一些出版社以转企改制为契机，转变观念，主动调整组织架构。有的出版社在原有的直线职能制的基础上，增设一些机构，以适应市场竞争的需要，或者删减掉一些原有的典型事业性质的部

〔1〕本文是北京印刷学院校级重点科研项目："中国出版企业的制度变迁及其绩效研究（项目编号：23190115002）"和"北京文化安全研究基地建设项目（项目编号：23190115091）"研究成果。

* 刘益：北京印刷学院经济管理学院教授，1973年生，男，博士。主要研究方向：战略管理与出版传媒企业管理，邮箱：liuyi@ bigc. edu. cn。

门。有的出版社把直线职能制调整为事业部制（或者分社），采取模拟分权的形式，以所涉及的图书业务领域为基础，打造专门的事业部或者分社，以加强对相应的图书市场的开发。还有很多的企业在原有的直线职能制或者事业部制的基础上，引入矩阵制组织（或项目制）形式，以增加出版企业的灵活性。作为正式组织结构的补充，矩阵型组织可以将职能与任务很好地结合在一起。项目经理（或项目组长）对项目的结果负责，根据具体任务的要求，将参与项目组织的职能人员有效地横向组织在一起。职能部门负责人则为项目的成功提供所需的必要资源并负责调配、指导参与项目组织的相关人员。也就是说，通过对内部结构差异化以及跨部门的协调这两个方面的调整，出版企业正在不断地完善和优化组织结构，以期更好实施企业战略，实现企业目标。

自 1984 年 Hambrick 和 Mason 提出高层梯队理论（Top Management Team，TMT）以来，有不少学者基于组成特征的内容和结构，用人口统计学特征代替认知和价值观等心理特征来分析和预测绩效（Hambrick & Mason，1984；Wiersema，1993；Wiersema & Bantel，1992；Keck，1993）。然而，越来越多的学者意识到，如果仅仅局限于高管团队的个性特征的视角去研究企业的战略决策是不够的，应该更多地关注整个高管团队的相互关系与整体影响，从而提升高层管理团队理论对实践的解释力和预测力。钱德勒在其《战略与结构》一书中指出，“经理人士所受的教育和训练与其处理组织所需的方法之间存在着某种关联”，“只有那些没有被特定的行为模式或角色所同化的人，才能最有效地承担组织变革的任务”。可以看出，企业的组织变革的力度，与企业高管团队的特性密切相关。高管团队作为企业的核心，对组织生存、创新和发展起着重要作用。在常规稳定市场环境中，企业可以根据常规的流程、既定的惯例来进行经营，但是当企业内部或外部出现变动时，就需要高管团队来推动组织内部的变革和调整活动。在高管团队的带领下，企业的经营活动会根据需要来对生产要素进行重新组合，并在随后引起生产方式的相应配套变革。在此项活动中，需要合适的组织结构来加以配套和支持。当企业的组织结构不利于重构生产要素新组合时，高管团队就会通过自身的个体行为或集体行动来对现有的组织结构形式予以创新，并在团队整体的联合作用下引入或创造出一种能够促进创新的组织结构以促进企业经营效率提升。

与其他市场化程度比较高的行业不同的是，出版社由于受到长期计划经济和行政管理体系的影响，行政化色彩相对浓厚。出版社的高层领导都是由上级主管部门指派，并直接对上级主管部门负责。出版社的高层领导都长期在大学工作，具有较高的职位、较强的能力，对自己世界观和价值观较为坚持，因此，出版社高层团队的社会整合相对更难。

由于组织刚性的存在，不论是对出版社发展模式和发展战略的选择，还是配合发展模式和战略而实施的组织变革，高层团队对于企业的发展战略、经营管理、资金使用、人事安排等许多方面都会出现分歧；对出版社高管团队而言，都必须经历一个内外沟通、协调，甚至谈判的过程。某出版社社长在访谈中如是说：

“刚开始搞组织结构调整的时候是很难的。主要原因是我们几位高层看法不统一，因为组织结构调整直接涉及到下设各部门的人事安排和权力配置，同时也涉及到各个高管的权限范围，是牵一发动全身的事。由于几位出版社领导对改什么、怎么改不能达成共识，所以，我当社长的头两年里，我们出版社的组织结构基本上没有动。随着后来高管之间沟通越来越充分，相互之间也越来越了解，我们对出版社怎样发展也更容易达成共识。再加上客观上也受到市场竞争越来越激烈的影响，现在，我们出版社的组织结构基本上每年都会有变化。”

二、理论推演与假设提出

在现有管理理论的诸多研究中，学者们已经开始关注到高管团队在推动组织结构变革过程中的重要性。Rosenbloom（2000）认为，高层管理团队对于组织能力的缺乏起着补充作用，通过打破过去的旧思维和重新定位企业的发展方向。在具体的经营变革中，高管团队会在工作中注意并阐述可能存在的变革活动，并推动随后的组织变革来改善经营活动（Daft & Weick，1984；Ocasio，1997）。也就是说，高管团队会从组织结构的两个层面，即分工（反映为结构差异化）和协作（反映为跨职能协调）去推动组织变革。

（一）高管团队社会整合对结构差异化的作用

组织结构决定着企业的责任和权力分配、交流机制、管理制度和运作流程。当企业规模不大时，组织结构会因其个体管理者或管理者之间协调容易，对外反应灵活，从而富有创新精神。然而随着企业规模的扩大，管理者人数会逐渐增加，且个体管理者的管理幅度又存在有限性，如果完全依靠个体管理者的单打独斗则很难去指导运营活动中不同部门的工作。高管团队的每个成员都会在特定的领域具有一定的主导权，形成特定的部门职能分工。在外部市场的推动和刺激下，高管团队会通过有效讨论来进一步划分职能分工，并构建其专业的组织结构模式来与外部市场进行对接，从而比竞争者更快地进入新的市场或推出新的产品、新的业务流程，从而对市场环境造成影响（Lumpkin and Dess，1996）。当高层管理社会整合程度较高时，则会对可能存在的变革活动采取一致行动，例如，通过打破组织结构惯性或刚性来变革传统的组织结构来形成专业化分工。因此，通过确定组织制度规范的组织创新可以保持创新活力。通过合理的组织结构设计和部门分工，在组织内部设立职能部门和经营系统以管理基本的日常运营活动，可以在关键领域形成独特的竞争环境，并获得高额利润和竞争优势（苏敬勤、林海芬，2011）。基于以上分析，可以得到假设：

H1：高管团队社会整合能有效推动结构差异化。

（二）高管团队社会整合对跨职能协调的作用

企业的经营管理活动一般也是在相关的高层管理者主导下进行的。如果出现组织内部部门间的壁垒或活动冲突，冲突双方一般也会寻求管理者的支持。作为部门最高领导者的管理者会推动部门间的协调，例如，通过协调和仲裁来实现组织内部的群体、个体之间的沟通，并寻求部门双方都能接受的解决方案（王涛、任荣，2009）。实际经营活动中也经常出现高管团队各管一块的现象，如果高管团队社会整合程度较差，则会在冲突的处理过程中过分注意自身部门的利益，而忽略其他部门的利益，从而不利于冲突的解决。这就需要在高管团队成员之间必须在一些关键事情上具有共同的认知、协商机制，这种整合方式不仅能做到及时有效，还能降低协调成本（Miller，et al.，2002）。在高度高管团队社会整合的推动下，企业内部的跨功能协调会促使形成共享的价值观的塑造（Adair，1990），这也会为高层领导团队成员的管理活动提供适当的环境和条件（Tushman et al.，1986），使得组织结构变革更适应外部环境的发展。基于以上分析，可以得到假设：

H2：高管团队社会整合能有效推动跨职能协调。

三、研究设计与数据收集

（一）问卷设计

在本研究中，我们主要是采用问卷调查的方式来收集实证研究所需的相关数据。本研究采用在国外顶级期刊上发表的已经成熟使用的相关量表来进行分析和检验。在对英文量表翻译的过程中，我们遵循实证研究规范的要求，主要是由3位从事管理学研究的学者来共同完成相关翻译工作。通过与这3位学者的交流沟通，共同完成对原题项的修正工作以实现对跨文化问卷题项的翻译工作。

在设计好问卷后，我们开始对问卷进行修正。同时，运用探索性因子来分析相关构念，对量表的信度与效度进行检验。本研究的测量问卷主要是面向出版企业的高层管理人员发放的。为此，我们通过与多位高校教授和出版社企业领导（其中包括2名管理学教授，4位出版社社长，1位总编）进行了前期沟通以确定所翻译出来的问卷是否能充分表达出所要研究的问题。在经过2次反馈之后，形成了本研究的最终调研问卷。

（二）量表

1. 高管团队社会整合的测量。高管团队社会整合量表来自于文献［5］，其中包含6个题项，分别是：高管团队成员能快速相互帮助抵御来自外部的批评；每个高管团队成员的思想都能被纳入到公司决策中；高管团队成员之间相处得很好；高管团队成员之间总是愿意合作和相互帮助；高管团队成员之间存在很大的竞争性；高管团队成员之间真正的粘在了一起。第5个题项为反向题项。对于题项的测量，我们采用的是李克特5点量表来进行测量：1代表非常不同意，2代表不同意，3代表一般，4代表同意，5代表非常同意。

2. 组织结构的测量。组织结构包含结构差异化和跨职能协调两个维度。结构差异化量表来自于文献［6］，其中包含6个题项，分别是：研发和生产活动在组织结构中是分离的；业务部门具有特定的功能或面向特定的市场；不同的部门都为客户提供服务；组织内部的人员部门是清晰分离的；有不同的部门来强化创新性和灵活性；业务部门既关注短期也关注长期。跨职能协调量表来自文献［7］，其中包括4个题项，分别是：业务活动中关于客户、营销成功和失败的信息能够实现跨部门交流；所有的业务（不仅局限于市场和销售）会及时关注服务市场并做到与之综合为一体；

管理者懂得整个业务是如何去创造客户价值的；不同的业务单元之间相互分享项目和资源。对于题项测量也是采用李克特5点量表来进行测量：1代表非常不同意，2代表不同意，3代表一般，4代表同意，5代表非常同意。

3. 控制变量。企业年限：一个成立越久的企业则更容易具有合适的组织结构和稳定的高管团队关系网络。因此，组织成立年限的长短会导致企业在不同的情境下在促进变革活动时采取不同的战略选择活动。在此，我们用李克特5点量表来测量，1表示成立年限介于1~3年，2表示成立年限介于4~6年，3表示成立年限介于7~9年，4表示成立年限介于10~20年，5表示成立年限大于20年以上。

企业规模：在本文的研究中主要利用企业内员工数量来代表公司规模。其中，1代表员工人数介于100人以下，2代表员工人数介于100~300人，3代表员工人数介于301~500人，4代表员工人数介于501~1000人，5代表员工人数大于1000人。

国家奖励：国家奖励是代表一个企业是否得到社会认可的标志，以及自身管理活动的社会认可程度。在本研究中以1，0的代码进行表示，有国家奖励为1，没有为0。

（三）探索性因子分析

为了保证后期大样本数据收集中的信度和效度，我们首先通过在局部范围内发放测试问卷来进行初步的预测。我们主要结合相关出版行业的会议工作来发放问卷。初次问卷采用现场发放和回收的方式，共发放问卷45份，删除不符合要求的问卷7份，最终获得有效问卷为38份，有效回收率为84%。

本研究采用探索性因子分析以检测变量的信度和效度。在对高层管理团队社会整合的检验中，共包含6个题项。在对这些题项的检验中，巴特利特球体检验的卡方值为168.934（自由度为15，$P<0.001$），KMO值为0.810，各题项的因子载荷分别为0.812，0.656，0.907，0.895，0.436，0.854，其中第5个题项的因子载荷值低于0.5，其余都高于0.5。累计解释率为60.539%。我们试着删除第5个题项后再次进行因子分析和效度检验。删除第5个题项后后巴特利特球体检验的卡方值为163.521（自由度为10，$P<0.001$），KMO值为0.803，各题项的因子载荷分别为0.817，0.652，0.920，0.905，0.854，其中的每一个题项的因子载荷值均大于

0.5。可以说，该变量具有良好的效度水平，累计解释率为69.741%。在因子分析后的效度和累计解释率都得到很大的提升。在对高层管理团队社会整合的6个题项的检验中，Cronbach's α 系数为0.842，剔除第5个题项后，Cronbach's α 系数为0.884，说明变量具有良好的信度。因此，在本量表中删除第5个题项是合理的。

在对组织结构的检验中，我们分别检验了两个维度。结构差异化的题项检验中，巴特利特球体检验的卡方值为141.789（自由度为15，$P<0.001$），表示适合进行因子分析。KMO值为0.659，大于0.5，表明适合进行因子分析。各题项的因子载荷分别为0.678，0.686，0.590，0.828，0.883，0.706。每一个题项的因子载荷值均大于0.5。在对跨职能协调的题项检验中，巴特利特球体检验的卡方值为53.886（自由度为6，$P<0.001$）。KMO值为0.696，大于0.5。各题项的因子载荷分别为0.696，0.878，0.814，0.640，每一个题项的因子载荷值均大于0.5。对于结构差异化题项的检验中，Cronbach's α 系数为0.706，在对跨职能协调题项的检验中，Cronbach's α 系数为0.739，说明变量具有良好的信度。

（四）数据收集

本研究的数据来自中国内地的国有出版企业。在调查方式上采取打印邮寄调研和电子问卷相结合的方式。全国范围内共有国有出版企业523家。本次调研共发放问卷200份，回收112份。在回收的所有问卷中，有16份问卷因为部分内容填写不完整或是有明显的错误，我们将其视为无效问卷予以删除，最终获得有效问卷是96份，有效回收率为48%。

（五）样本描述

从收集的样本来看，我们所有的问卷都是由企业的高层管理人员来填写的，其中董事长和总经理74人，其他高管人员22人，基本上满足了我们当初进行调研的预期目标。大部分企业都是具有一定发展年限的，其中1~3年的企业0家，4~6年的企业2家，7~9年企业14家，10~20年的企业23家，20年以上的企业57家。

四、统计分析与假设检验

（一）描述性统计分析

表1列出了本研究主要变量的均值、标准差和相关系数。其中高管团队社会整合的均值是4.063。组织结构中结构差异化和跨职能协调的均值

分别是3.519和3.968，说明企业对组织结构的创新变革活动还是比较重视的。此外，控制变量中的成立年限、企业规模和国家奖励的均值分别为24.897，2.051，0.872，这些表明很多出版企业都具有较长的历史，规模中等，且获得的国家级荣誉和奖励较多。

表1　各变量均值、标准差与 Pearson 相关系数

变量	均值	标准差	1	2	3	4	5	6
高管团队社会整合	4.063 2	0.670 79	1.000	0.104	0.551 * *	-0.015	-0.065	-0.033
结构差异化	3.519 2	0.894 77		1.000	0.447 * *	-0.147	0.220	-0.100
跨职能协调	3.967 9	0.737 13			1.000	-0.105	-0.069	-0.070
成立年限	24.897 4	0.383 53				1.000	0.220	0.301
企业规模	2.051 3	0.998 65					1.000	0.176
国家奖励	0.871 8	0.338 69						1.000

注：N=96；† $p < 0.10$（双尾）；* $p < 0.05$（双尾）；* * $p < 0.01$（双尾）；* * * $p < 0.001$（双尾）。

（二）高管团队社会整合与结构差异化关系的检验

根据假设1，我们假定高管团队社会整合与结构差异化存在正相关关系。在此我们主要采用的是回归的方式来进行相关的检验。根据上文中所提出的成立年限、企业规模、国家奖励三个控制变量，首先检验了成立年限、企业规模、国家奖励、高管团队社会整合和结构差异化之间的相关系数。根据表 1 所示，没有任何相关系数大于 0.8，因此，以上变量均合格进入回归方程中。为了排除控制变量可能存在的影响，我们首先将三个控制变量代入回归方程中，可以得到如表 2 所示。

在表中可以看到，成立年限与结构差异化相关关系不显著（模型 M1，β = －0.180）；企业规模与结构差异化相关关系也不显著（模型 M1，β = 0.276）；国家奖励与结构差异化关系并不显著（模型 M1，β = －0.094）。这就说明企业的成立年限、规模和国家奖励均不会对结构差异化存在影响。随后我们对控制变量进行控制，将高管团队社会整合作为自变量，结构差异化作为因变量放入回归方程中。根据表 2 的结果显示，高管团队社会整合也与结构差异化具有显著的正相关关系（模型 M2，β = 0.123＊＊＊）。这说明企业的市场导向、战略导向和高管团队社会整合都有利于组织结构变革活动中的结构差异化，从而假设 H1 得到支持。

表 2　高管团队社会整合与结构差异化关系的检验

变量	M1	M2
	标准 β 系数	标准 β 系数
控制变量：		
成立年限	－0.180	－0.198
企业规模	0.276	0.305
国家奖励	－0.094	－0.112
自变量：		
高管团队社会整合		0.123＊
变量	M1	M2
	标准 β 系数	标准 β 系数
R^2	0.097	0.129＊
$\triangle R^2$	0.097	0.015＊

注：† p ＜ 0.10（双尾）；＊ p ＜0.05（双尾）；＊＊ p ＜ 0.01（双尾）；＊＊＊ p ＜ 0.001（双尾）。

（三）高管团队社会整合与跨职能协调关系的检验

根据假设2，我们假定高管团队社会整合分别与跨职能协调存在正相关关系。根据表1所示，没有任何相关系数大于0.8，因此，以上变量均合格进入回归方程中。为了排除控制变量可能存在的影响，我们首先将3个控制变量代入回归方程中，可以得到如表3所示。

在表3中可以看到，成立年限与跨职能协调相关关系不显著（模型M3，β = -0.177）；企业规模与跨职能协调相关关系也不显著（模型M3，β = -0.028）；国家奖励与跨职能协调关系并不显著（模型M3，β = -0.109）。这就说明企业的成立年限、规模和国家奖励均不会对跨职能协调存在影响。随后我们对控制变量进行控制，将高管团队社会整合作为自变量，跨职能协调作为因变量放入回归方程中。结果显示，高管团队社会整合也与跨职能协调具有显著的正相关关系（模型M4，β = 0.549＊＊＊）。这说明高管团队社会整合都有利于组织结构变革活动中的结构差异化，从而假设H2得到支持。

表3 高管团队社会整合与结构差异化关系的检验

变量	M3	M4
	标准β系数	标准β系数
控制变量：		
成立年限	-0.177	-0.100
企业规模	-0.028	0.006
国家奖励	-0.109	-0.039
变量	M1	M2
	标准β系数	标准β系数
自变量：		
高管团队社会整合		0.549＊＊＊
R^2	0.014	0.317＊＊＊
$\triangle R^2$	0.014	0.299＊＊＊

注：† $p < 0.10$（双尾）；＊ $p < 0.05$（双尾）；＊＊ $p < 0.01$（双尾）；＊＊＊ $p < 0.001$（双尾）。

五、结论与建议

（一）重视高管团队社会整合对组织结构的影响

虽然在以往的研究中，已经有学者指出高管团队社会整合为代表的前因变量会影响到组织内部的创新活动，但是在本文的研究中则具体阐述了对组织结构变革的影响。同时，还对组织结构变革基于进行纵向分工和横向合作的维度划分，进一步丰富了以往的研究。实证研究结果支持了我们提出的研究假设。因此，可以看到当一个企业开始推动组织结构变革活动时，必须根据市场信息来进行分析，同时完成对战略导向的认知，并基于高管团队统一的认识，才能更有效地推动此项创新活动。同时，在组织结构变革活动中，既需要考虑在纵向上通过结构差异化来形成具有专业化技能和职能的相关部门来完成特定的任务和确定目的；同时，也需要在横向上通过跨职能协调来打破部门间的壁垒，推动资源重组来形成组织合力以共同参与到组织创新活动中。这是因为，在大多数的企业管理活动中，高层管理团队成员共同分担工作任务并分享权力。

（二）分析高管团队社会整合对组织结构变革产生影响的内在机理

由于高管团队成员在年龄、职业背景、教育程度、民族、任期以及自身的社会关系背景不同，每位高管都有着各自成熟的认知体系，而管理者的认知结构和价值观念，决定了他对不同的战略决策方案以及决策结果的优劣顺序的偏好，并最终影响他在进行某一项战略决策，比如多元化战略、国际化战略以及组织结构变动及人力资源管理系统变动时的选择。既然组织决策都是由具有异质性的团队成员共同决定的，而组织决策又必须由高管最终达成共识，这样，从团队个体的认知到团队形成共识的过程中就需要有效的社会整合。在环境不确定性程度很高的情境下，需要企业的高管团队成员进行大量的思考和争论。如果高层管理团队的社会整合程度比较高，他们就会有彼此信任，不会掩盖内心的真实想法，如战略方向的不一致意见等。然而如果高管团队的社会整合程度低，则会导致高管理成员相互不信任，甚至出现内部冲突，直接削弱组织的能力，而使得团队内不能一致和准确地评估快速变化的形势。

（三）出版企业需要提升高管理团队的社会整合水平以推进组织结构变革

出版企业所有的变革活动，最终还是由企业的高层领导来推动和实现的。企业领导是出版企业组织结构变革的能动要素，也是变革成功的关键要素。这不仅是因为高层管理者具有一定的资源控制权，同时也会根据其自身的认知行为、经验来对相应的管理创新活动做出合理、有效地判断。企业组织结构的调整，会涉及内部关系的调整和权力的内部平衡，这其中会采取很多政治行为，而政治行为通常被高层管理者用来追求和保护组织的目标，其中自然也包括变革领导者个人的目标。不同经历和背景的高层管理者对内在激励的需求不同，当面临改革任务需要做出不同的选择时，高管团队的不同成员可能对出版企业的组织结构调整与变革有不同的价值判断和认知选择。如果在组织结构调整与变革过程中，能够得到高管团队的一致认同，则可以更有效的从不同方面汇集相应的资源来推动该项活动的有效展开。

由于我国目前大部分的出版企业是国有企业，因此，在出版企业的组织变革与管理创新过程中，有相对较好的条件实施集体领导的模式，从而避免“一家言”的弊端。但是，强调集体领导的模式不一定在高管团队成员之间有很强的社会整合水平。出版企业需要通过关注高管团队的个体特征、确立任务、目标导向；营造公开交流的氛围、培养团队协作精神、维持平衡的权利结构、建立信息互动的IT平台等措施，加强相互沟通，增进了解和互信，这样就可以有效提高高管团队成员的行为整合与社会整合的水平。

参考文献：

［1］Daft, R. L., Lengel, R. H., “Organizational Information Requirements, Media Richness and Structural Design”, *Management Science*, 1986, 32 (5), pp. 554～571.

［2］Hambrick DC, Mason PA., “Upper Echelons: The Organization as a Reflection of Its Top Managers”, *Social Sciemce Electronic Publishing*, 1984, 9 (2).

［3］苏敬勤、林海芬：“管理者社会网络、知识获取与管理创新引进水平”，载《研究与发展管理》2011年第6期。

［4］任荣、王涛：“主体要素与企业合作创新绩效关系的实证研究”，载《经济问题》2009年第3期。

［5］Smith K G, Smith K A, Olian J D, et al, “Top management team demography and process: The role of social integration and communication”, *Administrative Science*

Quarterly, 1994, 39 (3), pp. 412 ~ 438.

[6] Burgers, J. Henri, Jansen, Justin J. P., Van den Bosch, Frans A. J., Volberda, Henk W, "Structural differentiation and corporate venturing: The moderating role of formal and informal integration mechanisms", *Journal of Business Venturing*, 2009, 24 (3), pp. 206 ~ 220.

[7] Cheng C C, Krumwiede D., "The role of service innovation in the market orientation – new service performance linkage", *Technovation*, 2012, 32 (57 – 8), pp. 487 ~ 497.

美国出版产业的发展及启示[1]

李治堂*

[摘　要] 本文分析了美国出版产业的发展现状及在经济中的地位，重点分析了美国出版产业的结构、增加值的要素构成及劳动生产率的变化。相比美国出版产业，中国出版业无论在产业规模还是产业发展水平、产业竞争力等方面与美国出版产业都存在较大的差距，中国出版产业应继续深化市场导向的改革，利用现代数字网络技术，加快发展数字出版等新型业态。

[关键词] 美国；信息传媒产业；发展；结构变化

美国是世界经济强国，也是世界出版产业强国，出版产业在美国经济中具有重要地位。根据美国经济分析局的统计体系，出版业（互联网出版除外）、电影和录音业、广播和电信业、数据处理、互联网出版和其他信息服务业等均列于信息产业门类下。美国出版业包括报纸出版、期刊出版、图书出版、目录、邮寄名单和其他出版、软件出版等。另外，数据处理、互联网出版和其他信息服务业可以被认为是新兴的出版活动。

〔1〕 本文是北京印刷学院重点项目“我国出版业结构及演变趋势研究”阶段性成果。

* 李治堂，男，汉族，1969年11月生，河南民权人，北京印刷学院经济管理学院教授，博士，硕士研究生导师，研究方向：出版印刷产业。

一、美国出版产业发展现状分析

表1　美国出版产业增加值

单位：10亿美元

年　度（年）	美国经济增加值	出版产业增加值	数据处理、互联网出版和其他信息服务业增加值
2003	11 512.2	145.3	63.0
2004	12 277.0	160.7	74.2
2005	13 095.4	172.5	71.8
2006	13 857.9	161.4	81.6
2007	14 480.3	190.4	64.6
2008	14 720.3	186.4	71.3
2009	14 417.9	174.9	66.4
2010	14 958.3	181.5	69.2
2011	15 533.8	184.7	72.0
2012	16 244.6	191.5	80.2

数据来源：美国经济分析局。

2012年，美国经济增加值162 446亿美元，出版产业增加值达1915亿美元，占美国增加值的1.18%，其规模超过了机械、金属产品制造、汽车制造等很多传统的产业。数据处理、互联网出版和其他信息服务业增加值802亿美元，也超过了航空运输业的规模。

表2　美国出版产业增加值增长率

年　度（年）	美国经济增加值增长率（%）	出版产业增加值增长率（%）	数据处理、互联网出版和其他信息服务业增加值增长率（%）
2004	6.6	10.6	17.8
2005	6.7	7.3	-3.2
2006	5.8	-6.4	13.6
2007	4.5	18.0	-20.8

（续表）

年　度	美国增加值增长率（%）	出版产业增加值增长率（%）	数据处理、互联网出版和其他信息服务业增加值增长率（%）
2008	1.7	-2.1	10.4
2009	-2.1	-6.2	-6.9
2010	3.7	3.8	4.2
2011	3.8	1.8	4.0
2012	4.6	3.7	11.4

数据来源：美国经济分析局

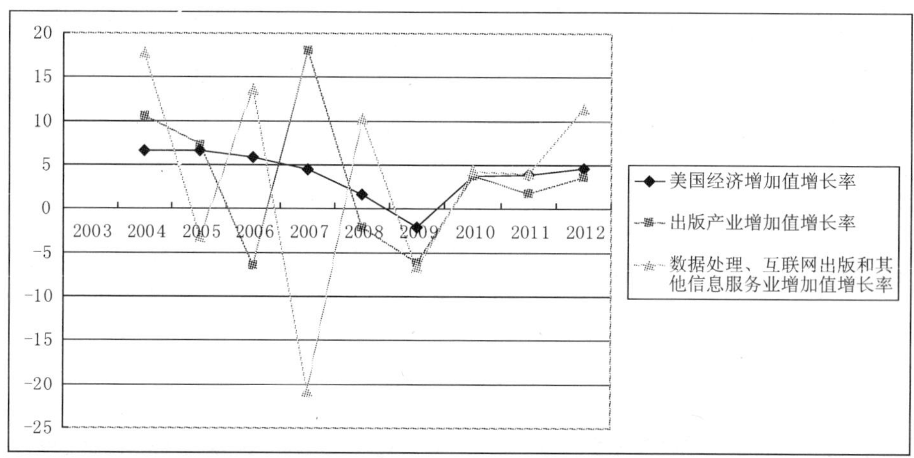

图1　美国出版产业增加值增长率

美国经济除2009年负增长外，其他年份均保持增长，2010年后经济走出低谷，增长率逐年提高，出版产业的增长率波动较大，2007年高达19%，而2006年下降6.4%，2010年后出版产业和经济增长保持较强的同步性。而数据处理、互联网出版和其他信息服务业增长率波动更为剧烈，对经济的变化更为敏感，从变化过程看，其变化和出版产业具有一定的反向变化特征，在2010年以后，同向变化特征更为明显，其增长率高于经济和出版产业的增长率。

二、出版产业在经济中的地位分析

出版产业是国民经济的重要组成部分，正从传统的出版向现代出版转变，信息技术的发展为现代出版业发展提供了巨大的动力和发展潜力。出版产业在经济中的地位，可以用出版产业增加值占全部增加值的比重来反映。

表 3　美国出版产业增加值占全部增加值的比例

年　度（年）	出版产业增加值比例（%）	数据处理、互联网出版和其他信息服务业增加值比例（%）
2003	1.26	0.55
2004	1.31	0.60
2005	1.32	0.55
2006	1.16	0.59
2007	1.31	0.45
2008	1.27	0.48
2009	1.21	0.46
2010	1.21	0.46
2011	1.19	0.46
2012	1.18	0.49

数据来源：美国经济分析局。

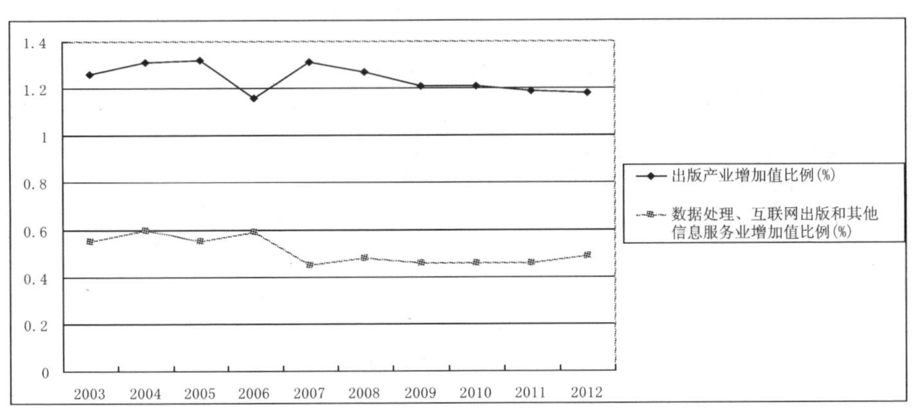

图 2　美国出版产业增加值占全部增加值的比例

出版产业增加值占全部增加值的比例随经济增长变化略有波动，2005年最高，达到了1.32%，2006年最低，为1.16%。2009年后逐步趋于稳定，大约占1.2%。数据处理、互联网出版和其他信息服务业增加值所占比例在2007年以前比较高，2007年大幅下降并逐步有所恢复，2012年达到0.49%。随着美国经济增长形势好转以及信息技术的进一步发展，数据处理、互联网出版和其他信息服务业还会有很大的增长空间，其比例将会进一步提高。

三、出版产业的结构及变化分析

出版产业结构主要指出版产业内部各部分在总体中的比例，随着产业环境和产业自身的变化，各部分在总体中的地位会发生变化。随着信息技术的发展，出版产业的技术、传播方式、商业模式等都会发生变化。

表4　美国出版产业总产出构成

年度（年）	报纸出版总产出百分比（%）	期刊出版总产出百分比（%）	图书出版总产出百分比（%）	目录、邮政名录及其他出版总产出百分比（%）	软件出版总产出百分比（%）
2003	18.71	15.89	13.47	9.87	42.05
2004	18.09	15.67	13.19	9.56	43.50
2005	17.88	15.67	12.77	9.33	44.35
2006	17.13	15.84	12.33	8.74	45.95
2007	15.99	15.63	12.35	8.79	47.24
2008	14.57	15.09	12.33	8.50	49.51
2009	13.00	14.13	12.79	8.20	51.88
2010	12.34	13.83	13.45	7.01	53.37
2011	11.42	13.79	13.10	6.65	55.03
2012	11.21	13.42	12.76	6.25	56.36

数据来源：美国经济分析局。

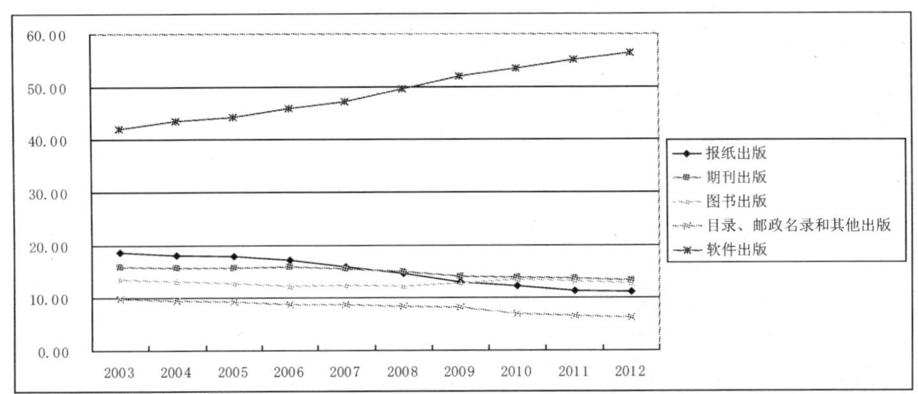

图 3 美国出版产业总产出结构变化

在出版产业总产出中，报纸出版所占比重逐年下降，从 2003 年的 18.71% 下降到 11.21%；期刊出版所占比重总体下降，从 2003 年到 2012 年下降了 2.47 个百分点；图书出版总产出所占比重相对稳定，但也略有下降，2012 年的比重为 12.76%。报纸出版下降最快，说明在美国传统报纸出版受到数字出版的影响最大，转型的速度也最快。当前，美国报纸出版、期刊出版和图书出版总规模大体相当，期刊还超过了图书和报纸出版，说明美国期刊出版产业整体实力较强。目录、邮政名录及其他出版所占比重也逐渐下降，10 年下降了 3.62 个百分点。软件出版一直是美国近年来最大的部分，在总产出中的比重逐年提高，2012 年达到了 56.36%，在总体中据绝对优势地位，10 年间提高 14.31 个百分点。可以预计，图书、报纸、期刊等传统出版在总体中的比重还会进一步下降，报纸会下降的更快一些，期刊、图书会下降的慢一些，软件出版的比重还会进一步提高。

四、美国出版产业增加值要素分析

产业增加值是产业提供的最终产品的市场价值，也等于总产值减去中间投入的部分，具体包括劳动者报酬、生产税净额和营业盈余等。

表5　美国出版产业增加值要素构成

年　度	劳动者报酬（%）	生产税净额（%）	营业盈余（%）
2003	49.2	1.2	49.5
2004	44.9	1.1	54.0
2005	43.0	1.1	55.8
2006	48.4	1.2	50.3
2007	45.2	1.1	53.7
2008	46.2	1.5	52.3
2009	47.2	1.7	51.1
2010	45.1	1.6	53.3
2011	47.5	1.6	50.9
2012	48.5	1.6	50.0

数据来源：美国经济分析局。

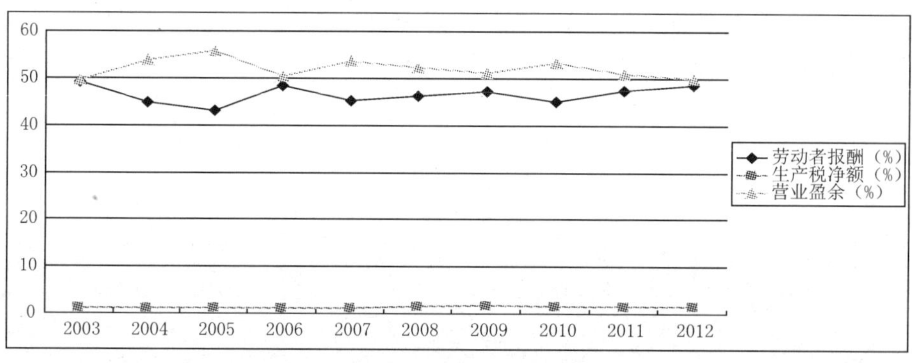

图4　美国出版产业增加值要素构成

出版产业增加值中，劳动者报酬所占比例有一定波动，2012 年占 48.5%。生产税净额所占比重有所提高并逐渐趋于稳定，2012 年所占比重为 1.6%。营业盈余所占比重有所波动并逐渐趋于稳定，2012 年所占比重为 50%。劳动者报酬和营业盈余存在逐步接近 50% 的水平，说明美国出版产业的营业盈余水平还是比较高的。

表 6　美国数据处理、互联网出版和其他信息服务业增加值要素构成

年　度	劳动者报酬（%）	生产税净额（%）	营业盈余（%）
2003	52.9	1.8	45.3
2004	47.7	1.6	50.7
2005	51.0	1.8	47.2
2006	47.5	1.7	50.8
2007	47.9	2.3	49.7
2008	42.8	2.6	54.6
2009	45.2	3.0	51.9
2010	44.8	3.1	52.1
2011	47.4	3.5	49.2
2012	46.7	3.2	50.1

数据来源：美国经济分析局。

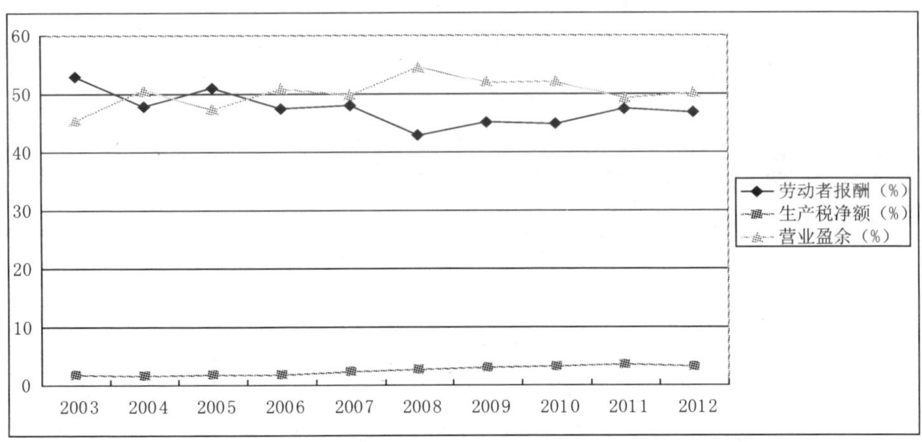

图 5　美国数据处理、互联网出版和其他信息服务业增加值要素构成

数据处理、互联网出版和其他信息服务业增加值中，劳动者报酬所占比例有一定波动，2012 年为 46.7%，比 2003 年下降 6.2 个百分点，生产税净额所占比重总体上升，从 2003 年的 1.8% 到 2012 年的 3.2%，营业盈余的比重从 2003 年的 45.3% 提高到 2012 年的 50.1%。

五、美国出版产业劳动生产率分析

劳动生产率是反映产业投入产出效果和经济效益高低的常用指标。劳动生产率用增加值除以参与生产经营的职工人数得到。

表 7　美国出版产业劳动生产率

单位（万美元/人·年）

年　度（年）	出版产业劳动生产率	数据处理、互联网出版和其他信息服务业劳动生产率
2003	15. 06	14. 45
2004	16. 90	17. 75
2005	18. 14	17. 34
2006	16. 95	19. 34
2007	19. 57	19. 82
2008	19. 50	22. 14
2009	19. 94	21. 49
2010	21. 68	22. 47
2011	22. 04	22. 71
2012	22. 77	23. 94

数据来源：美国经济分析局。

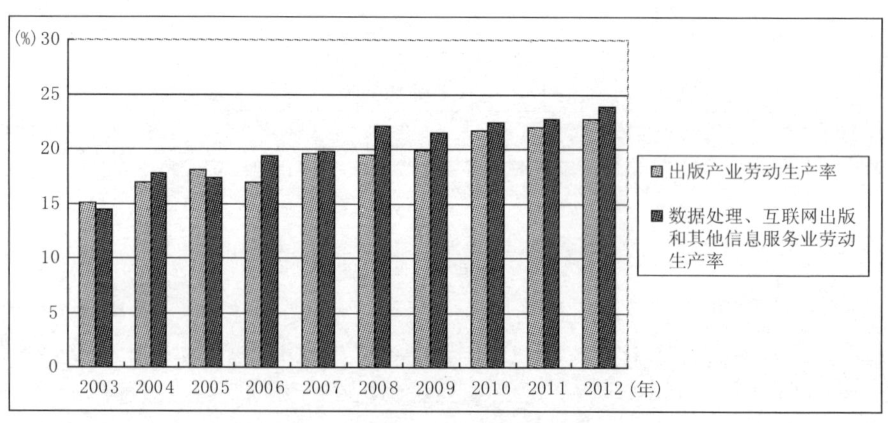

图 6　美国出版产业劳动生产率

2003~2012年10年间，出版产业的劳动生产率逐年提高，由2003年的15.06万美元/人·年提高到2012年的22.77万美元/人·年，数据处理、互联网出版和其他信息服务业劳动生产率从2003年的14.45万美元/人·年提高到23.94万美元/人·年。

表8　美国出版产业劳动生产率增长率

年　度	出版产业劳动生产率增长率（%）	数据处理、互联网出版和其他信息服务业劳动生产率增长率（%）
2004	12.22	22.84
2005	7.34	-2.31
2006	-6.56	11.53
2007	15.46	2.48
2008	-0.36	11.71
2009	2.26	-2.94
2010	8.73	4.56
2011	1.66	1.07
2012	3.31	5.42

数据来源：美国经济分析局。

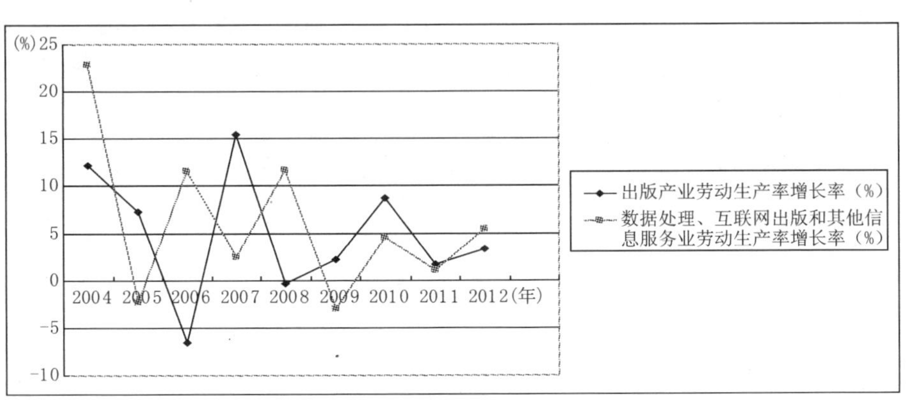

图7　美国出版产业劳动生产率增长率

出版产业劳动生产率有较大波动，2007年增长率高达15.46%，2006

年则负增长6.56%，平均增长率为4.9%，数据处理、互联网出版和其他信息服务业劳动生产率增长率2005年和2009年为负数，其增长率波动幅度较大，平均增长率为6.04%。

六、对我国出版业发展的启示

美国出版产业发展表现出几个方面的特点：第一，美国出版产业总体规模较大，在整个经济中占有一定的比例；第二，在出版产业内部，软件出版增加值占一半以上，报纸、期刊、图书等传统出版所占比重下降；第三，数据处理、互联网出版和其他信息服务业得到较快发展，出版产业和信息产业的融合取得较大进展；第四，美国出版产业的生产税净额所占比例较低，税收负担较轻，营业盈余水平较高；第五，美国出版产业的劳动产率较高，仍保持一定的增长率。我国出版业和美国出版产业相比，存在一定的差距，产业规模还存在较大的差距，尽管数字出版发展较快，但是传统出版仍居于主导地位，特别是传统出版产业利用现代数字技术发展新型数字出版的能力不足，传统出版产业和信息产业的融合程度较低，产业的盈利能力和劳动生产率水平与美国出版业存在差距。

我国要建设出版强国，需要进一步深化出版领域的改革，释放出版产业发展的活力和潜力，壮大出版产业规模。应加大传统出版产业与新型数字出版、互联网出版产业的融合发展，利用互联网技术和互联网思维加强出版产业渠道、平台和传播体系建设，加强内容生产和创新商业模式，推动跨媒体出版和多元化经营，建设一批具有较强竞争实力的出版传媒集团，提高出版产业的规模化和集约化水平，提升产业经营效益和综合实力。

参考文献

[1] 美国经济分析局，http://www.bea.gov/industry/index.htm.

[2] 王磊、赵跃峰、赵文义："美国出版产业结构及其演变趋势分析"，载《中国报业》2012年第4期。

[3] 马勇、赵文义、杨琦："我国出版产业结构及其演变趋势研究"，载《编辑之友》2012年第6期。

[4] 芮海田、赵文义、孙守增："出版产业结构的界定"，载《技术与创新管

理》2013 年第 3 期。

［5］韩跃杰、孙守增、杨琦：“出版产业结构优化研究”，载《科技与出版》2013 年第 6 期。

中国出版上市公司资本结构与经营绩效关系
——基于A股面板数据的实证分析[1]

刘 松* 付海燕**

［摘 要］上市公司资本结构和经营绩效关系一直是经济学界关注的焦点问题之一。出版企业兼具经济和意识形态双重属性的独特性决定了出版上市公司资本结构与经营绩效之间的关系会与其他企业不同。本文采用中国13家出版上市公司2012~2014年度的财务数据，以反映企业资本结构的指标资产负债率为自变量，反映企业绩效的10项指标为因变量，以股权结构、资本规模等因素作为控制变量，在因子分析的基础上，通过构建面板回归模型对中国出版上市公司资本结构与经营绩效之间的关系进行了实证分析。研究结果表明：出版上市公司的经营绩效可以归结为盈利能力、营运能力和偿债能力三个方面；出版上市公司资本结构与整体经营绩效呈现负相关关系，其中在盈利能力和偿债能力方面具有明显负相关性，在营运能力方面的影响则不显著。

［关键词］出版业；上市公司；资本结构；经营绩效

20世纪90年代以来，中国出版行业转企改制，一批出版企业陆续上市，上市公司投融资水平和经营绩效成为业界关注的重要内容。出版企业本身兼具经济属性和意识形态属性的独特性质决定了出版上市公司在融资方式、治理结构和财务决策等方面具有特殊性，资本结构与经营绩效之间关系也随之会呈现不同特征。鉴于此，本文将以2012~2014年沪深两市A

〔1〕 本文受北京市教委面上项目“中国出版物出口潜力及对策研究（18190113005）”的资助。

* 刘松，北京印刷学院经济管理学院，硕士研究生，研究方向为出版产业分析。

** 付海燕，山西人，北京印刷学院经济管理学院副教授，研究方向为出版产业分析。

股出版上市公司面板数据对出版上市公司资本结构与经营绩效关系进行实证研究，深入分析出版上市企业资本结构如何影响出版企业经营绩效。

一、研究方法

资本结构与经营绩效之间的关系一直是学界与业界争论的焦点话题之一，但研究结论尚无定论。20 世纪中期，诺贝尔经济学奖获得者、美国经济学家莫迪利亚尼和米勒经过严格的数学推导和大量的实证研究，提出了著名的公司资本结构和其市场价值无关的命题——MM 定理。MM 理论在完美市场假定下，即假定个人和企业可以在金融市场中无成本进行交易，并且在获得信息方面是无差异的，公司的价值和公司的资本结构无关。鉴于不同公司的负债水平在多个部门或行业之间的分布是有规律的现实情况，1963 年莫迪利亚尼和米勒将所得税对公司资本结构的影响引入原来的分析框架，指出债务会因利息所具有的减税作用而增加公司价值，因此公司的负债比率越高，公司的价值也就越高。Israel（1989）在考虑外生变化因素的影响时，发现资本结构和公司价值会同方向变化；K. Shah（1994）研究发现，负债比重增加或减少时，在宣布融资结构变化的当天，股价与之同方向变化，从而得出两者之间是负相关关系的结论。Titman and Wessels（1988）以 1972～1982 年美国制造业 469 家上市公司的财务数据为样本，以获利能力为被变量，负债比率为自变量，通过采用因子分析法结合线性模型得出两者存在为显著的负向关系；肖晗（2009）选取盈利能力、营运能力等代表经营绩效的五方面共 15 个指标作为因变量，把表示资本结构的资产负债率和流动资产比率作为自变量，对 2007 年中小板企业上市公司研究结果表明两者呈现正相关关系；李文新和李慧（2012）以湖北省上市公司为研究样本，以资产收益率为因变量，资产负债率、前十大股东持股率、国有股持股率等为自变量进行回归分析，得出两者存在低度相关关系结论。

考虑到国内外鲜见关于出版业上市公司资本结构与经营绩效之间关系的研究，其他行业相关研究所采用变量和研究方法存在不足。本文以资本结构为自变量，经营绩效为因变量，加入股权结构、公司规模以及公司成长性等控制变量，运用因子分析、线性回归方法对中国 13 家出版上市公司资本结构与经营绩效之间的关系进行实证分析。

二、研究设计

（一）样本选取与数据来源

本文将选取中国出版上市公司作为研究对象，其主营业务以出版、发行为主，各企业年报2012～2014年的数据作为研究的总样本，样本数据资料主要来源巨潮资讯网、证券之星网。为保证数据的有效性和可比性，在样本的筛选上本文遵循如下几点原则：（1）选择保留只发行A股的出版上市公司。本文研究重点在于A股市场，提出发行B股和同时发行A、B股的上市公司，以避免B股市场的影响。（2）在样本中剔除ST、PT类出版上市公司等出现异常值的上市公司，因为如果将这些有异常情况的公司纳入样本，将极大地影响结论的可靠性和一致性。（3）为避免新股和数据不连贯的影响，剔除2011年12月31日之后上市以及数据缺失的公司。经过仔细筛选，共有13家上市公司符合要求（见表1），样本区间为2012～2014年。

表1　出版上市公司样本情况

公司名称	股票代码	上市时间	主营业务
博瑞传播	600880	1995年11月	出版物印刷、报刊投递、网游、广告等
新华传媒	600825	1994年2月	图书、报刊发行等
华闻传媒	000793	1997年7月	传播与文化产业投资、开发，多媒体内容、广告发行
出版传媒	601999	2007年12月	图书、期刊、音像出版发行，票据印刷等
时代出版	600551	2002年9月	出版传媒、印刷复制、资产管理等
皖新传媒	601801	2010年1月	出版物的批发、零售；音像出版等
中南传媒	601098	2010年10月	出版、图书、期刊、电子出版物、网络读物等
天舟文化	300148	2010年12月	图书、报纸、期刊、电子出版物总发行
中文传媒	600373	2002年3月	出版、印刷、发行、影视制作等出版文化传媒类业务
长江传媒	600757	1996年10月	出版传媒业，公开发行期刊、电子出版物等
凤凰传媒	601928	2011年11月	图书出版物及音像制品的出版、发行及文化用品销售

（续表）

公司名称	股票代码	上市时间	主营业务
浙报传媒	600633	1993年3月	报纸、杂志的发行、印刷、广告经营业务和新媒体业务
大地传媒	000719	1997年3月	新闻、出版、文化教育产业、广告策划与发行等

（二）变量选取

为了研究出版上市公司资本结构对经营绩效的影响，本文将以资本结构为自变量，经营绩效为因变量。其中选取资产负债率作为公司资本结构的度量指标，该指标是企业负债总额占企业资产总额的百分比，反映了企业全部资产中由债权人提供的资产所占的比重，它一方面可以衡量债权人向企业提供信贷资金的风险程度，另一方面也可以衡量企业的举债经营能力，因而被认为是反映资本结构极具代表性的综合指标。

经营绩效的评价指标较多，一般可分为财务指标和非财务指标两大类。鉴于出版上市公司的行业特征、经营范围等情况，结合样本数据的可得性，本文选取总资产净利率、每股收益、现金比率等10个基础指标作为出版上市公司经营绩效的衡量指标，各指标含义和计算方法见表2。

另外，本文选取了两个指标作为模型的控制变量，一个是用以衡量股权集中度的前五大股东持股比例之和，另一个是用以衡量公司规模的总资产的自然对数。

表2　变量定义与选取

评价指标	构成要素	计算方法	变量符号	含义
资本结构	资产负债率	负债总额/资产总额	X1	衡量企业在清算时保护债权人利益的程度
资本规模	总资产的自然对数	LOG（流动资产+长期投资+固定资产+递延资产+其他长期资产）	X2	体现企业规模与发展水平的重要参考依据

（续表）

评价指标	构成要素	计算方法	变量符号	含义
股权结构	前五大股东持股比例之和	前五大股东持股比例之和	X3	体现企业股权集中情况
经营绩效	总资产净利率	净利润/平均资产总额	Y1	反映的是企业运用全部资产所获得利润的水平
	净资产收益率	净利润/股东权益总额	Y2	反映企业股东获取投资报酬的能力的高低
	每股收益	净利润/总股数	Y3	体现企业股东每持一股所能获得的净利润
	销售净利率	净利润/销售收入	Y4	衡量企业在一定时期的销售收入获取的能力
	总资产周转率	主营业务收入/总资产	Y5	体现企业的总资产在一定时期内实现主营业务的多少
	流动资产周转率	主营业务收入/流动资产	Y6	体现企业流动资产在一定时期内实现主营业务的多少
	净利润现金比率	经营现金流量净额/净利润	Y7	衡量企业本期经营活动产生的现金净流量与净利润之间的比率关系
	流动比率	流动资产/流动负债	Y8	衡量企业短期内可以变现的资产对短期负债的保证程度
	速动比率	（流动资产－存货）/流动负债	Y9	体现企业流动资产中可以立即变现的资产对流动负债的保证程度
	产权比率	负债总额/所有者权益总额	Y10	体现企业基本财务结构是否稳定程度

（三）模型构建

根据理论分析，本文构建出版上市公司资本结构影响经营绩效的理论模型，其中资本结构为自变量，经营绩效为因变量，前五大股东持股比例之和与总资产的自然对数为控制变量。

由于作为因变量的经营绩效指标有多个，所以首先通过因子分析法对经营绩效指标进行降维，得到能够反映出版上市公司经营绩效的综合性评价指标，然后再以此综合性指标作为经营绩效的代表性指标，研究资本结构与公司绩效之间的具体关系。

三、实证分析

（一）因子分析

对样本公司数据进行KMO检验和Bartlett球形检验，检验结果表明，KMO检验指标为0.616，Bartlett球形度检验近似卡方值为212.751，具备进行因子分析的基本条件。

使用主成分法对上述通过检验的样本数据进行因子分析（见表3、表4），结果表明：样本数据前3个综合因子累计贡献率达到88.811%，包含了所有指标的绝大部分信息，因此本文可以选取3个综合因子进行进一步分析。其中第一综合因子包括总资产收益率、净资产收益率、营业净利率、流动资产净利润率这四项指标，反映了上市公司的盈利能力，可以称为盈利因子Z1；第二综合因子包括总资产周转率、流动资产周转率、每股收益等三项指标，反映了上市公司的营运能力，可以被称为营运因子Z2；第三综合因子包括流动比率、速动比率、产权比例等两项指标，反映了上市公司的偿债能力，可以被称为偿债因子Z3。

表3 解释的总方差

成份	初始特征值			提取平方和载入			旋转平方和载入		
	合计	方差的%	累积%	合计	方差的%	累积%	合计	方差的%	累积%
1	4.268	42.676	42.676	4.268	42.676	42.676	3.393	33.926	33.926
2	2.867	28.666	71.342	2.867	28.666	71.342	2.751	27.506	61.432
3	1.747	17.469	88.811	1.747	17.469	88.811	2.738	27.379	88.811
4	0.547	5.472	94.283						
5	0.312	3.116	97.398						
6	0.202	2.019	99.417						
7	0.031	0.309	99.726						
8	0.013	0.134	99.861						
9	0.011	0.112	99.973						
10	0.003	0.027	100.000						

提取方法：主成份分析。

表 4 旋转成份矩阵 a

	成份		
	1	2	3
Y1 总资产净利润率	0.773	0.568	0.111
Y2 净资产收益率	0.665	0.685	-0.085
Y3 每股收益	0.280	0.833	-0.019
Y4 营业净利率	0.968	-0.068	0.134
Y5 总资产周转率	-0.340	0.919	-0.029
Y6 流动资产周转率	0.346	0.620	-0.458
Y7 流动资产净利润率	0.952	0.110	-0.130
Y8 流动比率	-0.136	-0.086	0.972
Y9 速动比率	-0.040	-0.096	0.960
Y10 产权比率	-0.423	-0.051	-0.780

为了对各企业经营绩效进行综合评价与分析，可利用回归分析法得到三个综合因子得分函数如下：

$Z1 = 0.172Y1 + 0.139Y2 - 0.013Y3 + 0.328Y4 - 0.244Y5 + 0.040Y6 + 0.303Y7 - 0.049Y8 - 0.010Y9 - 0.112Y10$

$Z2 = 0.121Y1 + 0.166Y2 + 0.288Y3 - 0.174Y4 + 0.465Y5 + 0.244Y6 - 0.113Y7 + 0.030Y8 + 0.001Y9 - 0.01Y10$

$Z3 = 0.066Y1 + 0.007Y2 - 0.010Y3 + 0.016Y4 + 0.078Y5 - 0.083Y6 - 0.029Y7 + 0.36Y8 + 0.354Y9 - 0.319Y10$

进一步地，以每个主成分所对应的特征值占所提取主成分的特征值之和的比例作为权重计算经营绩效的综合得分为：

$Z = 0.5096Z1 + 0.2936Z2 + 0.1968Z3$

（二）回归分析

将衡量资本结构的资产负债率 X1 作为自变量，前五大股东持股比例之和 X2 与总资产的自然对数 X3 作为控制变量，综合绩效得分 Z 作为因变量构建回归模型 $Z = \beta_0 + \beta_1 X1 + \beta_2 X2 + \beta_3 X3 + \varepsilon$。表 5 是采用 2012 ~ 2014 年 13 家出版上市公司的混合效应模型所做的回归分析结果。

表 5 资本结构与综合绩效关系的回归分析结果

Variable	Coefficient	Std. Error	t – Statistic	Prob.
C	0. 306 828	0. 297 704	1. 030 648	0. 309 8
X1	–1. 312 657	0. 073 746	–17. 79 959	0. 000 0
X2	0. 018 455	0. 012 687	1. 454 661	0. 154 7
X3	0. 137 309	0. 050 419	2. 723 347	0. 010 0
R – squared	0. 923 082	Mean dependent var		0. 759 763
Adjusted R – squared	0. 916 489	S. D. dependent var		0. 639 219
S. E. of regression	0. 081 488	Sum squared resid.		2. 232 412
F – statistic	140. 009 4	Durbin – Watson stat		0. 852 888
Prob（F – statistic）	0. 000 000			

通过表 5 模型参数可以看出，回归直线对观测值的拟合程度比较好。总体效果模型可以写为：$Z = 0.31 - 1.31X1 + 0.018X2 + 0.14X3 + \varepsilon$，由此可以发现：出版上市公司的资本结构与经营绩效之间存在明显负相关关系；股权结构与出版上市公司经营绩效具有正相关关系；资产规模对出版上市公司效益影响不显著。

进一步地，以资产负债率 X1 作为自变量，前五大股东持股比例之和 X2 与总资产的自然对数 X3 作为控制变量，经营绩效综合因子 Z1、Z2、Z3 分别作为因变量构建回归模型，分析出版上市公司资本结构与盈利能力、营运能力以及偿债能力之间的关系，分析结果汇总见表 6。

表 6　资本结构与各类经营绩效关系的回归分析结果

	C	X1	X2	X3	F - stat	R2
Z1	-0.83 (-5.24***)	-0.26 (-3.99***)	0.05 (6.56***)	-0.48 (-12.38***)	67.22	0.85
Z2	-0.81 (-1.28)	-0.17 (-0.86)	0.05 (1.99**)	0.53 (4.38***)	7.2	0.38
Z3	1.48 (-0.79)	-5.31 (-11.3***)	0.03 (0.38)	1.31 (4.01***)	78.9	0.87

注：***、**分别代表 1%、5% 的显著性水平下显著

通过表 6 可以得出如下结果：即资本结构与出版上市公司盈利能力、偿债能力之间存在显著负相关关系，但与营运能力之间的负相关关系不明显。

四、结论

已有文献对上市企业资本结构与经营绩效之间关系较多，但是专门针对出版行业进行研究的文献较少，并且研究方法比较单一，缺乏系统性。由于出版企业本身兼具经济属性和意识形态属性的双重属性决定了出版上市公司在融资方式、治理结构和财务决策等方面具有特殊性，资本结构与经营绩效之间关系也随之会呈现不同特征。

本文在因子分析的基础上，通过构建面板回归模型对出版上市企业资本结构与经营效率关系进行了实证分析。因子分析结果表明，出版上市公司的经营绩效可以归结为盈利能力、营运能力和偿债能力三个方面。回归分析结果表明，出版上市公司资产负债率与整体经营绩效之间具有显著负相关关系，其中资产负债率与经营绩效中的盈利能力、偿债能力的负相关关系最为显著，与营运能力负相关关系较弱。

参考文献

[1] Robichek, A. A., Myers, S., "Problems in the Theory of Optimal Capital Structure", *Journal of Financial and Quantitative Analysis*, 1966, 1 (4), pp. 1 ~ 35.

[2] Modigliani, F., Miller, M. H., "The Cost of Capital Corporation Finance and the Theory of Investment", *American Economic Review*, 1958, 48 (3), pp. 261 ~ 297.

[3] Titman, S. R., Wessels, "The Determinants of Capital Structure Choice", *Joumal of Finance*, 1988.

[4] Kirzner, Israel M., *Discovery, Capitalism, and Distributive Justice*, New York, Basil Blackwell, 1989.

[5] Shahak, Israel, *Jewish History, Jewish Religion: The Weight of Three Thousand Years*, Pluto Press. 1994.

[6] 肖晗："中小企业资本结构与经营绩效关系研究——基于中小企业板的实证分析"，载《经济研究导刊》2009 年第 35 期。

[7] 李文新、李慧："湖北省上市公司资本结构与经营绩效关系的实证"，载《统计与决策》2012 年第 10 期。

[8] 沈根祥、朱平芳："上市公司资本结构决定因素实证分析"，载《数量经济技术经济研究》1999 年第 5 期。

[9] 毛英、赵红："基于 EVA 我国上市公司资本结构与经营绩效关系的实证研究"，载《经济问题》2010 年第 5 期。

[10] 吕长江、张海平："上市公司股权激励计划对股利分配政策的影响"，载《管理世界》2012 年第 11 期。

[11] 吕长江、王克敏："上市公司股利政策的实证分析"，载《经济研究》1999 年第 12 期。

[12] 宾国强、舒元："股权分割、公司业绩与投资者保护"，载《管理世界》2003 年第 5 期。

[13] 严若森："论上市公司股权结构与经营绩效的关系"，载《财经问题研究》2009 年第 6 期。

[14] 李义超、蒋振声："上市公司资本结构与企业绩效的实证分析"，载《数量经济技术经济研究》2001 年第 2 期。

[15] 陆正飞、辛宇："上市公司资本结构主要影响因素之实证研究"，载《会计研究》1998 年第 8 期。

[16] 冯根福、吴林江、刘世彦："我国十市公司资本结构形成的影响因素分析"，载《经济学家》2000 年第 5 期。

出版业O2O的发展模式探析

曹　倩*　王关义**

［摘　要］数字时代，出版业的经营模式不断发生着改变，从实体模式到虚拟模式再发展为O2O模式，发展趋势表明只有线上线下共同发展才能结合两种渠道各自的优势，适应出版业发展的需求。本文从内容、渠道、平台、经营、管理五个方面分析出版业O2O的发展方向与对策。

［关键词］出版业　O2O　发展

随着互联网的发展，出版业的转型升级迫在眉睫。传统的出版社发行一本图书大致分为总发行、批发、零售三层，图书到达读者手中要经过层层阶段，甚至不能到达贫困偏远地区，而且由于不能充分了解消费者需求往往会出现库存积压的情况。电子商务兴起后，京东商城、当当、亚马逊这些网络书店打起了价格战，对民营书店造成了巨大的冲击，但这也并不是图书行业改革的最终方向。互联网企业经历了B2B、B2C、C2C等电子商务模式之后，O2O近年来被各行业广泛尝试，出版业的改革经过多年的探索与发展，从实体模式到虚拟模式再转变为线上线下共同发展模式，传统出版和数字出版在彼此融合中共同谋求发展，实现共赢。

一、传统出版和数字出版相结合是大势所趋

政府出台的多项文件政策都指出了传统出版和数字出版相结合的必要性。其中，2014年8月18日，中央全面深化改革领导小组第四次会议审

---

* 曹倩，北京印刷学院企业管理专业硕士研究生。

** 王关义，北京印刷学院副校长、教授、博士生导师。

议通过了《关于推动传统媒体和新兴媒体融合发展的指导意见》，指出推动媒体融合发展，要按照积极推进、科学发展、规范管理、确保导向的要求，推动传统媒体和新兴媒体在内容、渠道、平台、经营、管理等方面深度融合。

最近几年关于传统出版和数字出版的统计数据也说明了融合的必然性。根据北京开卷信息技术有限公司的评估，网络书店 2014 年已经突破了 200 亿元的规模。而实体书店在经历了 2012 年、2013 年两年的负增长后，在 2014 年实现了 3.26% 的正增长，2015 年上半年依旧延续增长的势头，码洋同比增长 0.54%。两个渠道之间的总体份额分布逐渐趋于稳定，目前实体书店与网络书店的比例在 6:4 至 5:4 之间。

二、出版业 O2O 模式的具体含义

O2O 是 Online to Offline 的缩写，即从线上到线下。最传统的 O2O 就是把线上的消费者引导到线下的商店中去：在线支付或者预订商品、服务，再到线下去享受服务，像美团网、饿了么、58 同城基本上都是采用这样的模式运营。而随着网络技术的发展和人们消费习惯的不断改变，O2O 又有了新的含义，它不再局限于线上至线下这一个方向，而是涵盖各个方向的一种商业模式。尤其出版业的 O2O 模式，不仅仅只是简单的线上推广图书带动线下交易，而是涵盖线上线下阅读体验、大数据分析、多媒体平台应用等的一种新的商业模式，从内容、渠道、平台、经营、管理等多个方面全方位实现传统出版和数字出版的融合发展。

三、O2O 模式下出版业的运营策略分析及建议

（一）内容方面

目前我们处于大数据时代，从图书的选题策划开始，到印制、发行、销售，各环节的数据监控和分析贯穿始终，这些都可以给出版社提供十分可靠有用的信息。在传统模式下，通常是作者对编辑的创作形式，这样不能直接面对读者，只是通过平常工作中积累到的经验来选择内容出版，然后通过大量的营销工作才能把新书推向市场，这样的方式既耗人力物力又不一定满足消费者的喜好，与消费者的需求形成了脱节。虽然图书的销售量、销售排行这些基本的信息可以给出版商提供一定的参考，但是这些是远远不够的，不能只依靠电子商务和线下书店这些渠道商的销售数据来分

析市场，出版社要掌握一手的信息才能更加准确地把握市场方向，以及最大限度地了解读者。

具体来说，可以通过在图书上附上二维码，通过二维码提供相关的视频、音频或与图书内容相关的链接；也可以在销售实体书的时候通过下载APP送电子书，并且登记读者的手机号、年龄和生日等信息，然后再根据消费者的信息向其推送感兴趣的内容和一些图书打折优惠信息。通过这些简单的O2O的形式，可以使出版社了解自己的客户群，了解他们的年龄区间、地理位置、消费能力等一系列信息，从而进行新的图书开发和精准营销。

出版社还可以通过开通微博或者微信公众号的方式直接与读者进行沟通，通过读者在线上的浏览记录、点赞、评论、分享等动作来确定什么样的内容符合读者的兴趣；也可以通过网络连载的方式，使读者能在第一时间发表对作品的看法与喜好，从而调整写作方向，改变情节设置，完善写作。

网络即时性与便捷性使得读者与作者的沟通变得毫无障碍。搞清楚图书内容的最终阅读者是谁，这些人的特点、喜好以及他们的价格敏感区间。获得一手资料对出版社确立新的选题，策划新的用户对策是十分重要的，否则就不可能最大限度地进入市场。

（二）渠道方面

随着传统图书销售模式的转变，图书行业的渠道也发生了很大的变化，实体书店和网络书店共同存在于图书市场。网络渠道的迅速崛起使得实体书店的增长受到了很大的冲击，在2012年和2013年尤为严重，实体书店图书零售渠道连续出现了负增长，而从2014年起情况出现了变化，实体零售又重新实现了增长。实体书店出现负增长，而网络书店逐渐升温，体现了在互联网环境下图书行业的渠道重构，而经过几年的变革，实体书店逐渐找到自己的定位与方向，书店的客流逐渐增长，图书的销售也逐渐回升。近年来，实体渠道与网络渠道的博弈一直没有停止，两者在发展中融合，并且在稳定中保持着复杂的变化。

出版业的O2O就是将两种渠道结合起来，充分发挥各自的优势，线上的便捷和线下的体验。具体来说，出版社可以搭建线上线下智能商务平台，将电子商务与实体卖场无缝链接。通过微信或者独家APP的形式，向读者推送有价值的信息或者节选图书中的精彩片段，从而对图书进行宣传，在移动终端上轻松地实现线上线下集合。读者如果在书店看到自己喜欢的图书，试读之后可以拿出手机扫一扫，在网上获取更优惠的价格，通过网络途径购买此书。如果读者在网上看见自己心仪的图书，并且想对此书有更多的了解，那么读者就可以来到线下实体书店进行翻阅的同时享受服务与体验的乐趣，最后再决定是否购买此书。

（三）平台方面

出版业要实现 O2O，平台的作用不可小视。通过各种新媒体平台推送有用信息，读者在自己社交圈内的转发分享汇集到有相同爱好与兴趣的读者，这样的方式更有精准度，可以提高读者的黏性，线下部分的推广虽然也十分必要，但是没有针对性，这样就不一定能使真正有兴趣的读者获取到信息，也会花费较高的成本。

与此同时，多平台也使线下部分的图书阅读变得更加丰富多彩，从单一的图文阅读转变为多媒体互动阅读，读者的阅读积极性大大增加。同样的一本书，读者可以借助电脑、平板或智能手机等，通过扫描二维码、输入链接等各种不同的方式跳转到不同的平台上阅读，可能是与本书相关的视频音频，或者是图书参考书目的网页链接等，都给读者的阅读带来了更加便捷与良好的体验。北京交通大学出版社研发的 M + BOOK 技术就是一个很好的例子，读者下载相关的 APP 后，通过扫描书中相应的图像即可跳转到另外一个页面，获得三维图像、动画、视频、音频等多种资源。例如，书中机械部件的图片，扫描之后在手机上会出现三维动画演示，可以 360 度旋转，相关机械零件可以拆分组合，看到部件的内部构造与组合方式，从多个角度了解零件的构造与组装。通过多媒体阅读，让有限的阅读变为无限的体验，使读者通过各种方式了解到更多的知识获得更多的乐趣，是出版业 O2O 很重要的一个出路。

（四）运营方面

随着出版业数字化程度的提高，实体书店从产品主导型转变为服务主导型。打造实体书店特色，将实体书店改头换面，是出版业实现转型的必要方式。传统的实体图书销售模式，除了购书以外没有任何的附加服务，不能对读者构成吸引力，所以消费者才渐渐地更倾向于选择网上购书，享受更低的价格。因此实体书店应该打造书店自身的特色，脱离传统图书营销方式，创造一个和读者沟通交流并能与其建立亲密联系的空间。

在体验型的线下书店中，读者可进行购书、交友、参加讲座沙龙等活动。此时，出版业的线上部分不仅仅是网络书店的集合，而除了图书销售外，更多地作为读者聚集的网络社区，实现评论、推荐、交流等社区互动。良好的阅读体验是线下书店发展的主要方向，可以把书店打造成体验馆、咖啡或西餐等形式与之进行配套，图书消费者在书店阅读与购书时，可以自由选择咖啡、西餐的购买，这同样也能为该店的营业额带来一定的增量。西西弗书店在上海、广州、重庆等城市发展了近30家图书零售店，每一家书店都定位不同，满足各类消费者的需求，同时店内还有矢量咖啡、不二生活（文化创意产品）、7&12阅听课（儿童阅读体验馆）这些项目，使读者有了更好的体验。在这里，书店不仅仅是消费场所，更是在繁忙工作之余休闲放松的理想之地。

中小实体书店不能满足所有人的需求，但它们可以在市场细分方面下好功夫，拥有符合某种人群特色的好书，来创造有共鸣有归属感的气氛，这是一些大的连锁书店和网络书店无法做到的。不论是大型书城还是当当、京东、亚马逊都是主推畅销书，将畅销书放在最起眼的位置，这就不能满足读者特殊性的需求，而比较小型的实体书店就可以精确自己的定位，面向某一类特定顾客，从而打造出自己的一片蓝海。比如蒲蒲兰绘本馆就定位为“儿童文化企业”，主要面对少年儿童，经营儿童读物，策划组织一些儿童早期阅读活动，设计制作益智类玩具，店内装修生动活泼，营造出梦幻般的儿童乐园。在蒲蒲兰少年儿童玩得开心愉快的同时可以学习到知识，寓教于乐，是很多家长理想的场所。

（五）管理方面

出版业现在存在的一个很大的问题就是把数字出版作为传统出版的附属品来看待，这样很不利于整个出版业的发展。出版社在运营管理上，要充分利用好两种出版方式各自不同的优势，从观念上接受数字出版，使数字出版部分和传统出版部分共同发展。更重要的是，出版社要有更多的科技投入给数字出版，注重数字化人才的挖掘与培养，线上出版的过程不再是传统出版固有的基本流程，会涉及各类新产品的开发，需要有互联网思维下拥有编辑能力的人才，编辑人员选题时要考虑到产品在互联网环境下传播方式的多样性，以及多媒体运作的可能性，同时编辑必须具备计算机技术、多媒体转换技术等能力。

出版社的生产模式、运营模式及营销模式在不断改变着，出版行业应该逐渐实现数字化管理来逐渐适应这一改变。通过数字化管理实现对线上线下的整合，掌握大量的、精准的、专业的用户数据，为出版社的经营管理提供十分必要的有用信息。

四、结论

O2O 模式作为一种新的商业模式，让信息与实务、线上与线下的结合更为紧密，有效地结合了互联网和线下商务各自的不同优势，是电子商务目前发展的新方向。对出版业来说，O2O 模式为其发展提供了一种全新的行业模式，线上线下共同发展，彼此融合才是出版业发展的方向所在。

参考文献

[1] 郭燕红："试用 O2O 思路谈谈'线上线下'的立体出版"，载《编辑学刊》2014 年第 6 期。

[2] 王佑镁："跨媒体阅读：整合 O2O 与 MOOCs 的泛在阅读新趋势"，载《中国电化教育》2015 年第 1 期。

[3] 程艳："O2O 模式下专业出版社的营销策略探析"，载《中国出版》2015 年第 7 期。

[4] 张晓瑜："传统出版的重生——O2O 出版模式的探索"，载《科技传播》2015 年第 3 期。

[5] 安建苇："大数据时代出版社的转型与变革"，载《出版广角》2015 年第 5 期。

[6] 吴琼、朱松林："服务创造价值：出版业的服务主导逻辑"，载《出版发行研究》2015 年第 6 期。

[7] 高辉、沈佳："数字时代基于 O2O 的图书出版产业发展研究"，载《中国出版》2015 年第 13 期。

[8] 马莹："书业试水 O2O 概念 or 变革?"，载《中国出版传媒商报》2013 年 10 月 22 日。

[9] 王健、曹盼、吴永和："构建'书网合一' O2O 模式的新型教辅——基于二维码与微视频融合的'华师微视'"，载《出版参考》2014 年第 30 期。

[10] 王沛："书业 O2O 大有可为"，载《出版广角》2015 年第 8 期。

我国出版社组织结构设计研究〔1〕

陈 静* 代 晔**

[摘 要] 组织结构是企业整体运作的基本框架，是获得既定目标的工具。本文通过对我国教育出版、专业出版和大众出版类出版社的组织结构状况进行搜集整理，简要分析了出版社组织结构设计的基本情况。在此基础上，探讨了出版社组织结构设计在出版社经营管理中的一些问题，并对此提出了自己的看法，认为经营部门销售、推广二者不可或缺，项目管理制是柔性化组织的关键，要构建多元化组织结构体系。

[关键词] 出版社；组织结构；职能部门；项目管理

组织结构作为企业经营管理的重要组成部分对企业发展起到巨大作用。通过构建和利用组织结构，企业可以更有效地获取市场机会提升组织活动的效率并且降低成本。因此，组织结构设置状况的好坏，在很大程度上决定了企业经营管理的效果，并在一定程度上影响企业未来的发展水平。由于条件所限，本文所搜集到的供研究的出版社组织架构图大多来自网络。

一、出版社组织结构设置统计

对出版社内部的分工，有横向和纵向两个方面。从纵向来看，出版社的组织结构形式有直线职能制、事业部制、矩阵制等形式。本文将出版社内部机构从横向上分为生产部门、经营部门、职能支持部门和其他部门。

〔1〕 本文是北京印刷学院校级重点科研项目（项目编号：23190115002）的研究成果。

* 陈静，北京印刷学院经济管理学院出版专业硕士研究生，邮箱：chenjing@ bigc. edu. cn。

** 代晔，北京印刷学院经济管理学院出版专业硕士研究生，邮箱：daiye@ bigc. edu. cn。

搜集到的出版社组织结构设置如下：

1. 生产部门结构设置。出版社的生产部门包括“编”、“印”两大块，具体而言，生产活动包括信息采集、选题策划、组稿、审稿、编辑加工整理、出版物整体设计、校对、印刷等环节，体现在出版社的部门设置上就有不同职能部门。

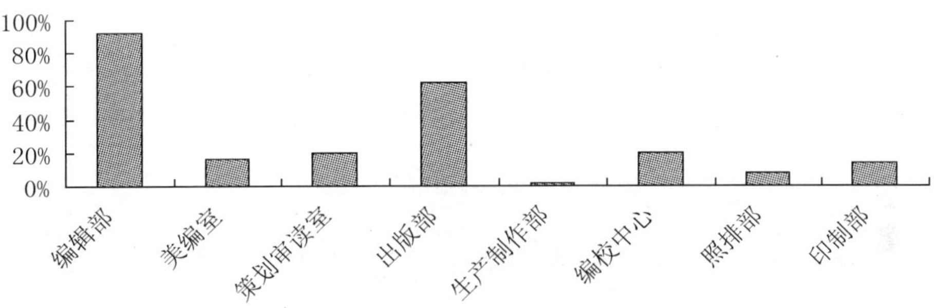

图 1　出版社生产部门结构设置

从图 1 中我们可以看出，编辑部和出版部作为出版社进行出版活动最关键的职能部门，其在出版社生产部门机构设置中所占比例较大，分别为 92% 和 62%，而生产制作部则占比最少，为 2%。有些出版社单独设置了美编室、策划审读室等，但比例不是很大，大部分出版社在生产部门机构设置上采取合并或者外包形式，比如将编辑部和美编室合并，或者策划、审读和编辑室合三为一，总编辑或副总编辑与员工距离较近，方便意见的上传下达，采取扁平化管理方式。

我国出版社一直采用直线职能制组织结构，即以编辑部为中心、设有编辑、校对、设计、印制和发行等多个相对独立的职能部门，有一些出版社由于工作的需要和业务范围的拓展，设置了第一、第二编辑室等。还有一些出版社，采取了事业部制的职能形式，因此其组织架构中并没有单独设立编辑室，而是以各个事业部的形式来呈现。比如，中国海关出版社设置了社控图书事业部、海关专业图书事业部和外经贸图书事业部，外研社设置了汉语事业部、综合英语事业部等 8 个不同的事业部。

2. 经营部门机构设置。出版社的经营部门即传统意义上的“发”，一般包括发行、销售、市场推广等活动。由于出版物市场由出版物、读者、购买力和购买动机 4 个基本要素构成，所以出版社经营部门机构设置围绕这4点，包括发行部、物流中心、市场营销部等。

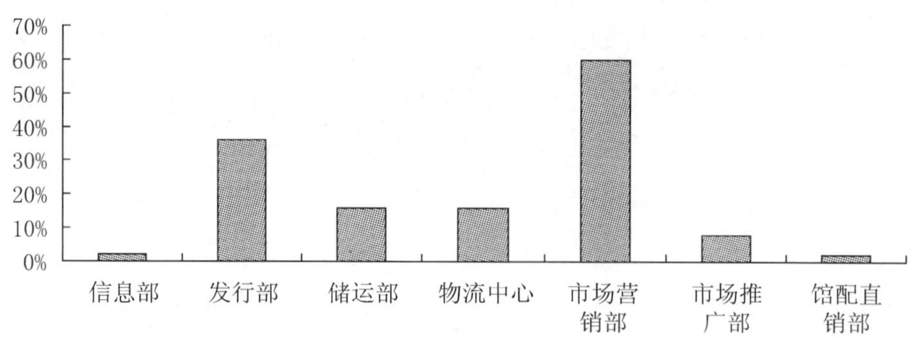

图2　出版社经营部门结构设置

从图2中可以看出，出版社经营部门作为重要的职能部门其设置情况存在较大差异。设置市场营销部和发行部的出版社最多，分别占所有出版社的60%和36%，而专门设置市场推广部的出版社只占其中的8%，为数不多。另外，随着我国出版业的发展和出版从业人员市场营销意识的增强，物流中心从2005年的4%增加到了现在的16%，增幅较大，而且馆配直销部也作为职能部门，以2%的比例存在于出版社经营部门中。

3. 职能支持部门机构设置。出版社职能部门作为出版社日常活动的重要职能支持部门在出版社经营管理活动中起着举足轻重的作用。一般而言，常见的出版社职能支持部门包括办公室、总编室、财务部、人事部、行政后勤部、法务部等。随着国际贸易的不断发展和版权意识的逐渐增强，也有的出版社专门设置了对外合作部和版权部。

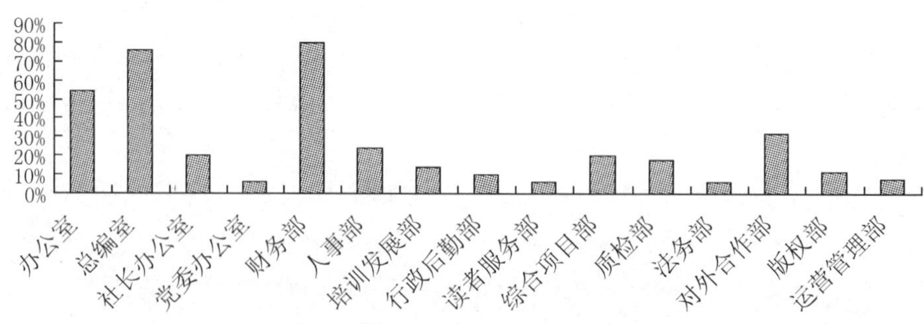

图3　出版社职能支持部门结构设置

从图3可以看出，办公室、总编室和财务部作为出版社职能支持部门所占比重较大，分别为54%、76%和80%。专注于出版社员工职业生涯规划和工作技能提高的培训发展部由2005年的0.7%增长到14%，这说明我国出版社对于员工职业技能的培训和个人职业发展更加关注和重视。我国与国外图书版权贸易的进一步深化使对外合作部成为一个不可或缺的部门，其设置比例由2005年的12%增加到现在的32%，另外，版权部由2005年的4.7%增加到12%。

4. 其他部门机构设置。出版社其他部门是每个出版社根据自身的特殊情况而设置的职能部门，没有统一性，强调独特性，常见的包括电子音像部、期刊中心、数字出版部等，还有的出版社成立了专门的物业部和影视制作中心。

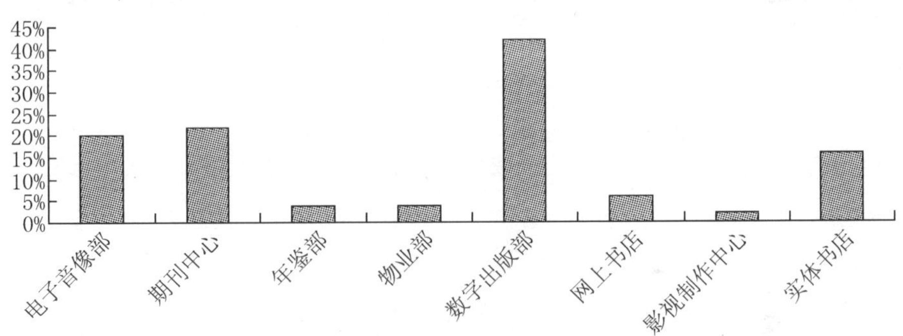

图4　出版社其他部门结构设置

从图4可以看出，数字出版部所占比例较高，为42%，相比于2005年的1.2%，变化幅度较大。另外，专门设置网店和实体书店进行营销的出版社分别占6%和16%，设置期刊中心的出版社占22%，比如东华大学出版有限公司，其期刊中心下设了多种期刊，包括《东华大学学报自然科学》、《东华大学学报英文版》、《东华大学学报社会科学》和《纺织教育》；法律出版社则下设了两个杂志社，包括《法律与生活杂志社》和《人民调解杂志社》。

以上出版社组织结构情况，都是从搜集到的组织结构图中统计得出，由于网站搜集存在一些弊端，不可避免会出现诸如网站信息更新缓慢、内容陈旧、收集数据不全面等情况，因此本研究结果并不能完整详实地体现出版社组织结构设计的所有存在形式。

二、机构设置存在的管理问题

1. 经营部门职能定位不明晰。从上面的分析中我们可以看出，设置市场营销部和发行部的出版社多于专门设置市场推广部的出版社，大部分出版社重销售不重宣传推广。对于一个出版社来讲，生产图书要在追求社会效益的基础上实现经济效益和社会效益的相结合，因此图书营销是出版社获得利润和进行图书再生产活动的关键。市场营销工作也是商流、物流、信息流和资金流的管理。因此，片面强调物流和信息流只会使图书销售渠道狭窄，不利于向深、广方向发展。另外，编辑要在做好策划、文字等方面工作的基础上，深入了解市场。出版社图书营销渠道单一、销售量低的很大一部分原因是图书宣传渠道不畅、营销和编辑人员没有有意识地开发新的营销渠道，最根本的原因在于出版社采用传统组织结构体系，缺乏竞争机制，无选题出书少，营销人员无暇开拓新的销售领域。

2. 项目管理机制亟需完善。项目管理指的是一种管理活动，即有目的的依照项目的特征和规律，对项目进行组织和管理的活动。传统的图书出版管理方式是计划经济时代的产物，目前我国大部分的出版社依旧采用这种管理方式，其在一定时期内发挥的积极作用是毋庸置疑的，比如，出版社内部细致的分工有利于保证出版社图书质量，多数出版社因为没有市场竞争的压力，所以非常注重图书的社会效益，以至于对于出书后的经济效益充耳不闻。但是随着我国市场经济时代的到来，过去的这种封闭式的经营模式已经阻碍了出版社的进一步发展，具体体现在以下几个方面：出版社内部各部门分工大于合作，整体协作意识薄弱，工作效率低下；图书生产供过于求，不能抓住受众喜好生产图书；出版社内部分工细密导致人员岗位冗余，出版人才培养不易；传统的图书出版方式不利于图书出版体制的创新。随着出版业对“全能型”编辑的强烈需求，编辑在出版社要广泛参与出版物的信息采集、策划、组稿、编辑、设计、印制、发行等过程，每本书的出版过程都不是单靠编辑一人之力来完成，因此，出版项目管理机制在出版活动中就显得尤为重要。

3. 没有构建多元化出版服务体系。从上面的分析中我们可以看出，出版社其他部门机构设置情况不一，独特性较强。随着碎片化阅读和浅阅读的流行，数字出版发展迅速，越来越多的出版社成立了专门的数字出版部。但是，大部分出版社囿于自身出版规模小、资金不足、创新力弱等原因，没有在出版社原有的“编、印、发”基础上进行产品纵深挖掘，致使产品销售力弱，不能产生最大经济效益和社会效益。而且，出版服务体系单一，全国只有6%的出版社设置有自己专门的网上书店，只有16%的出版社设置有自己的实体书店。

三、相关职能机构发展的建议

1. 经营部门销售推广二者不可或缺。传统意义上的经营部门是指图书的销售与营销部门。销售包括人员推销、网站推销、上门销售、物流等；营销包括参与图书策划、制定价格、促销推广等。由于二者工作重心不一致，因此将二者分开设置较好。在出版社机构设置中，要明确市场营销部的责任，以加强图书市场调研、制订营销策略、图书宣传推广、公关活动以及向读者提供服务等，提高图书知名度，增加图书销量。大部分出版社只设置一个营销机构，只有极少数出版社营销机构林立，比如崇文书局，既设置市场推广部，又设置市场营销部；中信出版社设有市场营销部，但每个分社还有自己专门的营销编辑来负责图书上市前的宣传推广工作，传统媒体和新兴媒体的双管齐下，整合多种资源，采用多种方式拓宽宣传推广领域，增加图书销量。另外，对于大众出版类出版社，其图书因为刚性需求不足，因此，更需要注重图书上市前后的宣传推广工作；而且，当图书由饱和期转向滞销期以后，图书的宣传工作不可放弃，可以通过各种图书活动带动销售。

2. 项目管理制是柔性化组织的关键。柔性化组织最基本的原则是出版社所有机构、职能要服务于市场和读者，而且可以根据出版社临时任务的安排来做出调整。项目组织一般是临时性的柔性化组织，管理要点是注重过程管理而不是技术过程，即项目管理的对象是复杂和需要组织协调的、工作量大的项目。项目管理以项目本身作为一个组织单元，围绕项目来组织和配置资源。项目管理的主要任务是在既有的限制条件下，在项目的成本、进度、时间、计划和质量等方面寻找各要素的有利结合点，实现项目管理的优化。图书出版应用项目管理机制是出版社组织结构发展的好的方向，但目前出版社大多还停留于项目负责人的层面，距离项目管理机制有较大差距。在出版项目管理方面做得比较好的案例有：2007年5月，高等教育出版社中国工程院出版分社成立；2011年3月，人民邮电出版社西安邮电学院教材出版分部成立；2012年5月，化学工业出版社华中分社在武汉工程大学成立。这些出版社分支机构的设立开启了出版社项目管理机制的里程碑，是出版社改进经营战略、致力于提高图书质量的重要体现，也是柔性化组织结构运用的典范。

3. 构建多元化组织结构体系。在社会发展日新月异的今天，出版社要想取得良好的经济效益和社会效益，提高自身的知名度，除了做好出版社的“本职”工作之外，还要有所创新，比如，设置电子音像部和盲文译制部，建立期刊中心和年鉴部，还有的出版社建立了自己的房地产开发部。从上面的柱状图中我们看出，设置有多元化组织结构体系的出版社数量较少，但也不乏好的案例。中国财政经济出版社建有自己的影视制作中心，方便图书内容转化为影视作品；三联书店专门成立了自己的网上书店；东北财经大学出版社、复旦大学出版社等建立有自己的实体书店，在图书的销售推广方面有的放矢。

组织结构是企业进行自我经营活动调整的一种有效方式，其主要目的在于帮助企业追求速度经济，实行专业化，共享资源，创造价值和强化竞争力，并最终提高产品市场占有率，增加营业收入，实现企业高利润率。组织结构间的横向合作机制至关重要，每一本书都需要生产部门、经营部门、职能支持部门和其他部门的鼎力合作，这样，出版社才会获得良性发展。

参考文献

［1］Daft R L, Lengel R H.,“Organizational Information Requirements, Media Richness and Structural Design”, *Management Science*, 1986, 32（5）, pp. 554～571.

［2］刘益：《出版社经营管理》，中国书籍出版社2009年版。

［3］詹正茂、夏淼：“我国出版社组织结构设置调查与分析（上）”，载《科技与出版》2005年第5期。

［4］中国项目管理研究委员会：《中国项目管理知识体系与国际项目管理专业资质认证标准》，机械工业出版社2003年版。

［5］李新妞：“图书出版项目管理研究”，载《北京印刷学院学报》2006年第4期。

［6］詹正茂、李彦：“我国出版社组织结构设置调查与分析（下）”，载《科技与出版》2005年第6期。

[7] 李飞、金屏："我国出版社项目管理机制的应用现状及改革方向"，载《编辑之友》2013 年第 6 期。

[8] 杜进祥、孟嘉、徐雅妮："知识经济下科技出版社的组织结构变革"，载《科技与出版》2015 年第 4 期。

文化产业数字化发展研究

“互联网+” 背景下文化企业信息化发展

秦必瑜 *

[摘　要] 随着网络技术的发展，人们对互联网的依赖性在不断增强。“互联网+”时代网络技术与文化企业结合，为文化产业的发展带来全新契机。文化企业的“互联网+”是一个数据化的全方位服务，需要融合各种技术，实现个人社交软件和平台数据的挖掘与整合，“互联网+”影响的不仅仅是思维层面和策略层面，更是对文化企业的理念、组织、结构、产品、创新、管理、营销等的重新构建。文化企业以其电影、音乐、广告、动漫等文化产品为核心，以网络平台为基础，以移动互联为渠道，多领域、跨平台的商业拓展，通过融合发展带动传统文化企业的转型升级，以实际行动探索“互联网+”时代文化企业的新业态、新模式。

[关键词] 互联网+；大数据；互联网思维；信息化平台

眼下最热的词就是“互联网+”，“互联网+”是以互联网为平台的一整套信息技术（包括移动互联网、云计算、大数据、物联网等配套技术）在经济、社会生活各部门的扩散、应用，并不断释放数据流动性的过程。文化产业目前被认为是最具有潜力的朝阳产业，老百姓在充分满足物质需求之后，对文化产品和服务的需求呈逐年上升趋势。根据统计资料预测，到2016年底互联网文化产业占比将达到70%。中国的文化产业结构正在发生巨大变化，传统文化产业的转型升级已迫在眉睫，互联网企业正在主导文化产业并购和资源整合。文化企业要利用信息通信技术以及互联网平

---

* 秦必瑜，女，1970年8月生，北京印刷学院经济管理学院信息管理系，副教授，硕士学位，研究方向为信息资源管理。出版编著、专著3部，近5年公开发表14篇论文，邮箱：qinbiyu@bigc. edu. cn。

台，让互联网与文化产业创意进行深度融合。互联网渗透到文化产业领域，将在技术运用、商业模式和产业组织上对其产生深远的影响。

对于文化企业来说，仅仅拥有互联网思维是不够的，企业是一个有机的整体，只有大思维的改变，没有管理进化、战略调整、体制变革的支撑，一切都只是口号、空中楼阁。

一、"互联网+"下文化企业信息化基础设施

现在不少文化企业通过互联网做多渠道发布，利用微博、微信、网站等进行网络营销，这是一些简单应用。文化企业要利用互联网思维来开展"互联网+"活动，改造文化企业的经营思维，使互联网与文化企业的业务价值链深度融合，实现全面的互联网化。

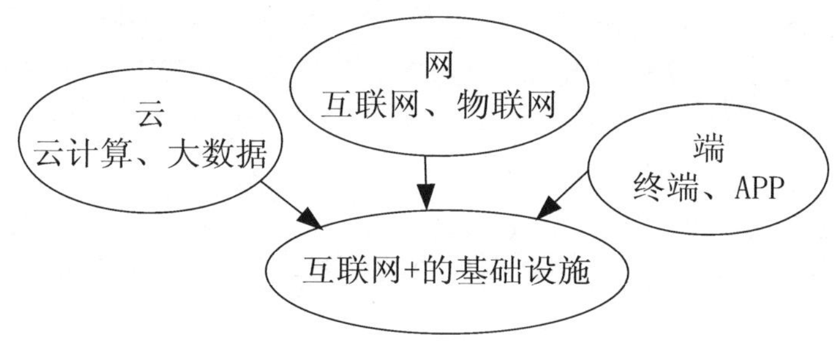

图1 "互联网+"下基础设施

"互联网+"的本质是传统产业的在线化、数据化，文化企业要努力实现交易的在线化，产生"活的"数据，"互联网+"下基础设施如图1所示。云是指云计算、大数据基础设施，移动互联网时代，目前有阿里云、百度云、腾讯云、万端数据等。对于众多小型、小微型文化企业，信息系统建设受到约束，可以借助阿里云计算服务的资源，把文化产品做到极致，减少人力和物力的投入，降低成本。云计算提供了强大的计算能力，为文化企业支撑强大的创意空间，如中国原创3D动画电影《昆塔传奇》，其3D动画渲染就是借助阿里云渲染服务完成，时间效率上提升13.3倍。以智能终端为接入界面，通过深度挖掘移动即时消息、手机支付、地图等能力，在自身核心应用领域搭建超级APP平台。

二、“互联网+”下文化企业信息化平台战略构建

对于文化企业来说，在互联网+时代，应做好IT战略和架构规划，解决现有系统存在的问题或进行新IT系统规划。在互联网思维下，整合新旧IT系统，使新的IT架构模式与原有的系统融合，能够支撑文化企业向互联网化转型，通过互联网和IT技术寻找新的业务创新点。

“互联网+”、“云物移大智”的不断迭起，也使企业信息完全碎片化，文化企业要将其内外部信息平台打通，缩短业务流程，搭建整合碎片化信息的平台，与客户充分连接和互动，整合碎片化的用户需求，挖掘用户的潜在需求。此平台由三部分组成，包括：统一应用平台，主要为企业内部管理运营系统提供开发、集成、运行、管理等支撑服务；企业互联网运营平台，用于为企业互联网类应用提供开发、运行、运维支撑，并提供基于平台的运营服务；底层的基础技术部分，包括移动、大数据、社交以及云计算等。通过这种平台化和数字化技术，文化企业就可以建立一个跨企业、跨软硬件的文化产品创造网络，横向实现客户、供应商的生产协同，纵向实现管理层、执行层、设备层的互联互通。

三、“互联网+”下文化企业如何转型

文化企业应借助这股“互联网+”之风积极转型，实现线上业务和线下业务融会贯通。互联网化的本质和核心就是“数据化”，文化企业要把所有的业务过程数据化，把所有的业务过程记录下来，包括数字、文档、图片、音频、视频等，形成一个数据闭环，通过数据化让一切业务变得可以分析，从而更好地掌握市场和用户，快速提供解决问题的方案。实现物流、信息流、人流、现金流的无缝对接和快速周转，在大数据下实现创新、蜕变和重组。

“互联网+”下文化企业转型需搭建四个平台：员工平台、内部平台、客户平台、供应商平台。员工平台能够实现新一代员工更为自由的工作习惯以及更快的沟通机制。供应商平台实现供应商、经销商、外包商的订货、物流、开票等商务的集成，同时完成业务沟通和协同。通过内部平台实时沟通实时管理，提升企业信息共享与沟通、增强企业的执行力与团队的协同能力与凝聚力、提高工作效率。通过客户平台了解客户需求，建设粉丝圈，发布产品信息，促进商机转化等业务。

“互联网+”转型的真正价值是聚客引流后通过经营客户来提高企业收入，经营老客户要比引流新客户更容易，成本也更低，同时客户粘性也要相对较高。文化企业依托互联网平台，通过数据化，记录客户的每一个消费行为，形成一个关于客户行为的实时数据闭环，利用这些粒度、广度、宽度、深度、精准度都非常高的数据，文化企业可以更好地洞察消费者，及时地预测消费者需求的变化。文化企业可以通过第三方平台或自己建立移动服务门户，集成企业已有的业务系统，在移动端完成了客户的服务与经营，在完成“互联网+”华丽转身的同时，完美提升自身效益和客户满意度。

只要“一机在手”、“人在线上”，文化企业就可以通过“创客”、“众筹”、“众包”等方式获取大量信息、对接众多创业投资、分解生产制造过程，变文化创意为现实产品。文化企业置身于一个大连接的时代，移动互联网、大数据、云计算等新技术迅速崛起，让一切连接成为可能。

四、文化企业应用“互联网+”激发文化产业的新潜能

文化企业应用“互联网+”将激发文化产业无限创意，下面从四个方面进行阐述。

（一）互联网+文化

网络音乐、网络文学、网络游戏、网络视频等都是“互联网+”在文化产业领域的应用。文化企业的许多方面都能与互联网、移动互联网结合，结合的过程产生新的用户消费习惯，会产生新的市场需求，文化企业要能捕捉到互联网时代用户的行为、习惯、兴趣变化，即时感知新文化的产生。

互联网和移动互联网推动了用户高度参与到文化企业中去，极大地提高了文化服务的精准度和覆盖面，扩大了各类文化消费市场的范围和深度。在互联网提供的全面感知、互联互通、智慧服务的基础上，文化企业可以获取无数小众群体的即时反馈，也让用户广泛参与到文化产品的开发过程中，通过大数据的分析，采用可量化的精确市场定位技术，进行文化产品和服务的个性化投放，从而大大提高文化消费用户的满意度，形成生生不息的命运共同体。文化企业利用大数据、云计算、智能移动终端、搜索引擎等，广泛获取海量消费者信息，通过数据配比和模式分析，采用最佳的投资和生产方式，开发针对性的文化产品，并且以网络传输和物流配

送来降低零售成本；通过数字化平台，把大量的文化内容集聚起来，包括数据、出版、音乐、游戏和视频，向广大用户提供个性化的文化消费配送。

（二）互联网+影视

我国影视产业近年来发展势头迅猛，票房屡屡刷新，据国家新闻出版广电总局公布的2015年1~6月全国电影票房统计数据，全国电影票房收入达203.63亿元，全国银幕总数超过2.8万块，城市影院达到5660余家，日均新增银幕近28块。2015年的电视剧市场异常热闹，定制剧、周播剧场、演员片酬、IP热、新媒体、资本热等，都成为了行业发展的关键词。进入2015年以来，“一剧两星”政策效应逐步展现，收视率和收益水平均呈现出明显的马太效应。网络渠道的电视剧观影情况则要相对较好，2015年1~5月，诞生出11部总播放量超过50亿次的剧集作品。以年轻人为目标受众的游戏改编、网络文学、传统经典翻拍等影视作品的表现相对出众。由于中国影视产业的前景美好，互联网公司纷纷涉足影视产业，希望以“互联网+”的新模式，为传统的影视产业注入新活力。

1. 以大数据为驱动，促进电影业发展。基于对用户行为大数据的利用选取合适的题材、演员及导演，使资源充分利用，减少制作上的偏差、投资上的盲目和排片上的无序，促进影视产业做强做大。利用观众行为大数据开展预售榜单、在线支付、价格优惠、发起一同看电影的社交请求、在影院里实时交流等活动，为电影企业向互联网转型，为电子商务与线下服务深度融合，开辟出一片蓝海。

2. 全渠道拓展，跨领域融合。随着智能终端的推陈出新，电影放映已不再局限于影院和档期，突破时空限制，全渠道拓展。观影平台已延伸到互联网视频网站、社区网站和云端，终端可观影的设备已经从电源屏幕发展到电视、投影仪、Pad、手机、可穿戴设备，体感设备，终端设备层出不穷，这样会有多种渠道可以补充甚至取代电影院的作用。与电子商务深度结合，开发电影衍生品，通过与其他行业跨界融合，形成新的商业模式。例如，神偷奶爸限量版小黄人公仔，观众通过扫码即可在网上下单购买。

3. “互联网+”时代电视剧领域的创新。视频网站通过购买或合作方式进入电视剧市场，从而改变电视剧产业的格局，颠覆了传统电视剧的制作和发行模式。越来越多的电视热播剧将剧情评判权交给观众和网民，越来越多的网民更愿意在网上看电视剧。内外合力催生网剧热播，IP 当道。IP（知识产权）剧是指购买其他艺术作品版权后翻拍的电影或电视剧，IP 剧大多是按照“文学—影视—音乐—游戏”产业链进行开发，如果没有前期的网络文学造势和口碑的积累，很难形成电视剧热播的现象。例如，近期热播的由网络小说改编的电视剧《琅琊榜》把“IP 热”推向高潮。通过互联网，依据电视剧观众的倾向性行为、主动投票、交易动态信息、点击率等大数据，决策电视剧内容、演员、导演、同名手游、按播放效果付费等。

（三）互联网 + 音乐

互联网改变了音乐的载体。互联网兴盛之后，使音乐的载体从实体唱片转变为数字文件，音乐的载体变成了互联网免费视听、下载资源网站与平台、客户端以及音乐资源获取的移动 APP、视频网站。对于用户来说，APP 里有数万首歌曲资源，借助“云网端”，海量的音乐可以随身携带，人们享受着免费的音乐大餐。互联网颠覆了音乐的传播、发行、创作、录音制作及艺人经纪等各个领域。互联网多元化的以流媒体为媒介的线上渠道轻而易举地颠覆了唱片业的分发渠道与内容提供商，面对新的市场规则与商业模式，唱片业危机四伏。

在互联网时代，音乐人的盈利模式一般有版权购买、数字发行、广告盈利、付费下载等几种模式。但这几种模式在现实中操作都有一定的困难，虽然每天通过网络下载的音乐超过两亿次，但音乐从业者很难从这些庞大的数字中获得应有的回报。版权付费大战，过程跌宕起伏，结果峰回路转，已基本步入正轨，各大互联网巨头开始愿意为版权付费，许多视频、音乐网站也在致力于引进正版。各大互联网巨头在音乐战场不断角逐跑马圈地，开展数字音乐的路径布局。多方厮杀正酣，大量充实曲库、购买正版版权、通过免费战略圈用户是当下各平台的默认战术。互联网 + 音乐的时代才刚刚开始，但音乐人在互联网时代的商业模式问题依然有待解决。

（四）互联网 + 广告

互联网改变世界，也改变了国内的广告市场，利用互联网开展广告营销已成为非常大众化的选择。根据 CNNIC 的数据显示，到 2014 年底，全国利用互联网开展营销推广活动的企业比例为 24.2%。根据易观国际的数据，2014 年我国互联网广告产业规划达到 1 535 亿元，占整体广告产业的

28%。2013年百度的广告收入为319.44亿元，超过中央电视台。

随着云计算、移动互联网、物联网、社会家庭、社会化网络等新一代信息技术的广泛应用，广告业的大创意+大制作+大媒体的时代已经结束。在互联网+时代，广告业需要从媒介传播模式上去思考，关注热点、把握行业趋势，提升互联网语境下的创意能力。

现在微博、帖子、网页点击、邮件、视频等非结构化数据呈海量上升趋势，大量的用户行为信息记录在这些海量真实的数据中，基于用户的属性和行为特征分析，利用大数据深入理解消费者，综合各个维度的数据建立用户行为模型，借助数据挖掘技术、数字媒体技术、定向技术，跨平台、跨渠道、跨终端发布，使广告精准到达消费者，提升广告的价值。

根据艾媒咨询集团发布的2014年中国移动广告行业年度报告可知，在总体趋势上，中国超越英国，跃居全球第二大移动广告市场，阿里巴巴和百度的移动广告市场份额分别位居全球的第三和第四位。2014年我国移动广告市场规模达275.6亿元，较2013年增长137.38%。移动广告形式主要有全媒体广告、RTB广告（实时竞价）、原生广告、LBS广告（基于地理位置的广告推送）、绩效广告等。根据DCCI提供的数据显示，中国有超过230万个网站，网页超过866亿，移动应用超过135万，可见国内网络广告投放也将从传统面向群体的营销转向个性化营销，从流量购买转向人群购买。未来的广告展示将更多地通过RTB+DSP+DMP组合模式完成，以人为中心，主动迎合用户需求。

五、结语

“互联网+文化产业”，将激发无限创意，释放无穷文化生产力，让文化产业在蜕变和重组中实现繁荣。文化企业已被倒逼站到了互联网+时代的风口，应尽早引入互联网的方式，成为“互联网+”信息化时代的那头“风口猪”，飞得更远。

参考文献

[1] 阿里研究院：《互联网+从IT到DT》，机械工业出版社2015年版。

[2] 王吉斌、彭盾：《互联网+传统企业的自我颠覆、组织重构、管理进化与互联网转型》，机械工业出版社2015年版。

[3]“互联网+文化创意”：文化产业转型发展新引擎，载http://ah.anhuinews.com/system/2015/04/17/006760738.shtml，最后访问日期：2015年4月17日。

[4]“互联网+”时代的企业信息化策略，载http://www.vsharing.com/k/vertical/2015-7/712583.html，最后访问日期：2015年7月1日。

[5]谁将成为“互联网+”时代的企业信息化颠覆者，载http://net.chinabyte.com/333/13418333.shtml，最后访问日期：2015年6月2日。

[6]贾娜、万紫千：“IP热背后的冷思考”，载http://newspaper.jcrb.com/html/2015-10/30/content_198695.htm，最后访问日期：2015年10月30日。

[7]2015年我国电视剧市场现状分析，载http://www.chyxx.com/industry/201509/343470.html，最后访问日期：2015年9月10日。

[8]互联网+音乐，还缺点什么?，载http://www.siilu.com/20150503/132927.shtml，最后访问日期：2015年5月3日。

[9]艾媒咨询：2014~2015年中国移动广告行业研究报告，载http://www.iimedia.cn/38986.html，最后访问日期：2015年4月30日。

[10]王晓妍：“时代出版传媒做‘互联网+’文化出版企业”，载《中国出版传媒商报》2015年第10期。

西南少数民族青年数字文化资源使用行为研究[1]

畅 榕* 顾雪松** 谭 锐***

[摘 要] 本研究聚焦于西南少数民族青年的数字文化资源需求与使用行为。本报告利用从西南少数民族地区所获取的调查数据，从网络与终端偏好、接触率和接触频次、内容源与主题偏好、创造性参与方式、需求与使用评价等方面，描述了西南少数民族青年的数字文化资源需求使用行为，并进一步分析了蕴含集中的民族性特征。

[关键词] 西南；少数民族；数字文化资源；需求；使用

本研究分为探索性调查和正式调查两个阶段。在探索性调查阶段(2013 年 3 月至 5 月)，以技术接收理论为基础，利用课题组开发的数字文化资源需求与使用的研究框架，结合少数民族研究的特点，进行了半结构化访谈、网络文本分析及问卷调查。探索性调查所获有效样本来源于中国大陆 22 个省、自治区及直辖市，涉及中国大陆 28 个少数民族人口。在探索性调查的基础上，课题组修订了调查方案，相继在西南地区和西北地区启动了正式调查（2014 年 9 月至今）。目前，西南少数民族地区（桂、黔、滇）数据库入库有效样本 1279 份，西北少数民族地区（内蒙古、藏、新、

〔1〕 本文为教育部人文社科青年项目（项目编号 13YJC860004）和教育部人文社科规划一般项目（项目编号：12YJA860003）的阶段性研究成果。

* 畅榕，女，博士，北京印刷学院副教授，硕士生导师，主要研究方向为主流媒体的数字传播战略与公共服务政策。近年来主持教育部人文社科青年项目一项、北京市哲社科项目一项，以第一参与人身份参与国家社科项目一项，出版学术专著 3 部，主编国家高等教育“十一五”规划级教材一部，发表论文多篇。邮箱：737060134@ qq. com。

** 顾雪松，女，博士，贵州财经大学教授，硕士生导师，贵州省政协委员，主要研究方向为网络媒体与少数民族地区社会发展。

*** 谭锐，男，硕士，北京印刷学院讲师，主要研究方向为出版史与数字出版文化。

宁、甘、青）数据库入库有效样本 428 份。本报告所呈现的即是西南地区数据库的部分数据。

一、调查执行情况

本研究所指“少数民族青年”是年龄为 16～39 岁的少数民族人口。本调查所指“数字文化资源”是指广电网、互联网（含移动互联网，下同）和公共文化场馆服务网络提供的数字化的文化资源，包括数字化的阅读资源（文字、图片）和数字化的视听资源（音频和视频），触感类等资源暂时不包括在此次调查范围内。

2014 年 9 月～12 月期间，课题组根据行政区划级别，样本来源地民汉分布情况，样本的年龄、性别、受教育程度及职业等指标在滇、桂、黔区域进行配额抽样，最终回收有效问卷 1108 份。所获有效样本中，男性占 50.97%，女性占 49.03%。样本的受教育程度、职业和收入具体分布情况见表 1。

表 1　样本的受教育程度、职业和收入分布（N＝1108）

受教育程度	小计	百分比	职业	小计	百分比	收入	小计	百分比
没上过学	2	0.18%	企业单位	179	16.16%	1000 元及以下/月	233	21.03%
小学	7	0.63%	事业单位	114	10.29%	1001～3000 元/月	337	30.42%
初中	35	3.16%	教育系统	46	4.15%	3001～6000 元/月	302	27.26%
高中/中专	155	13.99%	自营职业	90	8.12%	6001～9000 元/月	119	10.74%
大专/本科	881	79.51%	进城务工/在村镇从事非农业生产	22	1.99%	9001～12 000 元/月	62	5.60%
研究生及以上	28	2.53%	照顾家庭	14	1.26%	12 001～18 000 元/月	32	2.89%

（续表）

受教育程度	小计	百分比	职业	小计	百分比	收入	小计	百分比
			务农	10	0.90%	18 001 ~ 24 000 元/月	9	0.81%
			退休	1	0.09%	24 001 元及以上/月	14	1.26%
			待业	27	2.44%			
			学生	605	54.60%			

调查涉及中国大陆地区 44 个少数民族，其中，壮族、彝族、苗族、白族、回族样本所占比例较高，这也与滇、桂、黔的民族分布情况相吻合。（见表 2）

表 2　样本的民族分布情况（N = 1108）

民族	小计	百分比	民族	小计	百分比	民族	小计	百分比	民族	小计	百分比
阿昌族	17	1.53%	高山族	6	0.54%	拉祜族	3	0.27%	水族	4	0.36%
布朗族	6	0.54%	仡佬族	9	0.81%	珞巴族	1	0.09%	土家族	20	1.81%
布依族	36	3.25%	哈萨克族	3	0.27%	蒙古族	5	0.45%	塔塔尔族	1	0.09%
白族	80	7.22%	赫哲族	2	0.18%	苗族	65	5.87%	佤族	6	0.54%
保安族	1	0.09%	回族	56	5.05%	满族	13	1.17%	维吾尔族	1	0.09%
朝鲜族	5	0.45%	哈尼族	32	2.89%	毛南族	4	0.36%	锡伯族	1	0.09%
傣族	32	2.89%	基诺族	3	0.27%	仫佬族	6	0.54%	瑶族	32	2.89%
侗族	18	1.62%	景颇族	1	0.09%	门巴族	1	0.09%	裕固族	2	0.18%
独龙族	2	0.18%	京族	3	0.27%	纳西族	11	0.99%	彝族	105	9.48%
达斡尔族	2	0.18%	柯尔克孜族	1	0.09%	怒族	2	0.18%	藏族	5	0.45%
俄罗斯族	3	0.27%	傈僳族	5	0.45%	普米族	3	0.27%	壮族	494	44.58%

滇、桂、黔地区样本中来源地“民汉杂居，汉族人口占多数”的样本占样本总数的 41.79%；来源地“民汉杂居，少数民族人口为主或占绝对优势”的样本占样本总数的 33.94%；来源地“民汉杂居，汉族人口和少数民族人口基本相当”的样本占样本总数的 19.95%；来源地“少数民族独居”的样本占样本总数的 4.33%（见表 3）。

表3　样本来源地民汉分布情况（N=1108）

民汉分布情况	小计	百分比
少数民族独居	48	4.33%
民汉杂居，少数民族人口为主或占绝对优势	376	33.94%
民汉杂居，汉族人口和少数民族人口基本相当	221	19.95%
民汉杂居，汉族人口占多数	463	41.79%

少数民族青年汉语和本民族语言文字双语使用的情况比较普遍，然而，滇、桂、黔的特殊性在于：壮族、布依族、苗族、侗族、哈尼族、黎族、傈僳族、佤族、纳西族、景颇族（载瓦支系）等在1949年前虽然拥有语言，但没有文字；傣族、拉祜族、景颇族（景颇支系）等文字不完备、不通用。以上民族的文字在1949年以后由政府帮助创制或改进，其传承和应用确实存在传统和现实的难度。数据显示，滇、桂、黔地区被访少数民族青年中“基本只使用汉语”的人最多，占样本总数的38%；其次是“主要使用汉语，少数民族语言文字为辅”的人，占样本总数的34.12%；“少数民族语言文字和汉语并重使用”的人占样本总数的17.33%；“主要使用少数民族语言文字，汉语为辅”的人占样本总数的8.39%；“基本只使用少数民族语言文字”的人占样本总数的2.17%（见表4）。

表4　样本的语言文字使用习惯（N=1108）

语言使用习惯	小计	百分比
基本只使用少数民族语言文字	24	2.17%
主要使用少数民族语言文字，汉语为辅	93	8.39%
少数民族语言文字和汉语并重使用	192	17.33%
主要使用汉语，少数民族语言文字为辅	378	34.12%
基本只使用汉语	421	38%

二、数字文化资源获取中的民族性渠道

调查人员请被访者按照常用程度对自己获得各类数字文化资源的方式进行了排序。数据显示，使用网络免费资源是目前少数民族青年获得数字

文化资源的最主要方式。（见图1）

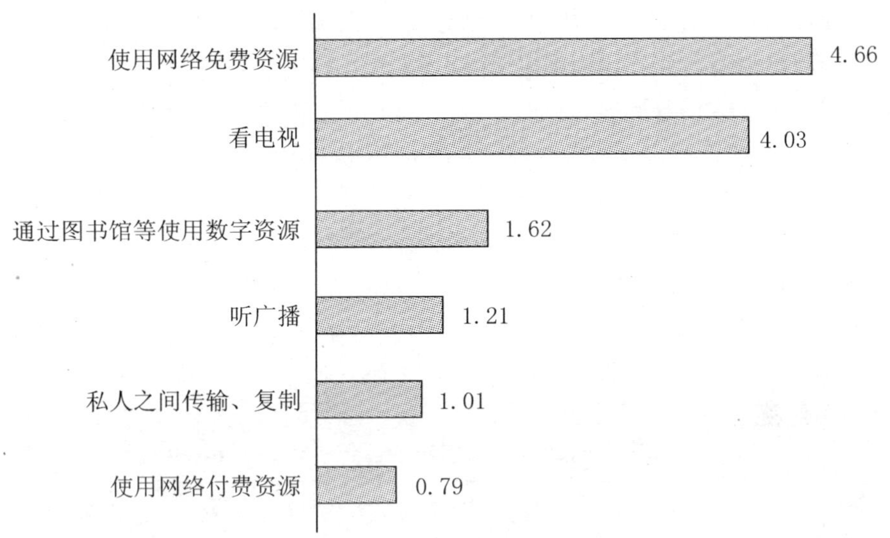

图1　少数民族青年常用数字文化资源获取方式（N＝1108）

＊选项得分＝（Σ 频数×权值）/本题填写人次。权值由选项被排列的位置决定。

对各类数字文化资源接收终端，调查人员也请被访者按照常用程度进行了排序。数据表明，手机是少数民族青年最常用的接收终端，其次是笔记本电脑等，再次是固定电视（见图2）。

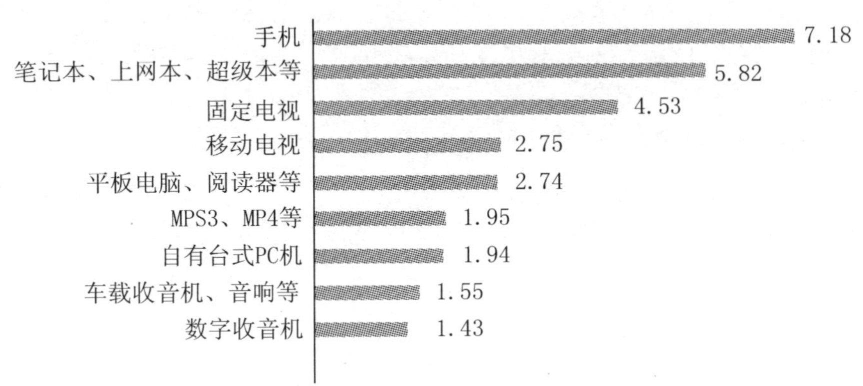

图2　少数民族青年数学文化资源接收终端排序（N＝1108）

＊选项得分＝（Σ 频数×权值）/本题填写人次。权值由选项被排列的位置

决定。

综合以上数据可以得知，使用手机、笔记本电脑等移动终端上网获取免费资源是少数民族青年获取数字文化资源的最主要策略。

进一步的数据分析显示，被访少数民族青年的网络视听资源接触率为95.49%，其中，56.32%的人每天接触网络视听资源，19.22%的人每周接触网络视听资源，二者合计，75.54%的少数民族青年比较频繁地接触网络视听资源。少数民族青年网络阅读资源的接触率为95.76%。被访者中，53.07%的人每天使用网络阅读资源，18.95%的人每周使用网络阅读资源，二者合计，72.02%的少数民族青年比较频繁地使用网络阅读资源（见表5）。

表5　基于不同传播平台的数字文资源接触频率（N=1108）

传播平台 / 接触频率	网络视听资源		网络阅读资源		电视视听资源		广播视听资源	
	小计	百分比	小计	百分比	小计	百分比	小计	百分比
每天	624	56.32%	588	53.07%	344	31.05%	88	7.94%
每周	213	19.22%	210	18.95%	261	23.56%	129	11.64%
每月	74	6.68%	74	6.68%	62	5.60%	71	6.41%
偶尔	147	13.27%	189	17.06%	329	29.69%	426	38.45%
基本不	50	4.51%	47	4.24%	112	10.11%	394	35.56%

除了大众性网络平台，各民族专有的网站、论坛、电子书库、音乐网站、视频网站、频道、贴吧等也逐渐发展起来。当被问到“您一般通过什么渠道（哪些网站、论坛、贴吧、公共账号等）来获取少数民族语言或题材的数字文化资源”时，被访的少数民族青年提及的有新华网、人民网、民族部门工作网站、少数民族地区协会网站、中国语言文字网等官方背景的网站，有壮族在线、中国伊斯兰在线等民族专有网站，有苗族吧、壮族吧、壮语贴吧、布依吧等百度贴吧，有天涯论坛、三苗论坛、瑶族在线、哈尼族论坛、僚人家园等论坛，有优酷、土豆、PPTV、腾讯视频、天天动听、酷狗音乐、壮语音乐网，5sing等视听网站，有央视的少数民族频道、央视纪录片频道、中国网络电视台、卫视少数民族语言新闻节目、本县电视台节目等广电渠道，有百度知道、百度文库、豆丁网、道客巴巴等网络

文库，微信、微博等社会化媒体渠道。

除了本土资源，少数民族青年还会使用境外和本民族语言相通相近的数字文化资源。例如，傣族被访者告诉研究者，“平时听泰歌，看泰剧、泰国电影、泰国娱乐节目”，“从手机上 INS，关注泰国的明星”，“从泰国清迈大学网站下载了傣文电脑字体，有两种，都很漂亮”，“还在淘宝买到了傣文键盘保护膜”，“在百度云里有纯傣文词典，缅甸景栋出版社的”。

三、数字文化资源使用中对民族语言的应用

被访的滇、桂、黔地区的少数民族青年在被问及“使用少数民族文字读书、看报、上网阅读、聊天、发图片等的频率”时，4.51% 人表示每天使用，2.44% 的人表示每周使用；二者合计，共有 6.95% 的少数民族青年比较频繁地使用少数民族文字进行数字化阅读。当被问及“使用少数民族语言看电视，听广播，或上网看视频、听歌、语音聊天的频率”时，4.60% 的被访者表示每天使用，2.80% 的被访者表示每周使用，二者合计，共有 7.40% 的少数民族青年比较频繁地使用少数民族语言进行数字化视听。考虑到样本中“主要使用少数民族语言文字，汉语为辅”的样本和“基本只使用少数民族语言文字”的样本之和为 10.56%，以上两个数值大抵是可信的（见图 3）。

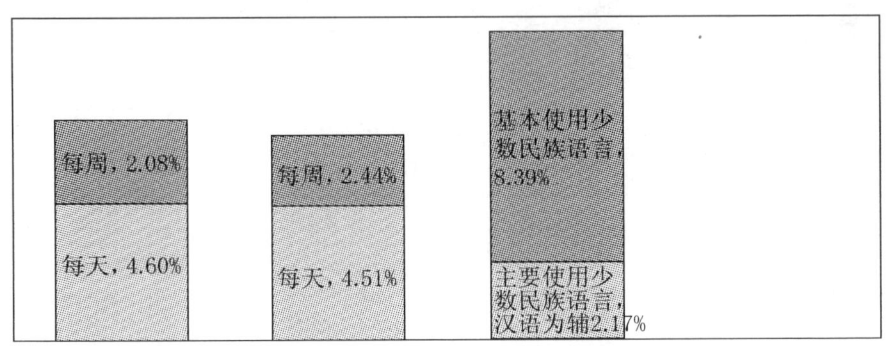

图 3 数字文化资源使用中的民族语言应用（N＝1108）

对少数民族青年来说，学习民族语言不仅是精神上对族裔的皈依，而且具有帮助自己在全球化市场中获得工作机会的经济功能。如一位回族被访大学生告诉研究者，“我们村的年轻人在暑假及初、高中毕业后都会到

清真寺办的学校里学习阿拉伯语和宗教知识，然后到阿拉伯国家的油田或外贸公司工作，工资很高。”研究者问这位被访者：“你羡慕他们?”这位被访者说：“当然。我小的时候没有这样的机会和条件。”那么少数民族青年是如何依托数字文化资源来提高民族语言能力的呢？有被访者告诉研究者“没有人教发音，在网上下载专业教学视频跟着学习，加上书本配的MP3，花一个月的时间自学完语音基础。”YY 成为重要的少数民族语言学习平台。“去 YY 学习吧，很多免费的 YY 频道，老师在线教学，还有同学相互交流经验”。彝族被访者告诉研究者，“在 YY 上有彝族的频道，有 K 歌、有学彝话、有聊天。”而侗族被访者也表示，“侗族也有 YY 的语音交流频道。晚上，我们常在上面唱歌。”

四、数字文化资源使用中对民族题材的关切

在研制问卷的过程中，课题组根据调查对象的表述以及各主要内容平台的内容分类框架将常用视听主题分为 32 个，将常用阅读主题分为 34 个。数据显示，少数民族青年常用的视听主题有“社会新闻”（51.62%）、“音乐”（43.32%）、“影视剧”（38.54%）、“综艺”（30.23%）等，常用的阅读主题有“社会新闻”（50.63%）、“音乐电影娱乐八卦”（47.38%）、“小说”（34.30%）等（见表6）。对比研究人员同期对汉族青年的调查数据，少数民族青年对“地理/旅游/社会风俗”“纪录片”、“舞蹈”等主题明显更为关注。少数民族青年将对本民族历史传统、文化风俗的关切寄托在了以上主题中。

表6　少数民族青年常用视听主题（N=1108）

排序	视听主题	小计	百分比	阅读主题	小计	百分比
1	社会新闻	572	51.62%	社会新闻	561	50.63%
2	音乐	480	43.32%	音乐电影娱乐八卦	525	47.38%
3	影视剧	427	38.54%	小说	380	34.30%
4	综艺	335	30.23%	时政军事外交	308	27.80%
5	时政军事外交	305	27.53%	生活窍门/消费知识	268	24.19%
6	脱口秀	233	21.03%	医疗/保健养生	211	19.04%
7	科技	232	20.94%	动漫	204	18.41%

（续表）

排序	视听主题	小计	百分比	阅读主题	小计	百分比
8	美食	223	20.13%	美食	184	16.61%
9	体育	211	19.04%	励志/成功/心灵鸡汤	168	15.16%
10	生活窍门/消费知识	205	18.50%	投资理财/经营管理	163	14.71%
11	投资理财/经营管理	195	17.60%	游戏/电子竞技	144	13%
12	名人访谈	187	16.88%	时尚/服饰/健身/美容	141	12.73%
13	旅游	185	16.70%	杂文/散文/诗歌等	140	12.64%
14	动漫	182	16.43%	电脑/网络/消费电子	134	12.09%
15	医疗/保健养生	172	15.52%	体育	120	10.83%
16	真人秀（选秀/相亲/求职等）	139	12.55%	地理/旅游/社会风俗	118	10.65%
17	纪录片	138	12.45%	科技	115	10.38%
18	法律法规/热点案例/纠纷调解	132	11.91%	法律法规/热点案例	114	10.29%
19	时尚/服饰/健身/美容	122	11.01%	情感/两性/婚姻家庭	113	10.20%
20	舞蹈	117	10.56%	社交/口才/职场心理	109	9.84%

*本题为多选题，合计百分比有可能超过100%。

通过互联网，75.09%的被访少数民族青年曾特意搜索过少数民族题材的数字视听资源，68.77%的被访少数民族青年曾特意搜索少数民族题材的数字阅读资源。对于少数民族题材的数字视听资源，2.26%的被访者表示非常关注，9.57%的被访者表示比较关注。对于少数民族题材的数字阅读资源，2.26%的被访者非常关注，9.30%的被访者比较关注（见图4）。

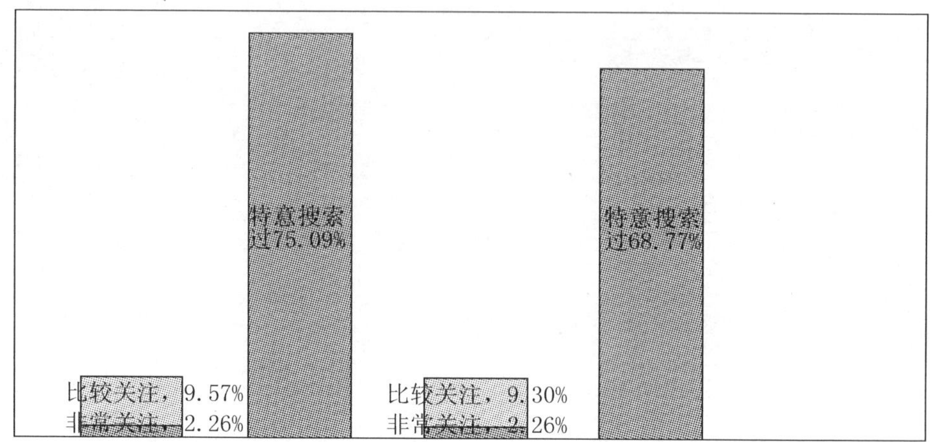

图4　数字文化资源使用中对少数民族题材的关注（N＝1108）

少数民族青年对本民族的明星和相关的娱乐节目格外偏爱。在音乐方面，四川电视台的“中国藏歌会”、中央电视台的“争奇斗艳”等少数民族明星集中的节目，“中国好声音”中的少数民族歌手等都是少数民族青年关注的重点。在影视方面，少数民族青年同汉族群体一起追美剧、英剧、日剧、国产汉族题材剧、国产少数民族题材剧，还会追和本民族语言相近相通的韩剧、土耳其剧、泰国剧、越南剧等。在阅读方面，少数民族青年对本民族的历史文化叙事格外关注。一些看似艰涩的民族历史文化研究著作，因为可信度高，也成为许多人阅读的对象。但是，对于用汉语书写的、借用少数民族元素进行叙事的流行小说，少数民族青年会有冷静的评价。

通过少数民族题材的数字文化资源，少数民族青年首先表示的是认同。一位彝族青年表示，“我听到山鹰组合的时候，已是高中了。那一首首经典之作：《索玛花》、《走出大凉山》、《月亮与井》……看他们的脸，像极了我们村里的人。”其次，看到民族题材数字文化的公共展示，少数民族青年的自信获得了提升。例如，一位彝族青年说，“《不要怕》在吉克隽逸唱之前，我从没听过。我第一次听是吉克隽逸唱的，《千千万万的人》也是第一次听。当刘欢对吉克隽逸说‘啊解咯’时我激动了，华语乐坛最有地位的人会说咱彝族的语言。我骄傲了！我自豪了！”。最后，在借助这些资源进行的讨论与争议中，少数民族青年还进一步确认了族裔的边界。如纪录片《冼夫人》在诸多少数民族吧中引发了多种争议。

五、创造性参与中体现出的民族特征

66.70%的被访少数民族青年认为少数民族语言文字或题材的数字文化资源匮乏。然而，数字技术既具有自上而下释放文化资源的特性，也为使用者自下而上参与数字文化资源生产开辟了广泛的路径。86.64%的被访少数民族青年创造性地参与了数字文化资源的生产，通过创造性的公众参与来增加数字文化上的自我创造、自我服务的能力。

在参与方式方面，43.59%的被访者“撰写博客、微博、微信等”；41.88%的被访者“在贴吧中参与讨论”；34.75%的被访者“在网络问答中提问、回答”；26.35%的被访者“制作、拍摄和上传图片”；19.04%的被访者“为影视剧、音乐、小说等作品写评论，打分”；17.51%的被访者“在语音频道（如YY等）聊天、唱歌等”（见表7）。

表7　参与数字文化资源创造的方式（N=1108）

排序	参与方式	小计	百分比
1	撰写博客、微博、微信等	483	43.59%
2	在贴吧中参与讨论	464	41.88%
3	在网络问答中提问、回答	385	34.75%
4	制作、拍摄和上传图片	292	26.35%
5	为影视剧、音乐、小说等作品写评论，打分	211	19.04%
6	在语音频道（如YY等）聊天、唱歌等	194	17.51%
7	制作和上传视频	139	12.55%
8	参与网络文学创作	104	9.39%
9	制作和上传音频	84	7.58%
10	在网络百科中编辑条目	76	6.86%
11	通过网络与文化名人//企业//公共机构互动	55	4.96%
12	制作电子杂志	51	4.60%
13	其它	29	2.62%

*本题为多选题，合计百分比有可能超过100%。

在创造性参与数字文化资源创造的过程中，31.11%的少数民族青年会特意使用少数民族语言或题材。除了一些少数民族文化精英或民间文化组织创办的网站，百度帖吧、微博、微信、YY、中国原创音乐基地（5Sing.com）等都是少数民族青年参与数字文化资源创造和传播的重要平台。如一个苗族被访者告诉研究人员，“优酷的苗族驿站，上传有很多我们年轻人自己拍的电影。背景就在村寨里。随便一个，就几千、几万人在看。”

六、小结

本调查的主要发现如下：1）在获取策略方面，使用手机、笔记本电脑等移动终端上网获取免费资源是西南少数民族青年获取数字文化资源的最主要策略。除了大众化的网络渠道，少数民族被访者还会通过各类少数民族专有的渠道获取特定的文化资源，且其获取行为是全球化的。2）除了社会新闻、音乐、影视剧、小说等常用的视听和阅读主题，少数民族还会特别搜索和关注少数民族题材的内容。3）少数民族被访者既使用少数民族语言进行数字化视听阅读，也依靠数字资源来维系母语的听说读写能力。使用少数民族语言题材的数字文化资源，不仅满足了他们的族裔认同需求，也为他们提供了更多的就业机会。4）少数民族被访者通过互联网平台不仅获取了传统内容制造产业提供的内容，还获取了大量的PGC和UGC的内容。在被动感受匮乏的同时，少数民族群体也依托互联网平台积极参与数字文化资源的创造和群体共享活动。在参与创造的过程中，被访者会特意使用少数民族语言或题材。

保障人民基本文化权益，保障国家文化安全，是少数民族文化建设的核心目标。在“56个民族是一家”这样的“多元一体”的架构下，中国政府在少数民族电视、广播、出版、演艺、非物质文化遗产保护等方面投入了大量财力，实施了“西进工程”、“东风工程”等大型建设项目。在数字文化资源建设方面，“十二五”期间，国家重点加强了民族地区文化信息资源共享工程、公共电子阅览室、少数民族语言资源译制中心的建设。可以预见，“十三五”期间，与“一路一带”等国家方略相配合，依托数字文化资源和网络传输平台，通过参与、共享等机制的创新，少数民族文化中的精神价值和经济价值将得到进一步的挖掘和体现。

参考文献：

［1］畅榕、魏超、谭悦：《数字文化资源需求与使用状况研究》，知识产权出版社 2015 年版。

［2］畅榕、孙万军、魏超："数字文化资源需求与使用——一项针对中国都市少数民族青年的调查"，载《中国出版》2014 年第 3 期。

［3］畅榕、顾雪松、谭瑞："少数民族数字文化资源使用中的民族性特征研究"，第五届中国西部传媒与社会发展高层论坛，兰州大学，2015。

我国各地数字出版产业政策比较研究

周　玥[*]　黄孝章[**]

[**摘　要**] 本文收集整理了我国各地制定和颁布的300多个数字出版政策，对各地数字出版政策的特征进行了比较分析，提出了我国数字出版产业政策存在的问题，并从六个方面提出了发展建议，对完善我国数字出版产业政策体系具有十分重要的意义。

[**关键词**] 数字出版；产业政策；政策分类

一、引言

数字出版已成为新闻出版业的战略性新兴产业和新闻出版业发展的重要方向。大力发展数字出版产业，是我国实现向新闻出版强国迈进的重要战略任务。

经过多年的发展，我国数字出版已经步入了快速发展期。为促进数字出版产业的发展，国务院及新闻出版广电总局出台了一系列扶植政策，各地政府主管部门也纷纷颁布相关政策，制定发展规划，推动媒体融合，扶植传统出版企业的数字化转型升级。我国政府及相关机构制定的数字出版产业政策，激活了数字出版产业的能量，对数字出版的发展起到了巨大的推动作用。

数字出版产业在快速发展的同时，也暴露出许多问题。产业发展方向不明、产业结构不合理、产业统计混乱、市场不规范、技术标准滞后、人

---

* 周玥，女、1992年生，北京印刷学院经济管理学院2014级传媒经济与管理方向研究生，邮箱：1020494209@ qq. com。

** 黄孝章，男，1964年生，湖南人，北京印刷学院经济管理学院信息管理系教授，主要研究方向：传媒经济与管理、数字出版。

才缺乏、传统出版企业体制机制依然陈旧和向数字出版转型动力不足等问题还待进一步解决。数字出版产业政策作为政府对数字出版产业发展进行指导和调控的重要手段，在许多方面还不尽如人意，在数字出版产业发展的某些环节上已经跟不上产业发展的速度，满足不了产业发展的需要。

梳理和汇总各地数字出版政策，并对各地数字出版政策特点进行比较分析，直观认识到数字出版政策对产业发展在生产技术、内容和产品创新、体制机制改革、市场化和国际化等方面的影响，对我国已有的数字出版产业政策的内容进行重新审视，分析和指出我国数字出版现有政策的疏漏与不足，并提出相关建议，对促进数字出版产业更好、更快地发展具有十分重要的意义。

二、数字出版产业政策的概念及分类

（一）数字出版

数字出版是指利用数字技术进行内容编辑加工，并通过网络传播数字内容产品的一种新型出版方式，其主要特征为内容生产数字化、管理过程数字化、产品形态数字化和传播渠道网络化。目前数字出版产品形态主要包括电子图书、数字报纸、数字期刊、网络原创文学、网络教育出版物、网络地图、数字音乐、网络动漫、网络游戏、数据库出版物、手机出版物（彩信、彩铃、手机报纸、手机期刊、手机小说、手机游戏）等。数字出版产品的传播途径主要包括有线互联网、无线通讯网和卫星网络等。

（二）数字出版产业

数字出版产业是基于数字技术应用的新兴出版产业。1995 年西方七国经济会议最早提出“数字内容产业”（Digital Content Industry）概念。数字内容产业也称为信息内容产业、创意产业等，主要涉及移动内容、互联网服务、游戏、动漫、影音和数字化教育培训等多个领域。

数字出版产业是编辑、生产制作、传播和销售数字内容产品，或基于内容管理平台提供信息或内容服务的产业，是数字技术和内容的集合，涉及信息产业、文化产业、新闻出版产业和娱乐产业等多个方面。

（三）产业政策的概念

产业政策（industrial policy）是政府为了实现一定的经济和社会目标而对产业的形成和发展进行干预的各种政策的总和。

（四）数字出版产业政策的概念

从数字出版及产业政策的概念来看，可以将数字出版产业政策定义为：国家有关部门制定并组织实施的旨在指导、规范、扶持和鼓励数字出版产业发展的一系列政策的总和。

数字出版产业政策是指国家有关部门制定并组织实施的旨在指导、规范、扶持和鼓励数字出版产业发展的一系列政策的总和。

数字出版产业政策可以从不同的维度进行分类，从国家行政级别来分，可以分为国家级、省市级及地市区县级；从政策的产业适应范围来分，可以分为数字出版产业专项政策和数字出版产业相关政策两类；从政策的内容来分，可以分为财税政策、金融政策、人才政策、市场政策、土地政策、创业创新扶持政策、规划指导政策及与数字出版相关的法律法规等。本论文采用的数字出版政策分类结构（如图1所示），地市及区县级的政策暂不列入本论文研究范围。

三、各省市数字出版政策比较分析

从各地制定和颁布的数字出版政策数量来看，北京、上海和广东三省市要远远高于其他省市（如图2所示）。通过对各地制定和出台的300多个数字出版产业政策文件的比较分析，可以看出各地数字出版政策各有特点。从政策类型及政策内容来看，上海、北京、广东、湖北、江苏、安徽等省市数字出版政策具有政策类型多，规划指导性政策目标明确、详细，各项优惠政策具体、可操作性强等特征，而其他大多数省市的政策则以宏观规划指导为主，可操作性不强。

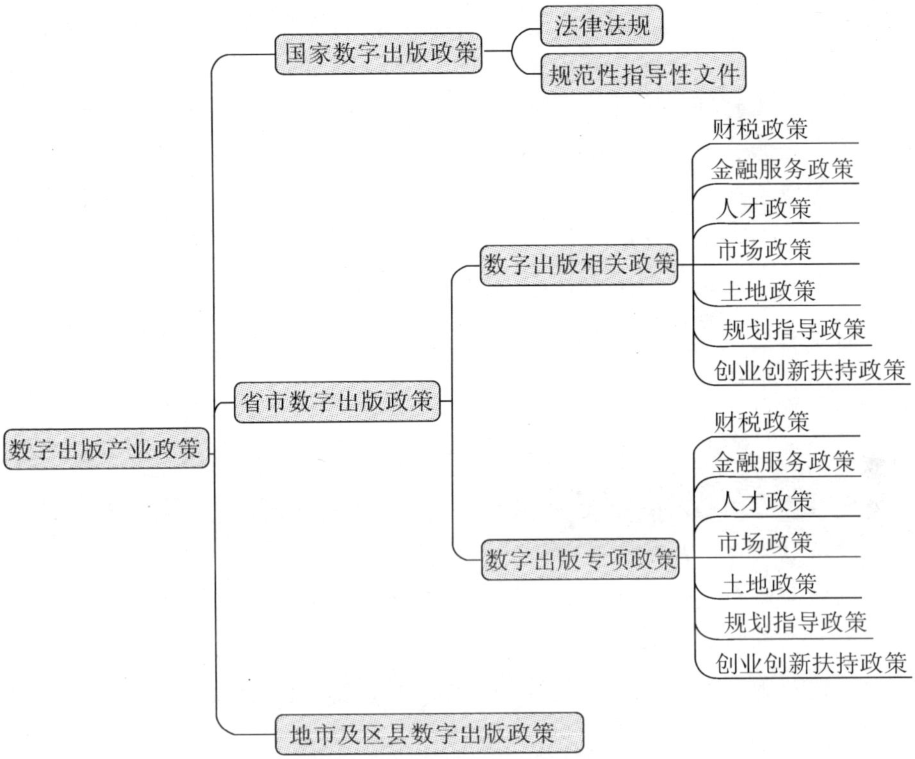

- 数字出版产业政策
  - 国家数字出版政策
    - 法律法规
    - 规范性指导性文件
  - 省市数字出版政策
    - 数字出版相关政策
      - 财税政策
      - 金融服务政策
      - 人才政策
      - 市场政策
      - 土地政策
      - 规划指导政策
      - 创业创新扶持政策
    - 数字出版专项政策
      - 财税政策
      - 金融服务政策
      - 人才政策
      - 市场政策
      - 土地政策
      - 规划指导政策
      - 创业创新扶持政策
  - 地市及区县数字出版政策

图1　数字出版产业政策分类

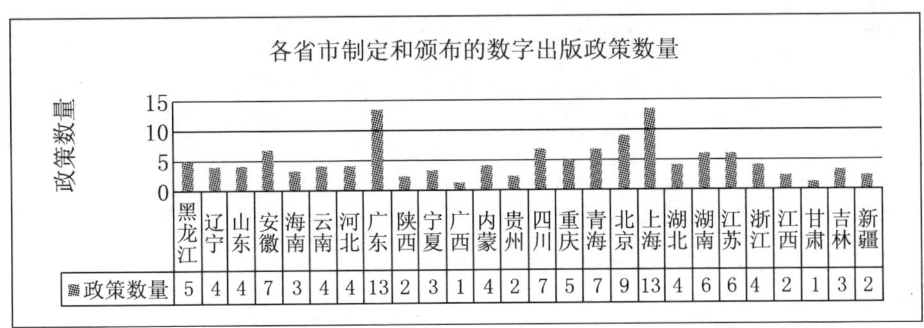

图2　各省市制定和颁布的数字出版政策数量

从政策体系来说，上海数字出版政策体系相对来说较为完整，政策支持面广，支持力度大，财税优惠政策具体、明确，政策的协同性和配套性较好。如上海《关于促进本市数字出版产业发展的若干意见》中规定：对被认定为国家高新技术企业的，减按15%的税率征收企业所得税；新创办的数字出版企业被认定为软件生产企业后，自获利年度起，第 1 年和第 2 年免征企业所得税，第 3 年至第 5 年减半征收企业所得税；经认定的软件生产企业的工资和培训费用，可按实际发生额，在计算应纳税所得额时扣除；数字出版企业为开发新技术、新产品、新工艺发生的研究开发费用，未形成无形资产计入当期损益的，在按照规定据实扣除基础上，按照研究开发费用的 50% 加计扣除，形成无形资产的，按照无形资产成本的 150% 摊销；对数字出版企业从事技术转让、技术开发业务和与之相关的技术咨询、技术服务业务所取得的收入，免征营业税。符合条件的数字技术转让，在一个纳税年度内，技术转让所得不超过 500 万元的部分，免征企业所得税，超过 500 万元的部分，减半征收企业所得税。上海每年还定期发布数字出版产业引导目录，以引导产业的发展。

北京数字出版产业政策针对性较强，其制定和颁布的数字出版政策主要是扶持动漫、网络游戏及电子音像和网络出版物等产业。2014 年 12 月，北京制定和颁布了《北京市新闻系列数字传播（数字编辑）专业技术资格评价办法》，目前，该项政策已进入实施阶段。在数字出版人才职业资格考试及晋升方面走在全国前列。其他各省市数字出版政策特征如下表 1 所示。

表 1　各省市数字出版政策特征比较

省市	数字出版政策特征	说明
上海	数字出版政策体系较完整	从产业规划布局、产业发展引导、资金扶持及财税优惠等方面均制定了相应的政策。
	政策类型较多	主要有规划指导政策、财税优惠政策、人才激励政策和创业创新扶持政策、金融服务政策等。
	优惠政策具体，明确，可操作性强	《关于促进本市数字出版产业发展的若干意见》中第 8 ~ 27 条。
	政策支持力度大，专项资金多	上海市自主创新和高新技术产业发展重大项目专项资金；上海市宣传传文化专项资金；上海市软件和集成电路产业发展专项资金；上海市科技专项资金；上海市服务业发展引导资金；上海市新闻出版专项资金。

（续表）

省市	数字出版政策特征	说明
上海	政策支持面广	涉及知识产权保护，新技术、新产品、新工艺开发，技术转让，人才引进，产品出口、银行贷款、高新技术企业扶持及重大项目申报等各方面。
	政策协同性和配套较好	每年定期发布数字出版产业引导目录。
北京	参与政策制定的单位多	参与政策制定的单位主要有：北京市人民政府、北京市新闻出版广电局、北京市文创办、北京市财政局、北京市人保局。
	政策类型较多	主要有规划指导政策、财税优惠政策、人才政策和创业创新扶持政策等。
	政策针对性强	制定了动漫、网络游戏及电子音像与网络出版物扶持的专项政策。
	政策可操作性强，实施效果较好	北京市新闻出版广电局和北京市人力资源和社会保障局联合制定的《北京市新闻系列数字传播（数字编辑）专业技术资格评价办法》已进入实施阶段。
广东	专项政策制定时间早	2008年制定和颁布了《关于加快推进广东数字出版若干意见》；《广东省“十三五”数字出版发展规划》已发布讨论稿。
	政策类型较多	主要有规划指导政策、财税优惠政策、人才政策、监管政策和创业创新扶持政策等。
	政策支持力度较大	实施八大核心工程项目；数字出版业被纳入《广东省现代信息服务业发展鼓励投资指导目录（2008～2010年）》；每年2000万数字出版专项资金。

（续表）

省市	数字出版政策特征	说明
湖北	优惠政策具体，细致，可操作性强	《关于促进数字出版产业发展的意见》第10条中的第（一）~（七）项。
	政策支持力度较大，专项资金多	每年2000万数字出版专项资金；湖北省文化产业发展专项资金、湖北省文化大发展大繁荣项目资金、湖北省支持企业发展类专项资金、湖北省科技型中小企业创新基金、湖北省科学技术研究与开发资金；数字出版项目纳入湖北省社会公益出版专项资金和湖北省学术著作出版专项资金。
江苏	优惠政策较具体，可操作性较强	《关于加快江苏数字出版产业发展的意见》中第3条第（三）项。
	政策支持力度较大，专项资金较多	江苏省文化产业发展专项资金、江苏省科技创新与成果转化专项引导资金、江苏省产学研联合创新资金。
安徽	优惠政策较具体，可操作性较强	《关于加快数字出版产业发展的意见》第3条第（三）、（四）项。
	政策对数字出版技术支持力度较大	制定了《安徽省数字出版产业技术发展指南》和《数字出版产业科技项目表》（17个项目）。
其他省市	以宏观规划指导为主、可操作性不强	

四、我国数字出版产业政策体系存在的问题

（一）数字出版产业政策体系还很不完善

从国家及各省市制定和颁布的数字出版政策来看，我国数字出版产业政策体系还很不完善，数字出版产业分类统计、市场监管、数字出版人才职业资格认定及晋升、数字出版产业标准等方面还存在政策空白。

（二）政策的可操作性不强

目前，大多数省份制定和发布的数字出版政策，以规划性和战略性的文件居多，与其配套的产业结构与产业技术布局、产业扶持及各类优惠政

策不多，数字出版政策可操作性不强，实施效果不佳。

（三）区域政策发展水平差距较大

上海、北京和广东地区数字出版政策发展水平明显高于其他地区，江苏、重庆、湖南、湖北等地区次之，而西部及东北地区的发展水平较低。

五、我国数字出版产业政策发展建议

（一）构建完整的数字出版产业政策体系

我国数字出版产业政策发展历程短，政策体系还很不完整，国家及各级地方政府要从产业布局、规范与引导，产业财税与金融扶持，产业创业创新扶持，产业分类统计，产业市场监管，产业技术发展，产业人才培养及产业法律法规建设等各个方面加强和完善数字出版政策建设，形成系统的、配套和协调的数字出版产业促进政策体系，为我国数字出版产业的可持续发展提供良好的政策环境。

（二）加快制定数字出版产业分类统计政策

目前，我国数字出版产业还没有制定相关的统计政策，产业统计范围与统计对象不明确，产业统计方法不合理、不科学，这已经成为产业管理中最为头疼的问题之一。

（三）完善数字出版产业人才培养政策

数字出版人才培养政策包括人才引进、人才队伍建设、人才职业资格认定及晋升等各个方面。目前，国家及各级地方政府在数字出版人才引进及队伍建设方面制定了许多优惠政策和激励机制，但在数字出版人才职业资格及晋升方面还没有出台相关的政策，致使数字出版人才在企业缺乏应有的地位和发展空间，缺少晋升机会，从而大大挫伤了数字出版人才的积极性，不利于数字出版产业的健康发展。

（四）健全数字出版产业技术政策

数字出版产业技术政策包括数字出版技术研发、技术引进、技术创新、技术转让及技术标准的制定与实施等诸多方面。数字出版技术标准的建立和实施一直是数字出版产业发展的短板，国家需要进一步健全数字出版产业技术政策，加快制定和颁布数字出版各项技术标准及配套实施的相关政策。建立公平、开放的数字出版标准体系及相关政策是保障数字出版快速发展的关键。

（五）加强市场结构控制与监管政策建设

在市场结构控制政策上，政府应支持数字出版龙头企业做大做强，提高产业集中度，发挥规模经济效益。通过并购、上市等方式，引导大型出版集团做大做强，成为市场上更加灵活的战略投资者。在实现市场规模化效益上，还应继续推动我国数字出版基地建设，促进基地集群效应。要扶持数字出版中小企业发展，降低行业进入壁垒，支持民营企业平等地参与数字出版经营活动。在市场监管方面要制定相应的市场的准入和退出机制。

（六）为西部地区提供更多的倾向性政策

目前，我国各地区数字出版产业及数字出版政策的发展水平差距较大，特别是西部地区比较落后。为统筹和协调各地区数字出版产业的发展，国家应为西部少数民族地区提供更多的倾向性政策，保护少数民族优秀文化资源，完善偏远地区的数字出版基础设施建设，缩小地区间数字出版产业发展的差异。

参考文献

[1] 黄孝章、张志林、陈丹：《数字出版产业发展模式研究》，知识产权出版社 2012 年版。

[2] Ekow Nelson，“未来的内容产业研究报告”，IBM 商业价值研究院，2010 年 6 月。

移动新闻客户端用户采纳行为的影响因素研究[1]

蒋　骁*

[摘　要] 移动新闻客户端已经成为手机网民获取信息的首选方式。在整合性技术接受和使用模型基础上，结合移动新闻客户端用户关键动机分析，构建研究模型，分析影响用户采纳移动新闻客户端的因素。对收集的数据运用结构方程建模方法对模型进行估算，实证结果表明：绩效预期、努力预期和社会性因素对使用行为的作用均为显著；内容满意、情感需求和无聊倾向均显著正向影响使用行为；内容满意对绩效预期有显著作用。

[关键词] 移动新闻；整合性技术接受和使用理论；采纳行为；影响因素

一、引言

移动终端的快速发展影响着人们获取信息的方式，越来越多的智能手机用户希望通过移动新闻客户端随时随地获得最新的新闻和资讯。有报告指出，近七成用户更多使用移动终端阅读新闻资讯，而依赖电脑看新闻的用户不到一成，每天多次打开新闻客户端的用户占比达到了77.5%。显然新闻客户端已成为用户获取新闻资讯的主要来源。目前，除了长期占据市场份额的门户类新闻客户端，如搜狐新闻、新浪新闻、腾讯新闻、网易新闻外，以百度、中搜为代表的搜索引擎运营商和以人民日报、央视新闻为

---

〔1〕 本文受北京市教育委员会社科计划面上项目“基于整合性技术接受和使用理论的移动阅读用户接受研究”（18190114/002），以及北京印刷学院“北印英才”选拔与培养计划项目“基于信息系统采纳理论的移动阅读用户接受研究”（09000114/073）支持。

* 蒋骁，男，湖北恩施人，北京印刷学院副教授，博士，研究方向为数字出版和信息技术采纳等。邮箱：businessj@126.com。

代表的传统媒体也纷纷进军新闻移动客户端市场。移动新闻客户端市场竞争日趋激烈，客户端运营商纷纷采取不同手段争夺用户量。而用户量争夺大战中，最需要解决的问题就是如何提升用户的粘性，即需要关注哪些因素影响用户对移动新闻客户端的使用。因此，理解移动新闻客户端用户使用行为的影响因素对于客户端设计、运营和推广来说具有非常重要的实践意义。

目前移动商务领域的用户采纳研究成果比较丰富，但对移动阅读服务，尤其是移动新闻用户行为的研究较少，特别缺乏基于中国情境的实证研究。因此，对移动新闻客户端用户采纳行为关键影响因素的探究，对学界和业界都具有重要的意义。本研究在经典的整合性技术接受和使用理论（Unified Theory of Acceptance and Use of Technology，简称 UTAUT ）基础上，通过对移动新闻用户的关键动机的分析，提出移动新客户端用户采纳模型，识别用户采纳移动新闻客户端的显著因素。

二、理论基础和研究模型

（一）整合性技术接受和使用理论

“整合性技术接受和使用理论”（UTAUT）是迄今为止最新、最具有整合性的信息系统用户采纳理论。UTAUT 认为影响行为意图的因素包括：绩效预期（Performance Expectancy）、努力预期（Effort Expectancy）、社会性因素（Social Factors）；而便利条件（Facilitating Conditions）则直接影响使用行为。绩效预期是指“用户在多大程度上认为使用该信息技术能够提高自己的工作绩效”；努力预期是指“用户认为使用该信息技术的容易程度”；社会性因素是指“用户在多大程度上认为那些对他们重要的人会赞同或支持他们使用该信息技术”；便利条件是指“用户在多大程度上认为组织或技术的‘支援体系’为自己使用该信息技术提供了帮助”。

对于移动新闻客户端用户来说，绩效预期反映用户感知使用客户端所带来的绩效提高，比如高效、准确地提供了与用户切身利益相关的政策解读，帮助用户提高了阅读效率等。努力预期反映了用户对客户端功能和设计的感知，当用户感觉客户端操作容易时，就越愿意采用。社会性因素反映个人对于是否采取该新闻客户端行为所感受到的社会压力，例如，亲戚、朋友和同事对使用该客户端的意见和看法等。有学者认为 UTAUT 中的便利条件类似于计划行为理论中的感知行为控制，是人们对其所具有的能力、资源和机会的感知。虽然大量实证研究都验证了便利条件与系统实际使用行为的关系，但移动新闻客户端既不同于组织内的系统应用，不需要组织和任何机会支持。而移动新闻客户端属于典型的免费应用，因此也不同于其他手机收费应用，不需要考虑成本和资源支出等。此外本研究重点关注手机用户，3G、4G 技术和智能手机的普及足以支持移动新闻客户端的使用，不在讨论便利条件对移动新闻客户端实际行为的影响。由此，保留原 UTAUT 模型中努力预期、绩效预期、社会性因素、使用行为 4 个变量，并提出如下假设：

H1：努力预期正向影响移动新闻客户端用户使用行为；

H2：社会性因素正向影响移动新闻客户端用户使用行为；

H3：绩效预期正向影响移动新闻客户端用户使用行为。

（二）移动新闻客户端用户关键动机分析

自 UTAUT 模型的提出至今，很多学者用 UTAUT 模型研究和分析信息技术接受的影响因素，并结合研究情境，对原模型进行改进。例如，周涛等（2009）整合任务/技术匹配理论和技术采纳与使用统一理论，构造移动银行用户采纳行为模型，分析影响用户采纳移动银行的因素。崔秀菊（2014）在 UTAUT 模型的基础上增加感知风险，感知趣味性，先前学科知识等变量，构建了移动学习用户接受模型。本研究也将在基于以上 UTAUT 分析的基本假设上，对移动新闻客户端用户的关键动机进行分析，期望得到更具情境化的研究结论。

1. 内容满意。随着互联网巨头纷纷进驻新闻客户端领域，用户可选择的客户端越来越多，但新闻客户端成功装入用户的手机仅仅只是开始，更重要的是需要靠信息内容本身的质量吸引用户使用。数据显示，目前手机网民安装使用手机新闻客户端的原因中，内容丰富全面、新闻更新快等因素就是用户安装使用的主要原因。显然，新闻内容的覆盖面和更新速度，已经成为新闻客户端最基本的评价标准，“内容为王”已经是各大新闻客户端的共识。因此，如果用户对客户端提供的新闻内容感到满意，就会提升其使用意愿。此外，如果客户端能更为精准、敏锐的洞察客户需求，让读者在注意力有限的情况下，提供读者最需要的内容，就提升用户的绩效预期，进而促进用户的使用。例如，Alharbi 和 Drew（2014）基于 UTAUT

和信息系统成功模型，在移动学习情境行为意向研究框架中就将信息满意作为绩效预期的前因。因此，本研究提出假设：

H4：内容满意正向影响移动新闻客户端用户使用行为；

H5：内容满意正向影响移动新闻客户端用户绩效预期。

2. 情感需求。人们普遍使用网络进行思想情感交流，获得与人交往、沟通等情感上的尊重和满足。一些研究表明用户情感满足与用户使用行为正相关。例如，尹敬刚（2013）的研究表明社会—心理有关的经济回报、乐于助人对消费者发表购物评论的意愿具有正向显著影响。姚江龙和汪芳启（2013）以网易新闻跟帖为个案，统计网民的跟帖发布以及情感呈现情况，分析网络新闻跟帖中网民情感表达需求，并将其归结为“悲情”、“质疑”、“戏谑”、“宣泄”4 个方面，进一步证明网络新闻跟帖日渐成为网民情感的宣泄平台。用户发表、浏览新闻评论或者分享自己感兴趣的新闻，可以让用户在个体间的互动性得到最大程度的重视，体现用户个人情感表达的需求。因此，如果移动客户端能有良好的互动交流、顺利表达用户的情感思想，就会促进用户的使用行为。因此，本研究提出假设：

H6：情感需求正向影响移动新闻客户端用户的使用行为。

3. 无聊倾向。移动新闻客户端为用户在任何离散的时间内获取信息提供了可能。而通常这些离散碎片的时间内是没有任何工作，未被计划的时间，更多的是人们无聊的时候无规律的手机客户端使用行为。有调查表明，近一半的用户选择在休息或闲暇时间来使用移动新闻客户端，相当一部分用户在床上、卫生间、等待交通工具或工作时使用。也有研究表明，无聊倾向与手机依赖行为之间存在不同程度的相关，并且前者对后者具有有效预测作用。本研究认为，无聊倾向越强的用户，其碎片时间越多，就越更有可能产生移动新闻客户端的使用行为，并提出假设：

H7：无聊倾向正向影响移动新闻客户端用户的使用。

基于以上文献分析和理论假设，本文提出一个移动新闻客户端用户采纳模型，如图 1 所示：

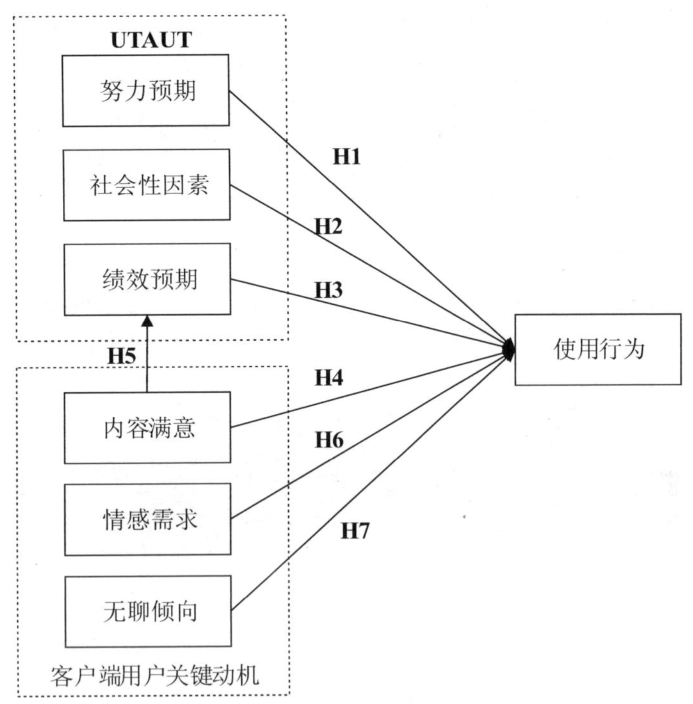

图1　移动新闻客户端用户采纳模型

三、研究设计与分析

（一）概念测量开发

本研究的问卷共分为两部分，分别是用户基本信息调查和问卷主体，问卷采用五点量表，用户根据自己使用新闻客户端的实际经验进行选择。对大部分因子的测量都借鉴已有的成熟量表并结合移动阅读情境进行改进。UTAUT 的三个因子和使用行为的测量题项来自文献。内容满意的测量来自文献；情感需求的测量基于文献；无聊感倾向则在使用最广泛的 Farmer 和 Sundberg（1986）编制的无聊倾向量表基础上，根据本研究情境对原量表进行修改和翻译，筛选其中 6 条题目作为无聊倾向的测量题项。

本次调查通过网络收集数据。首先利用 QQ、微信发布电子问卷的网络链接，再采取好友转发等方式推广问卷链接。历时 5 天，共收集到问卷 386 份，剔除无效问卷 101 份，最后得到的有效问卷为 285 份。

用户的基本情况数据显示，男性用户占 65.3%，女性用户为 34.7%；

用户年龄主要集中在 20～39 岁之间，占比 75%，其中 30～39 岁占 40%，20～29 岁占 35%。

（二）信度和效度分析

采用 Cronbach's α 来量表信度进行检验。在社会科学研究中，普遍认为当α系数大于0.7 时可以接受。本研究中各概念的测量信度均在0.731～0.892 之间。因此，量表通过信度检验，稳定性较高。内部一致性信度由组合信度 CR（Composite Reliability）来测量；内敛效度由各潜变量的 AVE（Average Variance Extracted）以及相应可测变量的负载来测量。各个概念的组合信度系数在 0.721～0.905 之间，明显大于建议的最小临界值 0.6，潜在变量的 AVE 值处于 0.513～0.719 之间，均大于 0.5 的可接受水平。且因子间的两两相关系数均小于相应的因子 AVE 的平方根，因此表明各变量具有较好的区别有效性。

（三）假设检验

使用 LISREL8.70 来检验研究模型中的各条路径假设。模型的拟合优度指数均符合所建议的标准值，说明模型拟合度可以接受。模型检验结果如图 2 所示，本研究提出的 7 个假设均得到支持。使用行为被解释的方差为 41.2%。

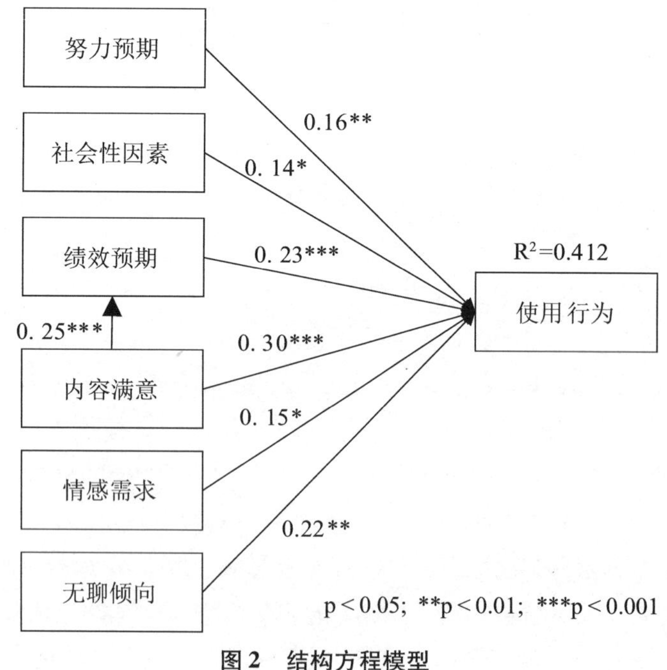

图 2 结构方程模型

四、结果讨论

研究结果表明，UTAUT 中绩效预期、努力预期和社会性因素对使用行为的作用均为显著。其中绩效预期的影响最为显著（$\beta = 0.23^{***}$），因此移动新闻客户端应不断完善移动新闻客户端的功能，满足不同用户的个性化需求，如针对不同层次需求的订阅服务，基于大数据的个性化新闻推荐、离线浏览等，从而提高用户的绩效预期，促进其使用行为。努力预期的影响次之（$\beta = 0.16^{**}$），一方面，随着新闻客户端设计上的不断完善，对于大多数智能手机用户而言使用非常简单，但对于众多首次接触智能手机或是新闻客户端应用的用户来说，使用操作依然存在一定障碍，因此新闻客户端新手引导功能就显得比较重要。另一方面，由于移动新闻客户端文字、图片、视频等资讯信息量巨大，应该优化分类导航，使得用户可以简单、快捷找到最想要的新闻，提升产品的易用性。另外，社会性因素也不容忽视。例如，可以利用早期手机用户乐于分享的社交效应，引导后期用户对客户端服务的优势及功能的了解，最终达到市场推广的目的。

从关键动机因素来看，内容满意对使用行为的形成影响最大（$\beta = 0.30^{***}$）。这说明移动新闻客户端作为一个新闻传播渠道，其媒体的根本属性——内容，仍是用户最关注的。移动互联时代是新闻泛滥的时代，一方面，应该尽可能将优质和用户最关心的时事新闻筛选出来最快的提供给用户，比如，提供重大事件推送、区域化新闻内容精选等。另一方面，应该创造更多有价值的原创资源，是值得打造新的内容价值的，比如，提供更多高质量的原创视频、优质的观点评论和独家播报等。无聊倾向对使用行为的影响次之（$\beta = 0.22^{***}$）。由于手机作为智能移动终端，受到屏幕大小等限制，最适合碎片化阅读。有数据显示：近七成用户习惯在睡前浏览客户端新闻；其次为上下班途中、午休时间以及无聊时。如何把握用户这些零散时间的使用心理，提升客户端的可用性，激发用户的阅读兴趣是值得客户端运营商探索的问题。比如，在大数据分析框架下，通过对客户端用户阅读行为监测获得的数据进行用户行为分析，更加详细、清楚地了解用户的行为习惯。另外，情感需求也对使用行为产生显著影响，这与Weber等人的研究结论类似，新闻的距离感与用户越近，在线新闻用户越愿意发表相关评论。因此，移动新闻内容设计上应该更注重用户情感的关怀，吸引更多的用户参与新闻讨论。研究还发现，内容满意显著影响绩效预期。因此完善新闻客户端的内容是提高用户绩效预期的一个重要途径，如果用户在使用客户端提供的各类新闻内容（例如文字、图片或者视频质量）感觉到不满意，则将很难预期使用该客户端能产生较好的绩效。

五、结语

本文将 UTAUT 应用于移动新闻客户端这一移动阅读服务的特定情境，结合移动新闻客户端用户关键动机分析构建研究模型，并进行了实证检验。实证研究结果表明，UTAUT 中的绩效预期、努力预期和社会性因素对使用行为的作用均为显著；从用户关键动机层面来看，内容满意、无聊倾向和情感需求是影响使用行为的三个主要变量，且内容满意通过绩效预期的中介作用进一步影响使用行为。因此，移动新闻客户端运营商全方位打造高品质的客户端，才能吸引更多用户采纳：一方面，不断完善客户端功能和设计，注重客户端推广；另一方面，进一步提升新闻内容质量，利用大数据技术分析用户阅读行为习惯，从思想和情感的层面体现对用户的关怀。

参考文献

[1] 用户更偏爱移动端读新闻，载 http://www.chinaxwcb.com/2014－11/18/content_306252.htm.

[2] 高思远："新闻客户端大战对移动阅读带来的新要求"，载《青年记者》2015 年第 2 期。

[3] Venkatesh V., Morris M. G., Davis G. B., et al, "User acceptance of information technology: towards a unified view", *MIS Quarterly*, 2003, 27 (3).

[4] 周涛、鲁耀斌、张金隆："整合 TTF 与 UTAUT 视角的移动银行用户采纳行为研究"，载《管理科学》2009 年第 22 期。

[5] 崔秀菊："基于 UTAUT 模型的移动学习用户接受影响因素研究"，载《软件导刊》2014 年第 13 期。

[6] 97.4%用户每天使用手机新闻客户端，个性化服务或成竞争关键，载 http://www.cnetnews.com.cn/2015/0206/3046076.shtml.

[7] Alharbi, S.; Drew, S., "Mobile learning－system usage: An integrated framework to measure students' behavioural intention", *Science and Information Conference (SAI)*, 2014.

［8］尹敬刚、李晶、魏登柏："移动互联网环境下发表评论意愿的影响因素研究——一个整合模型的视角"，载《图书情报工作》2012年第2期。

［9］姚江龙、汪芳启："网络新闻跟帖中网民情感表达分析——以网易新闻跟帖为个案"，载《编辑之友》2013年第11期。

［10］2014下半年移动新闻客户端报告，http://www.sootoo.com/content/535482.shtml.

［11］姚梦萍、贾振彪、陈欣、周静："大学生无聊倾向与手机依赖行为关系"，载《中国公共卫生》2015年第2期。

［12］Koivumäki, T., Ristola, A., Kesti, M., "The effects of information quality of mobile information services on user satisfaction and service acceptance – empirical evidence from Finland", *Behaviour & Information Technology*, 2008, 27 (5), pp. 375 ~ 385.

［13］Papacharissi, Zizi, and Alan M. Rubin, "Predictors of Internet use", *Journal of Broadcasting & Electronic Media*, 2000, 44 (2), pp. 175 ~ 196.

［14］Farmer, R., Sundberg, "N. D. Boredom proneness——the development and correlates of a new scale", *Journal of personality assessment*, 1986, 50 (1), pp. 4 ~ 17.

［15］"新闻客户端：何方突围?"，载 http://paper.people.com.cn/rmrbhwb/html/2014-04/11/content_1413770.htm.

［16］Weber, Patrick, "Discussions in the comments section: Factors influencing participation and interactivity in online newspapers' reader comments", *New Media & Society*, 2014, 16 (6), pp. 941 ~ 957.

动漫产业现状对高校动漫专业教育的启示[1]

李　瑾*　张晓明**

[摘　要] 作为文化创意产业的重要组成部分，动漫行业需要各类人才紧密合作，主要分为创作类人才和制作类人才两大类。目前，高校动漫专业、中高职和培训机构多以“制作类人才”为主，因此，这类人才已有足够的培养机构和充足的人才储备。现在严重缺乏的是创作人才，也鲜有专门培养优秀创作类人才的机构。本文针对动漫创作类人才培养进行分析论述，寻找能够集中培育优秀创作人才的合适环境，并对该类人才培养的可行性进行梳理。

[关键词] 原创人才培养；文化创意产业；文化资源；高校动漫教育；漫画；动漫产业

一、引言

2012年开始国产原创动画片产量收缩，现有的动漫人才培养模式将在未来几年经历严峻考验。动漫作品的生产需要各类不同人才紧密合作，主要分为创作类人才和制作类人才两大类。目前我国已有592所高校拥有动漫专业，加上水晶石、数码时代等动漫专业培训机构，以及全国各地设有动漫专业的中高职院校，数量已相当可观，但基本都集中在“动漫制作类人才”的培养上，动漫制作类人才产能严重过剩。鲜有专门培养创作类人才的教育机构。其实当下国产动漫缺少的并不是制作人才，而是“创作类

---

〔1〕 本文是北京市教委专项项目（编号04190115002）、北京印刷学院北印英才项目的阶段性成果之一。

* 李瑾，北京印刷学院设计艺术学院副教授，动画与游戏方向。

** 张晓明，北京市新媒体技师学院讲师，动画与游戏方向。

人才”。但现状却是“创作类人才培养”的严重缺失，因此造成了原创能力的不足、优秀动漫作品的稀缺。

二、动漫大环境不景气带来的启示

（一）近年国产动画产量变化

杭州被称为我国动漫之都，近几年来动漫产业的飞速发展备受瞩目，在2011年更是在全国原创电视动画片生产十大城市评选中位居首位。但在持续高速发展了近7年后，从2012年开始杭州的原创动画数量和公司数量突然收缩，一年中减少了近一半的动漫企业（见图1）。笔者2014年底调研发现，杭州动漫产业确实萎缩明显，多家中小型动漫公司正在纷纷转型，动漫公司大量减少。

杭州动漫产业的波动虽然只是城市的个例，但由于其与全国电视动画片产量趋势具有相似性（见图2），因此有更强的参考价值，某种程度上可以看作是我国动漫产业的缩影。

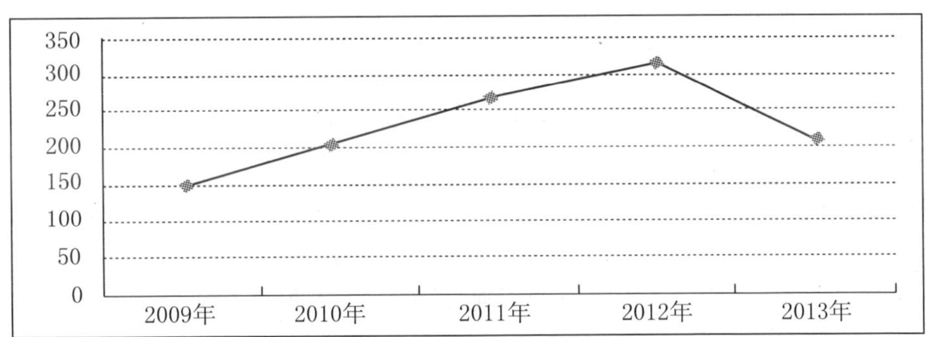

图1　杭州2009～2013年动漫企业数量

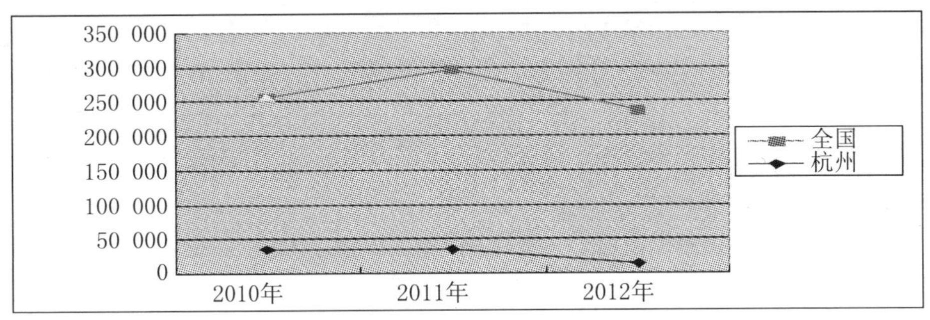

图2　杭州和全国2010～2012年原创电视动画片产量

（二）整体规模缩小，部分稳步兴起

在调研中发现，杭州整体动漫规模缩小的同时，一些动漫公司却在稳步兴起：如玄机科技、姚非拉漫画工作室等。玄机科技多年来一直在打造一个原创动画主题“秦时明月”，这也是国内最具影响力的、口碑最好的原创动画品牌之一，已经推出了四部动画系列片，也推出了手游、页游、舞台剧、漫画等，在2014年的秦时明月动画电影更是获得4000多万票房，同名真人电视剧也已推出，已经成功发展壮大。另外有一些漫画工作室，如夏天岛工作室，该工作室有夏达，姚非拉、猪乐桃等漫画名家，近些年包揽了包括金龙奖等大量漫画大奖。夏达也在2011年登上春晚舞台被更多人熟知。同样逆势兴起的情形也发生在国内其他地区，北京若森的“画江湖之不良人”仅在网络播出了29集就已获得极高的呼声和口碑，爱奇艺的“十万个冷笑话”、“中国惊奇先生”等都在这两年获得了过亿的点击量。

（三）不同主题的动漫公司逆势兴起

在国内动漫产业不景气的环境下，这些在不同地区做不同主题的动漫公司却在逆势兴起，他们成功的原因值得我们深入研究，这些原因当中是否有共性可寻？分析发现，除了与政府的大力扶植、对原创的保护和支持这些原因外，这些兴起的公司还有一个明显的共性——做优质原创。玄机科技和若森做的是原创动画；姚非拉工作室、十冷是做原创漫画。虽然使用不同的表达形式，方向却完全相同——都是坚持在做高质量的原创作品。

（四）优质原创动漫的创作过程异常艰苦

优质原创动漫的创作过程异常艰苦，生存极其困难，坚持和积累缺一不可。在初期起步缓慢，需要大量的时间、很长的周期来积累、创作。寻找好的题材，建立核心观点，搭建故事框架，丰满人物关系，设计事件联系等。完成故事后还需要用视觉化的形式表现出来，如动画、漫画等。在这个漫长的创作周期中能存活下来的公司已经所剩无几。在撑过了这个周期之后，题材已经基本树立起来，就进入到了中期快速发展阶段，优质原创的优势和生命力得以开始显现，发展空间极大。一个题材可以被加工成无数种类的产品：动画系列片、游戏、漫画、周边玩偶、真人电视剧、电影等。如日本的海贼王，1997开始连载漫画，1999年底开始被制作成动画片，至今已连载10多年；火影忍者1999年开始漫画连载，2003年开始播放动画系列片，至今也已连载10多年；国内的十万个冷笑话，从2010年连载漫画开始积累，2年后随着人气的提升被制作成动画片，同名电影已于2015年初上映。由此可见，虽然优质原创动漫初期要存活下来绝非易事，只有超凡的坚持与高质量兼备才有可能成功，但只要初期给予一定的时间积累铺垫，它的中后期发展势头迅猛，可开发价值极强。日本的海贼王、火影忍者成功了，他们积累了10余年。秦时明月和十万个冷笑话成功了，他们积累了5到10年。但这些原创作品的旺盛生命力刚开始得以展现，他们会在今后不断的推出各种形式的新作，其中质量优异的作品也许会陪伴我们数十年，就像金庸的武侠作品，它是优质原创生命力最好的案例。金庸的武侠小说多年来脍炙人口，单说《天龙八部》一部作品，就4次被拍成电视剧，2次被拍成电影，更不提被改成网游、手游等。

三、优质原创作品急缺问题的解决方案

目前，面对优质原创作品急缺的问题，最方便、快捷，成本最低的办法就是通过漫画专业培养。

（1）优质原创动漫作品有着无限的发展潜力，国内目前是否有可以持续培养该类创作人才的机构?

现有的动漫人才培养机构主要由高校、中高职、培训机构3类构成。第一类，中高职教育可以培养掌握动画制作中某一环节技术的制作人员，如原动画师、场景绘制、填色、线稿等，倾向于掌握较简单技能的技术工人。第二类，动漫培训机构，如水晶石、火星时代等，可以传授动画制作中更加复杂的、高级的技能，如三维建模、三维角色动画、角色设计绘制技法等。这两类是从行业、企业的角度出发，以他们的需求为切入点，培养可以和产业有良好对接的各类艺术和技术人才。第三类，从高校动漫专业培养方案上面面俱到的专业课程可见，目前多数高校动漫专业的培养方向也是集中于动漫制作上，以学生的就业率为导向，毕业生多以掌握美术设计或软件技能为主。由此可见，目前国内缺乏能够系统、稳定培养优质原创人才和题材的机构。

比较而言，虽然目前3类动漫人才培养机构目标相似，但多数动漫类高校培养的毕业生确是距离行业和产业期望的人才距离最远的：相比中高职和培训机构，高校难有可以及时更新的制作技术，缺少企业中的实践经验，也很难保持对社会、产业的变化高度敏感，很难做到和企业的无缝

衔接。

（2）到底哪里是适合培养优质创作人才的环境和地点呢？

高校是这三种教育机构里门槛最高的：几十至几百年的文化积淀使其积累了深厚的文化底蕴；学生条件是最好的，生源兼具一定的美术基础和文化素质，大学生思维活跃，具有思考和创造的能力；教师文化层次高，具有引导其创造的能力，以及肩负的传递思想的使命。这些是其他教育机构缺乏的、高校最大的优势。因此，高校是三类教育机构中培养优质原创人才最合适的地点。

由此，可以实现各类不同人才的培养与教育相互对应，“有高端的创作型人才培养模式，亦有应用型的制作人才培养方案”。过剩的动漫制作类人才培养得以抑制缓解，严重稀缺的优秀创作人才也得以被稳定培养和输出。

（3）高校文化上的优势与动漫行业迫切需要的“创新”和“创造”的特点相契合。那么，该如何在高校实现优质原创人才的培养？

目前，最方便、快捷，成本最低的办法就是通过漫画专业培养。

四、漫画专业培养优质原创人才的可行性分析

漫画专业培养优质原创人才，一方面，可以摆脱以往耗费大量精力却事倍功半的全面动漫教育的弊端，集中于漫画创作上来，学生可以以极高的效率学习精炼的专业课程，并有充足的时间进行创作和实践。

（1）发展漫画的必要性。

漫画在近些年已经被证明不仅是一个独立的艺术门类，更是和动画、电影、电视剧、小说、周边衍生品等行业紧密的联系在了一起，成为了动画产业的源头。

日本作为漫画发展最发达的地区之一，拥有成千上万的优秀漫画家、无数的优秀漫画作品。大量坚实的漫画作者盾奠定了日本动画、游戏、影视等产业链条的良性循环的基础。近几年在国内影响较大的有，火影忍者和海贼王是从漫画起家外。还有宫崎骏的代表作品之一‘风之谷’也有着相同的经历：“准备制作《风之谷》电影的最开始，并没有受到太多人的信任和支持，于是当时还是杂志编辑的铃木敏夫建议先连载漫画，然后看市场的反映，再确定其影响力。漫画开始连载后，受到了许多读者热烈的响应，于是电影终于开始提上日程，并于 1984 年上映”。可见漫画在日本

的巨大影响和重要作用。“日本成熟的漫画市场会对大量的漫画进行筛选，充当了动漫产业项目论证的角色。经过市场检验的漫画更容易得到企业的投资，为动画片的制作打下基础。”

美国在近些年中，也在不断将知名漫画搬上荧幕，漫威漫画里的各种“侠”最为典型。2008 年至今，已有 3 部钢铁侠，4 部蜘蛛侠，2 部雷神索尔，2 部美国队长，超胆侠，光速侠，2 部神奇四侠等上映院线，其中蜘蛛侠还有 2 个不同版本，蜘蛛侠和超凡蜘蛛侠，美国队长和雷神在 2015 年上映第三部。正如《中国动漫产业发展报告 2012》中说的“对历史上包括英雄漫画在内的经典作品进行真人化改编，此举不但拯救了好莱坞，更令漫画改编电影成为美国影坛百试不爽的票房仙丹”。

美日成功的漫画发展模式已为我们提供了动漫产业原创力不足的解决方案——漫画来做动画产业的源头，用漫画完成创作环节，漫画的生命力来检验原创的质量。这个方案是否在国内也同样通用，已被一些的先行者验证，成果初步显露：爱奇艺的十万个冷笑话，同样也是走了从漫画到动画系列片最终至动画电影的路线。截至 2015 年 1 月 13 日，动画电影票房累计 1. 1 亿，成为历史上第一部票房过亿的动画电影。还有中国惊奇先生、尸兄等都已被拍成动画。事实证明此举在中国同样行得通，国内也已经初步具备了优秀漫画作为动漫产业首个环节的土壤和环境。在此条件下，优秀漫画作品的不足格外明显，优秀漫画人才的培养刻不容缓。

（2）漫画更快捷、成本更低。

漫画和动画一样，都是表达思想、讲述故事的形式，都是直观的、视觉化的形式。漫画的优势体现在：首先，漫画是用绘画表达思想的最便捷的形式，自由、机动和高效，人员配置多以单体个人为主，顶多需要一个微型团队。其次，漫画对绘画技巧的要求并不高，工作量主要是集中于创意和编故事这个创作环节。相比较而言，动画的成本就高很多，除了巨大的工作量，还需要一个完整团队的合作才能完成，而三维动画尤甚。除了创作环节和漫画相似外，还需要成员分别掌握完整的动画制作每个环节的技术。

（3）漫画在课程设置上的分析。

由于动画制作的环节繁多，技艺复杂，现有的动漫专业课程设计多数大而广，涵盖动画创作到制作的所有环节，以及大量的软件操作，学生的精力被四年满满的课程占据：从图像到图形软件、从二维软件到三维软件、从前期到中期至后期制作等，学生很难再有时间精力去创作去思考，因而基本失去了原创的动力。这样“眉毛胡子一把抓”倒不如“好钢用到刀刃上”，集中学生宝贵的精力专心做创作。因此，在大学4年同样时间和精力的前提下，显然用漫画这种形式培养原创人才和题材是成功率更高的、更为可行的。

（4）漫画专业的就业形势。

中国漫画产业发展报告说：“漫画期刊对作品数量需求庞大，由此产生期刊之间争夺作者、争夺作品、内容同质化严重等不良现象。即使是有妖气、91AC等网络与数字出版平台为创作新人提供了较多的入门捷径，却仍然是远水解不了近渴，无法解决眼前用人的燃眉之急。”漫画行业很少有十几至几十人在技能培训后还要竞争上岗的情况，因为漫画有更广阔的应用平台来支撑。传统的有杂志、刊物，现在还有网络、新媒体等，不需要都往传统媒体里挤着过独木桥了。单单借助网络媒体，对漫画的需求量就是巨大的：现在漫画网站平台就有数十个，其中以原创漫画为主的网站也早已崭露头角，“有妖气、纵横动漫为代表的部分以原创漫画为主要运营内容的网站快速崛起，赋予了网络漫画以全新生命力，并将网络漫画带入到一个新的发展阶段”。《2013中国动漫产业发展报告》有一标题是：“互联网动漫诞生10亿级阅读量作品”，有内容表明“网络漫画《尸兄》在2013年7月率先突破10亿次点击”（截至2014年4月已累计达31亿次点击）。当然不止“尸兄”，通过网络连载获得成功的还有“中国惊奇先生”、“十万个冷笑话”、“末世人间道”等。现在的网络媒体可以为漫画提供足够广大的平台：只要是高质量的作品，数量越多越好，事实是现有的还远远无法满足需求。日本就有上万个优秀的漫画家，中国显然有更大的市场需求。

由此可见，漫画专业培养优质原创人才，一方面，可以摆脱以往耗费大量精力却事倍功半的全面动漫教育的弊端，集中于漫画创作上来；另一方面，学生可以以极高的效率学习精炼的专业课程，并有充足的时间进行创作和实践。

五、结语

动漫行业需要各型各色的人才，根据创作、制作过程中的每一个环节的不同，人才需求的侧重点也不同。例如，漫画创作的核心是故事创作和表达，需要创作型人才；美术风格与设计环节需要美术基础好、艺术表现力强的美术人才；制作过程中的建模环节需要以熟练掌握技术操作为主的、有一定造型能力的技术型人才；三维角色动画环节需要兼具熟练掌握三维动画技术和动画规律的技术型动作设计人才等。在已有的动漫制作人才充足的基础上，高校漫画专业的开设可以逐渐完善适合产业发展需求的动漫教育模式。

另外，可以解决优秀原创作品只是“偶然出现”的现状，解决原创作品的数量和质量都不足的弊端。从高校这样合适的环境培养创作人才，会形成数量稳定的、高质量的原创来源。

这样，才能在漫画、动画、游戏、影视等这个紧密相连的产业链条中，从首要环节开始打造，把基础夯实。才可以在最短的周期内有效的积累优秀的原创题材和人才资源，持续不断的增强原创力，推动并最终实现原创题材的井喷，从而带动整个动漫产业链条的成功发展，推动积累优质原创文化资源。值得关注的是，在漫画人才的培养方面，“中国传媒大学动画与数字艺术学院与日本讲谈社漫画学院签署了《共建讲谈社 Famous Schools 漫画学院中国分院》合作协议，在漫画人才培养、出版交流等多方面达成共识，为中国漫画人才的培养拓宽了渠道”。虽然截至目前，教育成果仍未可知，但中国传媒大学迈出了革命性的第一步，相信成果将在不久的将来展现。

参考文献

［1］肖永亮：“中国动画教育现状分析”，载《北京联合大学学报（人文社会科学版）》2011 年第 8 期。

［2］数据来源：腾讯动漫、搜狐视频：《杭州动漫产业及动漫节发展情况简介》，载 http://tv.sohu.com/20140409/n397982802.shtml.

［3］数据来源：《中国动漫产业发展报告》2012 年、2013 年、2014 年版。

［4］李和畅：“日本动/漫画教育模式及其对我国的启示”，载《郑州轻工业学院学报》2011 年第 4 期。

［5］百度百科：《风之谷》，载 http://baike.baidu.com/link?url=3F9JyCGtoWmSjNejG6tZgtJ2JUwe2_AgPS5ySof4HSXUJYTGwqEhb84V15Uy8SMOfch54Dzr_lvxA7FgkInh42t7GyBM5WJm6pnJDDpSxZ_.

[6] 何建平："日本动漫产业运作模式研究——兼论对中国动漫产业的启示"，载《当代电影》2009年第7期。

[7] 卢斌、郑玉明：《中国动漫产业发展报告2012》，社会科学文献出版社2012年版。

[8] 新华网："十万个冷笑话变神话成开年首部票房破亿电影"，载 http://news.xinhuanet.com/zgjx/2015-01/15/c_133920299.htm.

[9] 卢斌、郑玉明：《中国动漫产业发展报告2012》，社会科学文献出版社2012年版。

[10] 卢斌：《中国动漫产业发展报告2014》，社会科学文献出版社2014年版。

《数字出版内容投送平台评估体系》 研究

黄孝章 *　汪诗烨 **

[摘　要] 本文围绕数字出版内容投送平台的资源汇聚规模、资源的市场推广度及海外市场拓展情况、内容审核流程、内容版权保护及与合作单位结算体系的公平性和信息公开度等问题对国内主流数字出版内容投送平台进行了详细调研，构建了数字出版内容投送平台评估指标体系，对推动数字出版内容投送平台的建设和管理具有十分重要的意义。

[关键词] 数字出版；内容投送平台；评估体系

一、引言

2013 年 11 月新闻出版广电总局印发了《关于加强数字出版内容投送平台建设和管理的指导意见》（新出政发［2013］11 号，以下简称《指导意见》)，明确提出将着力构建技术先进、覆盖广泛、传播快捷的现代优质数字出版内容传播体系。打造多种主体参与的数字出版内容投送新格局，培育带动数字出版产业快速发展的骨干平台，同时营造健康有序的数字出版内容投送平台建设、运营市场环境。为落实《指导意见》的有关要求，总局数字出版司委托作者构建《数字出版内容投送平台评估体系》，以进一步推动数字出版内容投送平台的建设和管理。

为摸清当前国内数字出版内容投送平台建设发展的基本情况，为研究

---

* 黄孝章，男，1964 年生，湖南人，北京印刷学院经济管理学院信息管理系教授。出版著作 5 部，在国内外核心期刊上发表论文 30 多篇，主要研究方向为传媒经济与管理和数字出版。邮箱：huangxiaozhang@ sina. com。

** 汪诗烨，1995 年生，北京印刷学院经济管理学院 2013 级信息管理与信息系统专业学生。

和构建《数字出版内容投送平台评估体系》奠定基础，作者及课题组成员重点围绕数字出版内容投送平台的资源汇聚规模、资源的市场推广度及海外市场拓展情况、内容审核流程、内容版权保护及与合作单位结算体系的公平性和信息公开度等问题分别对不同业务类型和所有制属性的数字出版内容投送平台进行了专题调研，实地考察了中国移动游戏基地、凤凰出版集团、腾讯网、中国移动手机阅读基地、中国电信天翼数字阅读基地、阿里巴巴、19楼、盛大文学、沪江网、方正阿帕比等数字内容投送平台。对目前国内主流数字内容投送平台的发展状况有了深入了解。

二、我国数字内容投送平台的发展现状

从数字内容投送平台投送的内容产品看，目前数字内容投送平台大致可分为：大众阅读类、在线教育类、网络文学原创类、互游戏类和资源类等多种类型，其商业模式、运营思路及平台规模等各有特点。

（一）大众阅读类内容投送平台

1. 中国移动阅读平台。中国移动阅读平台是中国移动手机阅读基地打造的大型数字阅读平台。中国移动手机阅读基地目前有员工700人，其中杭州团队500人，北京团队200人，基地设有综合运营部、手机报新媒体事业部、出版内容运营事业部、原创内容运营事业部、女生内容运营事业部等12个部门，形成了互联网化的组织运作体系。

中国移动手机阅读平台已形成多元化的阅读产品体系，内容涵盖图书、小说、报纸、期刊、杂志、漫画、图片、听书等多种内容资源。手机图书目前汇聚超过42万册正版内容；手机报共有发行报194份，转载报9份；手机听书推出五大垂直栏目，汇聚超过1.4万部优质听书；手机杂志已推出1300多种，超过4万期手机杂志，提供图文混排、全真阅读体验；手机图片汇聚10万张高清图片，目前已上线近14 000集，推进手机读图时代的到来；手机漫画书汇聚超8000部，超过45 000集优质漫画，打造全新图片漫画格式。

中国移动手机阅读基地联合产业各方，打造出了最大的数字阅读产业生态圈。目前与其合作的CP合作伙伴、媒体合作伙伴、渠道合作伙伴和平台合作伙伴等各类合作伙伴超过600家，与合作伙伴形成了良好的合作共赢机制，其中分成收入超过1000万的CP有40多家。

在市场占有率方面，中国移动手机阅读基地在行业里处于遥遥领先地

位。2013 年手机阅读收入为 35 亿元，占总产值 68 亿元的 58.3%，手机报收入为 13 亿元，占总产值 21 亿元的 61.6%，移动阅读客户端已覆盖 1254 款移动终端，全网覆盖用户超过 2 亿，月访问用户超过 1.5 亿，日均 PV 超过 5 亿。

在内容的生产与管理方面，中国移动手机阅读基地制定了严格的内容引入和审核流程，通过 CP 审核、初审、复审、外审和质检上架“五步法”，形成了国内最大的绿色正版内容库和风险防空中心。

在版权管理方面，中国移动手机阅读基地手机阅读基地贯彻“先授权、后传播”，实行国内最严格的数字版权审核要求和标准，版权审核的标准是追溯到作者享有版权的原权利文件，同时严格审查各版权授权链条。版权审核通过的作品，将其信息导入版权库后，内容方可上传。上架后的作品如果有版权投诉情况，会有专人及时处理。

在合作的公平性及信息公开度方面，中国移动手机阅读基地坚持规范透明、公开公正的合作管理方式，并在官网上对外公布了合作伙伴的合作标准服务承诺，承诺涉及基地各类业务审核、版权审核、结算数据等方面，以此保障合作伙伴的权益，合作伙伴可以随时登录系统查询其作品在手机平台上产生的实收信息费。

2. 中国电信天翼阅读平台。2010 年中国电信集团发文在杭州成立中国电信数字阅读基地，同年 9 月 8 日，正式宣布天翼阅读基地在杭州建成，同时发布了天翼阅读产品，标志着天翼阅读平台的正式运营。

中国电信天翼阅读平台现有“天翼阅读”、“氧气听书”、“政企书屋”三大业务品牌。“天翼阅读”内容资源种类包括图书、杂志和漫画等，其中图书为 243 869 本，杂志 40 574 期，漫画 32 748 集，图文内容汇聚总量超过 32 万册。产品包括 WAP（简/炫版）、Andioid 客户端、WWW 门户网站、Brew 客户端、Windows Phone 客户端、IPhone 客户端和 IPTV 等。“氧气听书”是目前国内最大的正版听书内容库，听书作品共 3 万部，听书内容时长达 15 万小时，包括有声小说、经管、文史、育儿、综艺等十个大类。

在与企业合作方面，天翼阅读目前有内容合作伙伴 223 家，其中出版单位 84 家。氧气听书有内容合作伙伴 88 家，大型数字化阅读门户企业 9 家，一般互联网企业 55 家。合作均采取收益分成模式。

在信息公开及共享方面，通过 CP 门户向合作伙伴共享包括访问量、阅读量、用户数、订购量等在内的运营数据，以及细化到单本书籍的结算单。氧气听书主要通过合作伙伴交流沟通机制实现，做到重要信息及时与全面共享。合作伙伴沟通机制包括：①专人对接：每家合作伙伴对应一个天翼阅读固定商务接口进行日常信息咨询、通告、建议收集等；②业务交流群：天翼阅读工作人员通过日常业务交流群实时与合作伙伴交流互动；③合作伙伴交流研讨会：根据业务发展需要，不定期开展合作伙伴交流研讨会。

在市场占有率方面，目前天翼阅读注册用户数超过2.25亿，海外用户超过50万，最近日均独立访问IP数（日均UV，包括APP、WAP）为173万，最近日均PV量（日均UV，包括APP、WAP）为7300万。氧气听书注册用户超过5000万，日均UV15万，日收听量60万以上。

在内容生产与管理方面，目前天翼阅读平台的全部图书均有合作伙伴自行制作上传，合作伙伴全部通过预先开设的帐号，在天翼阅读平台后台上传数字内容，版权审核专员对所有合作伙伴提交的内容版权进行审核，反馈审核结果，接口版权投诉，初审编辑和复审编辑分别对没有版权争议的内容进行全面审读，发布专员对编审通过的内容进行上线发布，对因版权到期、投诉等原因需要暂停的内容进行暂停处理。

（二）教育类内容投送平台

1. 凤凰教育网。凤凰教育网和学科网是江苏凤凰数字传媒有限公司（以下简称“凤凰数字传媒”）重要的数字出版内容投送平台。凤凰数字传媒是江苏凤凰出版传媒股份有限公司下属的全资子公司，目前已具有规模超过100人的数字出版专业队伍，已建成面积达400多平方米的现代数据中心、音像演播中心，其业务涵盖数字内容编辑、学习软件开发和网络运营等多个领域。

凤凰教育网是凤凰数字传媒建设的大型教育网站。凤凰教育网自2009年9月上线以来，发展很快。凤凰教育网首期以23种凤凰版中小学教材的官方网站为主体，各教材网站及时提供最权威的教材资讯和培训资料，并利用网络手段向教材使用地区广大教师提供各种延伸服务，网站也为教材编者、出版社与广大教师的沟通、交流起到桥梁作用。网站还将为广大教师提供多种多样的配套教学资源，包括学科专家讲座、优秀教师示范课、教案、课件、素材及试卷等。这些资源对教师教学具有很强的实用性，有利于提高教学质量。凤凰数字化教材具有多媒体化、个性化和多元化等特点，其最好的数字化英语教材每年的销售额已超过100万元。通过远程教育和在线题库等内容，实现了线上个性化教学与自主学习，其在线题库中入库题目达60万道，为数字化时代背景下的教与学提供了一种全新模式。

凤凰教育网成立时间短，发展迅速，具有广阔的市场前景，是成长性好的在线教育内容投送平台，但版权保护水平较低，需要进一步加强。

2. 沪江网。沪江网诞生于2001年，自2006年开始公司化运营，现已成为拥有700名全职员工、2000名兼职员工，影响力辐射2亿学习者、7000万注册用户、300万学员的大型互联网教育企业，也是上海市唯一一家获得由国家教育部直接颁发的“代远程教育资质的互联网教育企业”称号的企业。

沪江网旗下业务包括教育门户网站、网络SNS社区、教育电商平台—沪江网以及在线互动教学平台——沪江网校等。

在资源汇聚方面，沪江网校已开通在线课程1000多门，学习内容涵盖10多种语言、中小学教育、亲子启蒙、职场技能、艺术兴趣等。沪江网店提供近3000种数字图书，单日交易额超过300万元，产品覆盖电脑端、平板端、手机端及电视端，为3岁到70岁全年龄段人群提供全方位的学习服务；在运营与合作方面，其运营与合作模式具有创新性，目前已有2000多家机构和名师与沪江网展开深度合作，其中包括国际巨擘麦格劳－希尔教育集团、牛津大学出版社、哈珀·柯林斯集团等。

（三）网络文学原创类内容投送平台

1. 盛大文学内容投送平台。盛大文学在国内网络原创文学龙头企业，盛大文学内容投送平台是国内最大的网络原创文学内容投送平台。

盛大文学共运营6家原创文学网站，1家听书网，1家电子期刊网，3家图书策划出版公司，1家数字电视企业以及1家影视文化公司，盛大文学旗下网站聚集了近160万名作者。

盛大文学内容投送平台汇聚了600余万原创作品，日均上传近6000万字。盛大文学旗下最大的起点中文网有近100万部作品。其中起点书库共有113 416部作品；玄幻/奇幻类作品341 938部；武侠/仙侠类作品138 450部；都市/职业类作品160 402部；历史/军事类作品41 507部；科幻/灵异类作品71 557部；其它作品54 042部。除网络小说外，平台还提供了超过

10 万个图书章节音频及 770 余册电子杂志。原创文学内容以穿越、玄幻/奇幻、武侠/仙侠、科幻/灵异、青春、校园题材居多，形式轻松活泼，用户多为青少年。

从市场规模及占有率方面看，目前全平台目前累计注册用户数 1.2 亿，PV 超过 1 亿，每日活跃用户达 500 万，活跃账号数 1500 万。

其在内容审核和管理方面，制定了严格的内容审查流程，通过系统和人工审查的双重把关对发布的内容进行监控。首先是对作者的审核，作者有一定的准入门槛，实行实名注册，以保证作者有较好的信誉度，并保持对作者信誉度的监测。作者签约后，对作者的身份信息、银行账号、联系方式等相关信息进行登记备案，进入系统管理。作者上传的每一部作品都分配一个唯一的 ID 号，然后进入内容审查阶段。内容审查分系统审查和人工审查两个步骤。系统审查主要是进行关键字过滤，目前正在完善的文字指纹识别系统上线后将和政府有关的内容监控系统进行对接。在人工审核阶段，对重要频道进行集中审核，包括初审、复审和外审，同时审核不仅仅是针对作品内容，还包括对与作品相关的书评信息和作者发布的与作品相关的一些言论等。要求作者修改的作品，要再次进入审核流程进行审核。作品审核通过后，再进入发布流程进行发布。

在内容资源版权保护方面，盛大文学自建的版权管理及版权追踪系统在日常平台内容资源版权保护的过程中发挥了“双剑合璧”，1 加 1 大于 2 的积极效应。版权管理系统对于盛大文学梳理自身平台内容资源、明确作品权属、理清法律关系起着相当重要的作用；同时，基于版权管理系统良好运作这一前提，版权追踪系统发挥着指导对外维权工作、明确维权目标、查清侵权盗版情况、初步整理盗版者身份信息等功能，通过版权追踪系统列出的详尽线索，盛大文学可以更快、更准确地对侵权盗版的行为予以打击，确保打击的重点部偏离并通过维权工作对于其它侵权盗版者起到震慑遏制的作用。

2. 腾讯文学内容投送平台。腾讯历经 15 年的发展，已跻身国际领先队列。2014 年上半年，腾讯总收入 381.4 亿元，与 2013 年同期相比增长 37%，毛利 227.7 亿元，与 2013 年同期相比增长 48%，净利润 122.6 亿元，与 2013 年同期相比增长 58%。

目前，腾讯已有员工 30 000 多人，有企业发展事业群、互动娱乐事业群、移动互联网事业群、网络媒体事业群、社交网络事业群、微信事业群、技术工程事业群等 7 个事业群。其中腾讯互动娱乐事业群有超过 7000 人的强大队伍，其主要业务包括腾讯文学、腾讯游戏、腾讯动漫和腾讯电影。

在内容汇聚规模上看，腾讯文学内容投送平台以玄幻、武侠、网游、都市、言情、青春、历史、军事、科幻等题材居多。目前，创世中文网作品总数已达 70 000 多部，原创作者超过 17 万，其中被读者认可的知名作家 300 多位，日销售额过万的作家 12 位。云起书院已拥有作品总数超过 110 000 部，每日更新作品 5000 多部，日更新字数累计超过 2000 万字，年收入百万以上的女性作者 5 人，年收入十万以上的作者 100 余人。畅销图书定位于传统文学类图书，在该产品线上已投入约 4 亿元用于购买传统文学版权，已有图书近 20 万册。

在内容审核和管理上，具有十分完善的信息安全保障体系，包括信息的策略保障、审核保障和技术保障三个方面。

从市场规模及市场占有率来看，腾讯文学在此前提出的全平台战略使得 PC 端的腾讯网（独立用户数已达 4.2 亿）、无线门户以及移动端拥有的 5.5 亿月活跃账户和手机 QQ 为其提供渠道支持，依托腾讯庞大的用户基础和自由渠道的导流作用，腾讯文学在短时间内聚集起大量用户。除此之外，为弥补平台在内容资源积累上的不足，腾讯文学一方面挖角大神作家，另一方面推出具有吸引力的作家福利体系，通过高稿酬、高分成吸引作家入驻平台。除了扩充平台的内容资源，腾讯文学还加紧文学的“泛娱乐”运作，基于腾讯平台的大数据优势，通过对明星 IP 精准的市场分析和市场定位，确立一套统一互通的全版权运营方案，据此开放平台、吸纳和选择合作伙伴进行下游版权的延伸拓展，并深度介入和参与下游版权产品的开发。2014 年腾讯文学的年产值已超过 10 亿，市场占有率紧随盛大文学之后，在 30% 左右。

（四）游戏类内容投送平台

1. 中国移动游戏基地游戏平台。中国移动通讯集团公司于 2009 年 6 月在江苏南京建立了中国移动游戏基地，负责中国移动游戏业务发展以及市场推广、内容引入与合作伙伴管理、平台和门户规划、建设及运营等工作。目前基地拥有员工 140 多人，下设 5 个专业室，即商务拓展室、业务运营室、营销推广室、合作伙伴管理室和系统支撑室。基地运营的游戏平台有“和游戏开放平台”和“智能游戏管理平台 iGop”等。

从手机游戏平台发展规模看，中国移动游戏基地手机游戏平台是目前国内规模最大的游戏平台。目前基地游戏平台运营的游戏款数总量超过1.5万款，并且以每月新接入500款的速度在增长。游戏的种类包括棋牌游戏、益智类的教育游戏、动作格斗游戏、跑酷游戏和军事游戏等。游戏以轻度游戏为主，是收入的主体，重度游戏较少。

从市场规模及市场占有率看，中国移动游戏基地手机游戏的总体收入占领了中国移动游戏市场近60%的份额。目前基地游戏平台用户超过4亿，2013年总收入达110多亿元，占中国移动游戏市场总额的58%，2014年6月安卓的收入就高达6亿元。

在与企业合作方面，中国移动手机游戏基地制定了《中国移动手机游戏基地网游合作管理办法》，坚持开放、透明和高效的原则与游戏开发企业、CP及渠道商等企业展开合作。目前中国移动游戏基地签约合作的企业已经超过2000家，与国际游戏企业的TOP10位和国内游戏企业TOP30位的企业均有合作，未来将进一步开展同国外运营商游戏业务的合作，如同日本、韩国等的主流运营商合作，实现跨运营商融合计费。此外，中国移动游戏基地还联合国家教育主管部门共同发展教育游戏，面向所有年龄段打造集科学性、内容性和游戏性于一体的教育游戏体系，开拓教育与游戏结合新模式，传播健康游戏理念，还与国家体育总局棋牌运动管理中心签署长期战略合作协议，合力打造“千万用户参与、亿万用户知晓”的全国网络智力运动会，致力于弘扬传统棋牌文化，倡导全民健身的健康游戏理念。

在游戏内容审查方面，目前有专门的测试团队按内部测试规范对申报接入的游戏进行测试和病毒扫描，但由于政府监管部门还没有出台关于手机网游监管的相关文件，同时考虑到CP的利益，因此对手机游戏内容及版权的审核并不严格。

2. 腾讯游戏内容投送平台。腾讯游戏是腾讯四大网络平台之一，是国内大型的网络游戏社区之一。在开放性的发展模式下，腾讯游戏采取自主研发、代理合作、联合运营三者结合的方式，已经在网络游戏的多个细分市场领域形成专业化布局并取得良好的市场业绩。

腾讯游戏已拥有休闲游戏平台、大型网游、中型休闲游戏、桌面游戏、对战平台5大类逾60款游戏。腾讯游戏将打造强大的产品阵营，覆盖所有产品类型，为国内玩家提供最丰富、健康、时尚、快乐的游戏体验。

以“为用户提供一站式在线生活服务”为战略目标，形成规模最大的网络社区。

在网页游戏运营平台方面，腾讯平台一家独大，占据35%的市场份额。

（五）资源类投送平台

目前国内资源类投送平台主要有，方正阿帕比——中华数字书苑、中国知网、万方数据、龙源期刊等。

方正阿帕比作为国内最为知名的技术服务商，也是最早进入数字出版领域的企业之一。中华数字书苑是阿帕比推出的专业的优质华文数字内容资源服务平台。中华数字书苑以数据库方式，收录了建国以来大部分的图书全文资源、全国各级各类报纸及年鉴、工具书、艺术图片等特色数字资源产品。

电子图书资源库有260万种电子图书供读者全文检索和在线浏览；报纸资源全文数据库获得了700多种报纸授权，其中600多种报纸在线正式运营，正式运营的报纸有70%实现了当日更新；中国地区与行业发展数据库整合了我国权威年鉴资源，其收录的年鉴近2000种10 000卷年鉴资源，覆盖了我国国民经济及社会发展的各个领域和地区；工具书资源全文数据库收录了2500余种工具书，3500多册，2000多万个词条；艺术博物馆图片数据库包含18个数据库，165个子库，30多万艺术图片。

中华数字书苑已经成为读者和学者研究、学习和传承中华文明的重要资源平台。截至目前，中华数字书苑先后11次作为国家领导人外出访问时赠送国际友人的国礼。

在与企业合作方面，阿帕比与250多家出版社，300多家报社建立了合作关系，合作模式有四六分成和三七分成两种模式，即阿帕比占收益的70%或60%，而内容提供商占收益的40%或30%。

在信息公开和共享方面，阿帕比并不向内容提供商直接公开和共享平台的营销信息，而是定期提供收益报表等信息。

在内容审核方面，阿帕比一般只对内容的质量进行审读。

在海外市场拓展方面，阿帕比已经和100多家海外机构建立了合作关系，2013年来自海外市场的收入接近200万元。

三、各类数字出版内容投送平台发展的主要特点

从调研情况看，各类数字内容投送平台的发展具有不同的特点。

（一）大众阅读类内容投送平台

1. 总体上还处于快速发展和成长阶段。

2. 规模较大的阅读类内容投送平台，如中国移动阅读平台、中国电信天翼阅读平台、淘宝阅读平台等，在用户、市场及资源汇聚等方面保持着稳速增长。

3. 在内容审读和把控方面，制度完善，流程规范、严格。

4. 在内容及渠道合作方面，建立起了公开、透明的结算体系，结算信息公开和共享程度较高，与合作伙伴互惠互利、合作共赢的局面正在逐步形成。

5. 在海外市场拓展方面还处于起步阶段，但市场拓展意识在逐步增强。

（二）教育类内容投送平台

1. 受教育体制的影响，尽管平台数量多，但具有较大规模和具有一定影响力的平台较少。

2. 多数平台汇聚的优质内容资源总量不足，用户及市场规模较小。

3. 版权保护和管理水平相对较低。

4. 随着教育体制的改革，在线教育特别是移动教育市场空间巨大，一批成长性较好的企业正在快速成长，如沪江网、学科网等平台的用户及市场规模正在猛速增长，发展前景广阔，未来影响力不可小量。

（三）网络文学原创类内容投送平台

1. 盛大文学、腾讯文学、百度文学等几家平台独大。

2. 用户及市场规模继续呈快速增长趋势。

3. 相比其它类平台，内容审读与质量把控流程更为严格和规范。

4. 相比其它类平台，结算体系透明度及信息公开与共享程度最高。

5. 版权保护意识强，版权保护和管理水平较高。

6. 海外用户及市场规模不大，海外市场拓展步伐不快。

7. 网络版权、影视剧改编、游戏改编、漫画话剧改编以及实体书出版的多版权运作模式正使网络文学进入到一个全新的高速发展期。

（四）游戏类内容投送平台

1. 用户、市场规模及游戏产品的开发继续呈快速增长趋势。

2. 结算体系透明，与合作伙伴的合作开放、高效。

3. 内容审核体制不完善，80% 的轻度游戏没有严格审核。

4. 网页游戏和手机游戏成为发展的重要趋势，但同质化现象严重。

5. 开始注重发展绿色游戏、传播优秀文化、引领社会新风尚。

6. 海外市场拓展意识强，已具有一定规模。市场已经覆盖港澳台、东南亚、土耳其及北美等地区。在跨运营商游戏业务合作方面，国内三大运营商正在积极开展和日本、韩国的主流运营商合作。

（五）资源类内容投送平台

1. 中国知网、方正 Apabi、万方数据、维普资讯等平台几家独大，特别是中国知网和方正 Apabi 在数字内容资源方面的霸主地位将很难撼动。

2. 用户及市场规模增速平稳，资源总量增速较快。

3. 结算体系的透明度及信息的公开和共享程度不高。

4. 在内容审核方面，一般只按各自平台的技术标准做质量审核，其它方面的审核由内容合作商负责。

5. 版权保护和管理意识强，水平高。

6. 海外市场规模较少，市场拓展意识不强。

四、《数字出版内容投送平台评估体系》设计

《数字出版内容投送平台评估体系》的设计需要着重考虑以下几方面指标：

1. 平台的用户规模。包括平台注册用户数量、活跃用户数量、日均 PV 量、同时在线用户数量、用户同比和环比增长率等。

2. 平台资源汇聚规模。包括内容资源的种类、各种资源的总量、资源总量的环比增长率等。

3. 市场规模。包括服务对象、服务领域内的市场占有率、一些细分市场的占有率、年销售总收入、销售收入环比增长率、资源订阅量、客户端订户数及市场拓展能力等。

4. 内容的审读与把控。包括内容的审读与管理制度、审读与管理流程、低俗内容的监管等。

5. 版权保护与管理。包括版权保护体系建设及技术系统应用等。

6. 合作伙伴。包括合作伙伴的数量、等级及合作模式等。

7. 结算体系建设。包括结算体系透明与公正程度，信息公开与共享程度等。

8. “走出去”情况。包括海外注册用户数量、海外销售收入情况、海外合作伙伴数量、海外网站或平台建设情况及海外投资规模等。

9. 社会、企业及管理部门对平台的认可度。包括绿色、传播优秀文化、引领社会新风尚等。

10. 企业的成长性。包括增长速度、在服务领域内的影响力及未来的发展空间等。

为对各类数字出版内容投送平台进行科学和有效的评估，以便国家对运营状况良好、发展潜力巨大和成长性好的平台企业给予培育和扶植，基于上述分析建立以下评价指标体系。

表1　评价指标体系

一级指标	二级指标	三级指标
内容生产与管理	内容编辑加工	内容审核制度
		内容编辑加工流程
	内容发布	内容发布流程
		终端适应性（多形态发布）
平台资源汇聚与集中度	内容资源汇聚总量	资源种类数（图书、报纸、杂志、动画、视频、图片、漫画、小说、音乐等）
		资源总量
		资源同比增长率
	技术应用	资源技术标引度
		知识关联度

（续表）

一级指标	二级指标	三级指标
资源推广度	市场及销售收入	年销售总收入
		销售收入环比增长率
		市场占有率
		细分市场占有率
		对外服务与交流（海外市场情况）
	资源浏览及订阅量	订阅量
		移动客户端订户数
		日均 PV 量
		日均独立访问 IP 数
	用户连结度	用户接触便利度
		用户体验度
		互动参与度
	用户规模	注册用户数量
		活跃用户数量
联盟合作	合作企业	渠道合作企业数量
		内容合作企业数量
	信息公布度	销售信息公布程度
		用户信息公布程度
	结算体系	与渠道商的结算体系
		与内容合作商的结算体系
		与分销商的结算体系
	版权合作	版权管理
		版权贸易

五、结束语

本文基于对我国目前主流内容投送平台的调研，分析了各类内容投送平台的特点，建立了内容投送平台评估的指标体系，在后续的研究中，将就指标体系中的各指标分值及权重进行设计，并进行实证分析。

参考文献

［1］新闻出版广电总局数字出版司：“数字内容投送平台专题调研报告”，2014年5月。

传统出版与新兴出版融合发展的研究进展[1]

王梓薇*

[摘　要] 本文在界定传统出版与新兴出版融合发展基本概念基础上，对国内外相关文献进行了梳理和提炼，厘清出当前传统出版与新兴出版融合发展的最新研究进展，辨明了下一步需要着力研究的方向与重点。

[关键词] 媒介融合；传统出版；新兴出版；融合发展

随着新媒体的繁荣与发展，我国出版业多年来一直在谋求将新媒体融入出版业并转化为现实增长。但这些探索实践多数只是涉足了新兴媒体，很多出版单位还停留在办网站、办手机报、办微博或微信，把书报刊转成电子版，把纸面内容转到互联网上，没有真正做到融合发展。在媒介融合大背景下，如何使传统出版和新兴出版更好地融合发展，既是要解决的重大现实问题，又是需要深入研究的理论问题。因此，梳理传统出版与新兴出版融合发展的研究进展就具有了非常重要的理论价值和现实意义。

一、传统出版与新兴出版融合发展提出的背景与含义

“十一五”以来，传统出版数字化转型一直是业界和学界探讨的重点，但最近一年来，业界和学者把研究视角与重点转向了传统出版与新兴出版融合发展问题。准确理解我国出版业研究发生如此重大转变的现实背景，以及传统出版与新出版融合发展的基本含义，当是传统出版与新兴出版融合发展深入研究的基点。

---

〔1〕 本论文的研究工作受“北京印刷学院博士启动基金”资助（编号：27170115005/011）。

* 王梓薇，北京印刷学院经济管理学院教师、北京交通大学中国产业安全中心博士后科研工作站博士后，研究方向为媒体产业经济与管理、产业安全。

（一）传统出版与新兴出版融合发展提出背景

首先，现实问题引发的思考。近些年，面对新媒体的冲击，多数出版单位单独设立一个新媒体部门，自成体系，与传统编辑部各自运行，成为两张皮，结果新媒体面临资源不足的问题、传统出版在新媒体冲击下受到挤压，谁也发展不畅。现实问题引发对传统出版和新媒体究竟如何协调发展的新思考。

其次，国外出版融合发展阶段的启示。国外出版融合发展大体分三阶段：一是传统出版与新兴出版之间互动阶段；二是传统出版与新兴出版整合阶段；三是传统出版与新兴出版深度融合阶段。现在正进入第三个阶段；这为我国出版业融合发展提供了参考。

最后，国家大力推动。2014 年国家出台《关于推动传统媒体和新兴媒体融合发展的指导意见》，将我国传媒产业融合发展上升到国家战略层面，出版业如何把握好融合发展这一大趋势决定着出版业的兴衰。出版业融合发展变成现实，也变成未来发展的重点。

（二）传统出版与新兴出版融合发展含义

传统出版与新兴出版融合发展正式提出时间较短，在学理上，目前尚未有一个明确界定。蒋建国（2015）认为其要旨为：立足传统出版，发挥内容优势，运用先进技术，走向网络空间。其中，最核心的是立足传统出版。其具体含义可以理解为：在以数字技术、网络技术和电子通讯技术的推动下，传统出版（报纸、期刊、图书、音乐及影像制品）与新兴出版（电子书、网络小说、网络报纸等）通过合作、并购和整合等手段，相互影响与渗透实现内容、传播渠道和媒介终端共享和共同发展的过程。

二、媒介融合理论研究中出版业融合

信息技术的发展促使媒介融合已经成为当今媒体发展一个不容忽视的产业变化趋势，也是业界和学界的研究热点。随着媒介融合进程的演进，对媒介融合的研究逐步转入媒介融合对传播业尤其是新闻出版业的影响、发展趋势的分析预测。因此，出版业融合研究应追溯至媒介融合理论。

（一）媒介融合理论成果中涉及的出版业融合

媒介融合是在产业融合发展的大背景下提出的一个概念。早在 1978 年，尼古拉斯·尼葛洛庞帝（Nicolas Negroponte）以预言的方式提出了产业融合的方向，认为“广播电视业”、“电脑业”和“印刷出版业”将在数字化浪潮下呈现交叠重合的发展趋势，并认为这三个产业的交叉处将成为成长最快、创新最多的领域。尼葛洛庞帝关于融合的构想表明，媒介融合在最初阶段就与印刷出版业密切相关。

20世纪80年代，伊契尔·索勒·普尔（Ithiel De Sola Pool，1983）首次提出“媒介融合”的概念，意指各种媒体呈现出多功能一体化的趋势。20世纪90年代，欧洲委员会的绿皮书（Green Paper，1997）提出，电信、广播电视、出版以及其它信息技术产业之间的融合不仅要求技术融合，更需要业务融合和市场融合。奥诺和奥基（Ono&Aok，1998）提出了一个三维立体的理论框架模型，阐述了电信、广播、出版等媒体信息服务融合的实质。

进入21世纪，随着互联网和电子通讯技术的进步、经济的发展以及传媒业自身的变革，媒介融合受到学界的极大关注。Andrew Nachison（2001）将媒介融合定义为印刷的、音频的、视频的、互动性数字媒体组织之间的战略的、操作的、文化的联盟。Rich Gordon（2003），在前人研究成果基础上进一步总结了媒介融合在不同传播语境下的5种融合形式：所有权融合、策略性融合、结构性融合、信息采集融合、新闻表达融合。

2005年，媒介融合概念引入中国。蔡雯（2006）认为融合媒介是各类型媒介通过新介质真正实现汇聚和融合。孟建、赵元珂（2006）提出，媒介融合有传媒业界跨领域的整合与并购、媒介技术融合两种表现形式。章于炎（2006）认为媒介融合是一个新闻学上的假设，核心思想是随着媒体技术的发展和一些藩篱的打破，各类新闻媒体将融合在一起。王松茂（2007）研究得出，媒介产业中出版业、广播电视、影视与电信产业、互联网产业之间不断渗透与交叉，内部各子产业之间相互重组冲击并变更着传统的媒介产业结构。2010年国家出台“三网融合”政策后，关于媒介融合的研究迅速增多。

目前，“媒介融合”仍是一个国际热点前沿课题，国内外学界对其研究呈多样化视角。媒介融合理论还没有成形，因为对媒介融合还没有适当的概括，更没有建立有说服力的模式。

（二）媒介融合理论成果中涉及的出版业融合研究评述

从学者们关于媒介融合理论成果中可以看出：第一，出版业是产业融合和媒介融合研究起始关注行业之一，在产业融合发展中具有较强的代表性；第二，在媒介融合语境下出版业是作为一个行业内含于大传媒产业，出版业融合是个“大融合”，即研究出版业与其他产业融合发展的现象与规律，显示了出版业与其他行业之间产业边界正在收缩或消失的现实与发展趋势；第三，媒介融合理论是基于“产融协调”视角研究出版业，因此，未能深入研究出版业自身发展、出版业如何应对融合的冲击，以及如何融合促发展等问题。

三、传统出版与新兴出版融合发展研究进展

当大多学者将研究视角集中在媒介融合背景下出版业与其他产业融合的同时，也有一些学者将研究视线转向出版业不同出版形式的融合问题，包括传统出版如何应对数字出版的冲击，如何与数字出版、新媒体融合发展等。

（一）国外相关研究进展

Patrick Gibbins（1984）认为，电子出版将是多学科融合的结果，是媒介融合一种表现形式，并对电子出版进行了较为细致的探讨。这是关于出版业自身融合发展较早的研究成果。

小林一博（2001）、长冈义幸（2006）分别分析了 IT 革命对出版业带来的挑战和致命性的打击，出版业面临崩溃的危险，以及成功者在“大崩溃”的背景下，如何从事图书出版、杂志出版，如何从事音像和电子出版、网络出版以及数字出版；如何处理出版社与图书交易公司、书店、作者、读者、以及出版行业与其他相关行业之间的关系。

Michael L. Kleper（2001）对数字出版产业进行了最新的、权威的信息解读，从版面设计到虚拟现实，从 PDF 格式到电子摄像，从颜色模型到网络发展，从 DVD 到电子图，为人们深入了解数字化工作流程、网络出版、按需出版等提供了工具性读本。

M. Glykasa（2004）分析了数字印刷引入后对传统印刷和出版造成的冲击，印刷工艺过程、生产技术、生产效率等都发生了巨大变化，并为印刷和出版公司提出了应对数字印刷的跨网络工作流程解决方案，最后验证了所研究的三家公司引入数字印刷解决方案后的绩效测量和重组结果。

Thomas Mejtoft（2006）认为，随着数字印刷技术应用，当今印刷业正在被分散且市场上产能过剩，因此，企业战略对竞争取胜非常重要。研究表明，大部分成功进引入数字化印刷技术的企业采用了差异化战略，而且印刷行业需引导消费者认清这个行业发展的新趋势以增加数字出版的

价值。

James Lichtenberg（2011）研究得出，从2011开始美国数字出版的革命已逐渐由“边缘到中心”，数字化技术正在颠覆传统的商业模式，其发展速度可以用令人窒息来形容。

Sara Øiestad，Markus M. Bugge（2014）认为，出版业目前正经历着从模拟技术向数字技术转变，通过三个大出版公司的案例研究发现，挪威出版商正在一步一步探索网上出版的新机会，但现有数字出版的商业模式仍根植传统和模拟技术的商业模式，所研究的三大出版公司的许多数字化做法仍然有限且零散。

Jacob Cherian（2015）研究了数字出版对传统出版冲击表现在多方面，包括需求、订阅、市场份额、印刷收入、广告收入和盈利能力等，出版公司要想在新的数字营销环境中生存与发展需推行创新的数字战略。

（二）国内相关研究进展

传统出版、数字出版、新兴出版是我国出版业发展不同阶段出版形态的概括与总结，是一定时期相对稳定的概念。过去十几年，学者们关于传统出版与数字出版融合发展的研究成果，将为现阶段及未来很长一段时间传统出版与新兴出版融合发展研究奠定坚实的基础。

1. 传统出版与数字出版融合。国内提出有别于传统出版的数字出版研究始于2000年左右。近年来迅速升温，研究内容主要集中在数字出版对传统出版的冲击、数字出版的应用、传统出版如何转型融入数字出版产业链等方面。

贝若（2002）认为，随着计算机技术、数字技术、网络技术等的飞速发展，以及全球数字网络经济时代的到来，网络、多媒体和电子商务等新形式出版对传统出版带来了全新的挑战和发展机遇。徐丽芳、刘萍（2007）编译的《哥伦比亚数字出版导论》生动地展示了数字技术的实际应用，对数字出版的根本问题和核心问题进行集中阐述。黄孝章、张志林等（2012），以及陈岚岚（2013）认为传统出版业是数字出版产业的中坚力量，他们对数字出版产业发展模式进行了深入研究，以使传统出版顺利融入数字出版产业链。

邵菊芳、沈惠云（2009）、龙敏（2011）、柳斌杰（2011）、梁小建（2012）等认为，出版融合是出版业改革和发展方向，对加快传统出版与数字出版融合发展的重要作用，以及当前我国传统出版与数字出版融合发展的新态势等进行深入了研究，并提出推动传统出版与数字出版实现深度融合的对策建议。黄丽谊（2013）提出，数字出版与传统出版融合是两种出版形式和组织机构在体制机制方面的高端整合，要以数字出版平台的整合推进出版发行工作流程的融合，以出版组织机构的整合推进出版管理体制机制的融合，从而在此基础上构建大型专业化出版集团。

2. 传统出版与新兴出版融合。传统出版与新兴出版融合发展的研究成果较少，最近一年来相关研究涉及如下内容：

张文红（2014）认为，在媒介融合的背景下，传统出版媒介要积极与其他媒体寻求跨行业跨媒体融合的方式，传统出版与网络出版、手机出版等新业态相互联系、相互作用，在合作中共同发展。杨西京（2014）分析了跨媒体出版融合存在的问题，并提出配套解决、全力推进出版业全面融合与一体化发展的建议。

李岩（2014）提出，传统出版与新兴出版的融合既需要外部环境发育，又有待内在需求驱动，应从抓好理念创新，树立互联网思维和大数据运营理念；抓好项目运营创新，实现线上线下互动等“抓好五个创新”上去加以推进和落实二者融合发展。

蒋建国（2015）从出版领域的传统出版和新兴出版融合发展到底是什么、怎么看、怎么干、怎么管四个方面，对加快推动传统出版和新兴出版融合发展进行详细论述。这是首次从学理上较深入地研究了传统出版与新兴出版融合发展问题。

张 凡、罗敏超（2015）总结了广西人民出版社传统出版和新兴出版的融合发展的经验，试图帮助一些中小出版社找到一条传统出版与新兴出版融合的探索之路。

2015 年 4 月，中国新闻出版广电总局、财政部联合印发《关于推动传统出版和新兴出版融合发展的指导意见》，为推动传统出版影响力向网络空间延伸、实现传统出版和新兴出版融合发展指明了方向、提出了任务、阐明了路径、提供了遵循，传统出版和新兴出版融合发展有了“路线图”。

四、总结

通过上述国内外传统出版与新兴出版融合发展的相关文献梳理和提炼，可以总结出传统出版与新兴出版融合发展研究的特点，在此基础上可以预测未来研究关注的主要问题与研究方向。

（一）特点

纵观国内外传统出版与新兴出版融合相关研究成果，可以得出以下几点结论：

1. 国外学者研究中很少使用“新兴出版”这一术语，在表达传统出版与新兴媒体融合时多使用数字出版。

2. 传统出版与新兴出版融合发展是我国业界和学者最新提法，在此之前，数字出版内容与之相似。

3. 出版业融合可分为两种先后出现的范式：数字革命范式和新兴融合范式。数字革命范式强调新兴出版替代旧（传统）出版，新兴融合范式则强调新媒介与旧（传统）出版的互动。一词之差反映出对出版产业融合定位和态度的不同。传统出版与新兴出版融合发展表明出版产业发展过程的两种状态，而这两种状态发展是此长彼长，不是此消彼长，更不是顾此失彼的过程。而传统出版与数字出版的关系，更多强调传统出版是数字化产业链条中重要的环节，强调传统出版如何融入数字出版，弱化了传统出版的地位及存在的意义。

4. 2014 年成为传统出版与新兴出版融合发展的启动年，这预示着传统出版业进入了一个新的发展阶段。传统出版与新兴出版融合发展既是一个过程，又是结果，是有待实现的设想和目标。

（二）未来研究重点

从总体上看，目前关于传统出版与新兴出版融合发展机制、进程、效果的理论和经验研究都很有限。因此，下一步需要着力研究：①科学准确界定传统产业与新兴产业融合发展概念内涵与外延。②具体行业领域的实证研究将越来越得到重视，每个行业融合相同与不同之处。③传统出版与新兴出版融合机制、管制研究将越来越受到政府的重视和支持。④出版企业融合的商业模式、绩效评估和重组等将成为又一研究热点。⑤模型分析和数理统计的研究方法将得到广泛应用，使得传统出版与新兴出版融合的理论研究方法更趋科学与完善。

参考文献

[1] 蒋建国：“推动传统出版和新兴出版融合发展”，载《中国新闻出版报》2014 年 10 月 13 日。

［2］杨西京："跨媒体出版融合需解决八个难题"，载《出版参考》2014 年第 33 期。

［3］蒋建国："加快推动传统出版和新兴出版融合发展"，载《中国编辑》2015 年第 1 期。

［4］曹继东："基于数字化技术和互联网思维的'融合出版'"，载《科技与出版》2014 年第 9 期。

［5］Vickers，"Borderless thinking"，http://www. theguardian. com/letsgetcreative/bord － erless－thinking.

［6］Ithiel de Sola Pool，*Technologies of Freedom*，Cambridge，MA：The Belknap Press of Harvard University，1983，pp. 27～28.

［7］EUROPEAN COMMISSION，"Green Paper on the Convergence of the Telecommunications，Media and Information Sectors，and the Implications for Regulation. Towards an information society approach"，Brussels：European Commission，1997，p. 35.

［8］Ono R and Aoki，"Convergence and New Regulation Frameworks"，*Telecommunications Policy*，1998，22（10），pp. 817～838.

［9］Andrew Nachison. Good business or good journalism Lessons from the bleeding edge，a presentation to the World Editors´Forum，Hong Kong，June 5，2001.

［10］Rich Gordon，*The Meanings and Implication of Convergence In Kawamoto，K.，Ed. Digital Journalism：Emerging Media and the Changing Horizons of Journalism*，New York：ILow man& Litdefield，2003，pp. 57～73.

［11］蔡雯："媒介融合前景下的新闻传播变革—试论'融合新闻'及其挑战"，载《国际新闻界》2006 年第 5 期。

［12］孟建、赵元珂："媒介融合：粘聚并造就新型的媒介化社会"，载《国际新闻界》2006 年第 7 期。

［13］鲍立泉：《技术视野下媒介融合的历史与未来》，华中科技大学出版社 2013 年版。

［14］王松茂："产业融合对我国出版业规制的挑战与对策"，载《出版科学》2007 年第 4 期。

［15］高钢、陈绚："关于媒体融合的几点思考"，载《国际新闻界》2006 年第 9 期。

［16］Patrick Gibbins，"Electronic publishing：The future convergence of many disciplines"，*Jour－nal of Information Science*，1984，8（3），pp. 123～129.

［17］小林一博：《出版大崩溃》，上海三联出版社 2004 年版。

［18］长冈义幸：《出版大冒险》，国际文化出版公司 2006 年版。

[19] Michael L. Kleper, "The Handbook of Digital Publishing [M], Volumes I and II", *Upper Saddle River*, NJ: Prentice Hall PTR, 2001.

[20] M. Glykas, " Workflow and process management in printing and publishing firms", *Interna - tional Journal of Information Management*, 2004, 24 (6), pp. 523 ~ 538.

[21] Thomas Mejtoft, "Strategies for Successful Digital Printing", *Journal of Media Business Studies*, 2006, 3 (1), pp. 53 ~ 74.

[22] James Lichtenberg, "In from the Edge: The Progressive Evolution of Publishing in the Age of Digital Abundance", *Publishing Research Quarterly*, 2011, 27 (2), pp. 101 ~ 112.

[23] Sara Øiestad, Markus M. Bugge. , "Digitization of publishing: Exploration based on existing business models", *Technological Forecasting & Social Change*, 2014, (83), pp. 54 ~ 65.

[24] Jacob Cherian, "Emergence of Digital Publishing - A Great Challenge to the Print Publica - tions", *Procedia Economics and Finance*, 2015 (23), pp. 576 ~ 586.

[25] 贝若："网络泡灭出版继续融合是趋势"，载《印刷技术》2002 年第 34 期。

[26] 徐丽芳、刘萍：《哥伦比亚数字出版导论》，苏州大学出版社出版 2007 年版。

[27] 黄孝章、张志林：《数字出版产业发展模式研究》，知识产权出版社 2012 年版。

[28] 陈岚岚："传统出版与数字出版的产业链差异与融合"，载《现代出版》2013 年第 5 期。

[29] 梁小建："文化强国建设的出版融合路径"，载《出版发行研究》2012 年第 9 期。

[30] 邵菊芳、沈惠云："数字传播—以传统出版与网络出版的融合发展为例"，载《中国出版》2009 年第 23 期。

[31] 龙敏："浅谈传统出版与数字出版融合发展"，载《科技风》2011 年第 10 期。

[32] 柳斌杰："加快传统出版与数字出版的融合发展"，载《中国出版》2011 年第 11 期。

[33] 黄丽谊："数字出版与传统出版全面融合是出版集团发展的方向"，载《出版发行研究》2013 年第 5 期。

[34] 张文红："媒介融合背景下传统出版媒介转型问题与策略分析"，载《2014 年全球化学术共同体中的传播研究教育国际会议暨青年学者论坛论文集》

2014 年。

［35］杨西京："跨媒体出版融合需要解决 8 个难题"，载《出版参考》2014 年第 33 期。

［36］李岩："融合创新比翼齐飞 – 加快传统出版与新兴出版融合的五个思考"，载《出版广角》2014 年第 23 期。

［37］张 凡、罗敏超："浅谈中小型出版社传统出版和新兴出版的融合发展之路"，载《出版广角》2015 年第 7 期。

我国数字出版量化分析及结构演化分析

费秀红 *

[摘　要] 随着我国电子产业的迅猛发展，我国数字出版量日益增加和提升，总体的量有大幅度的提升，但各个类别的发展情况不同。利用灰色模型对我国数字出版各类别所占比重的结构变动规律做了深入分析，对未来一段时间内我国数字出版的量进行分析和预测。得出结论：除博客外，其他各个单位的数字出版量都会有不同程度的增加，其中在线音乐、手机出版增幅最大，而博客是唯一出现萎缩的变量。

[关键词] 数字出版；结构；灰色模型

我国电子产业的迅猛发展，电子产品的需求急剧增多，越来越多的人通过电子产品阅读、学习、交流。数字出版行业的发展正是响应人们的种种需求。数字出版行业的发展对我们生活的影响已不言而喻。随之而来的是出版行业的转型，是传统出版业逐渐转向数字出版业。数字出版业也逐步走向市场化和规范化，在我国传播领域的重要性越来越凸显，正逐步成为我国传播领域的支柱产业。本文将研究分析我国数字出版行业各个子变量的变化趋势以优化整个数字出版行业，促进我国数字出版业健康发展。

21 世纪以来随着出版行业的转型，我国的数字出版日益繁荣，数字出版的总值呈逐年上涨的趋势。从以下图表中我们可以看到，从 2006 年至今，数字出版的总值已经从 2006 年的 213 亿元增长至 2014 年的 3387. 7 亿元，在 7 年的时间里，总值已经翻了 15. 9 倍，可见数字出版的发展的迅猛势头。

一、我国数字出版结构变化分析

数字出版是人类文化的数字化传承，它是建立在计算机技术、通讯技

---

* 费秀红，女，1979 年 1 月生，北京印刷学院经济管理学院讲师。

术、网络技术、流媒体技术、存储技术、显示技术等高新技术基础上，融合并超越了传统出版内容而发展起来的新兴出版产业。数字化出版是在出版的整个过程中，将所有的信息都以统一的二进制代码的数字化形式存储于光盘、磁盘等介质中，信息的处理与接收则借助计算机或终端设备进行。它强调内容的数字化、生产模式和运作流程的数字化、传播载体的数字化和阅读消费、学习形态的数字化。数字出版在我国虽然起步较晚，但是发展很快，目前已经形成了互联网期刊、电子书、数字报纸、博客、在线音乐、手机出版、网络游戏、网络动漫和互联网广告等新业态。

表 1　我国数字出版结构现状

单位：亿元

	2006 年	2007 年	2008 年	2009 年	2010 年	2011 年	2012 年	2013 年	2014 年
互联网期刊	6	7. 6	5. 13	6	7. 49	9. 34	10. 83	12. 15	14. 3
电子书	1. 5	2	3	14	24. 8	16. 5	31	38	45
数字报纸	2. 5	10	2. 5	3. 1	6	12	15. 9	11. 6	10. 5
博客	6. 5	9. 75	—	—	10	24	40	15	33. 2
在线音乐	1. 2	1. 52	1. 3	—	2. 8	3. 8	18. 2	43. 6	52. 4
手机出版	80	150	190. 8	314	349. 8	367. 34	486. 5	579. 6	784. 9
网络游戏	65. 4	105. 7	183. 79	256. 2	323. 7	428. 5	569. 6	718. 4	869. 4
网络动漫	0. 1	0. 25	—	—	6	3. 5	10. 36	22	38
互联网广告	49. 8	75. 6	170. 04	206. 1	321. 2	512. 9	753. 1	1100	1540
数字出版总值	213	362. 42	556. 56	799. 4	1051. 79	1377. 88	1935. 49	2540. 35	3387. 7

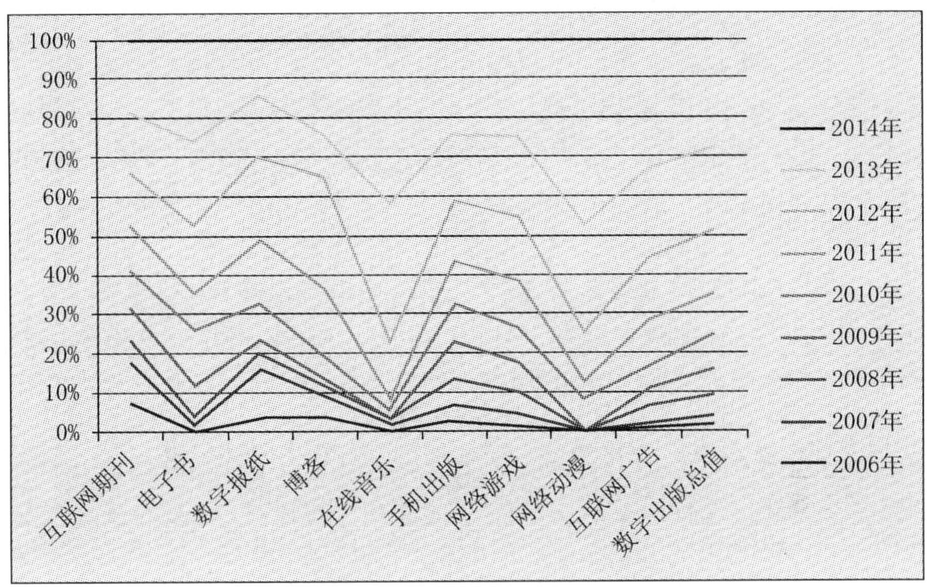

图 1　我国数字出版结构现状趋势变化

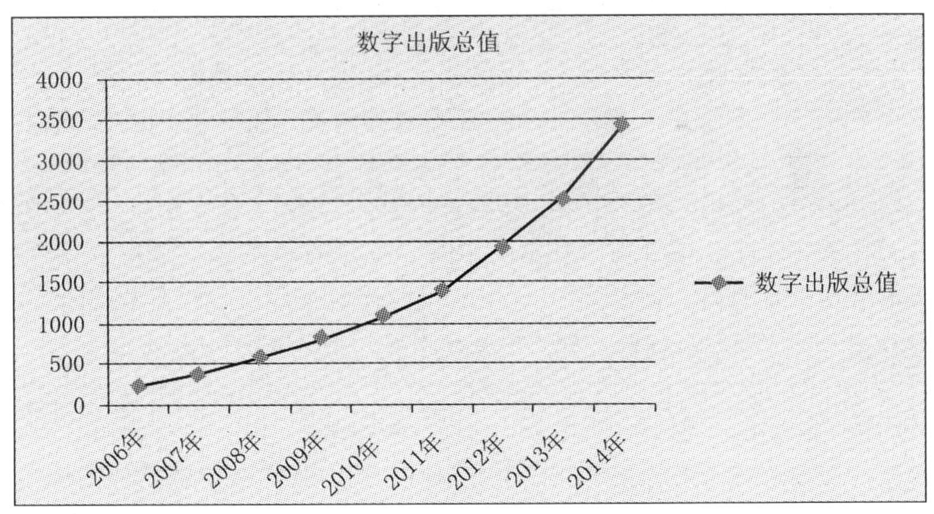

图 2　我国数字出版总值

（一）总体收入情况

从 2006 年至今，数字出版产业总体收入情况如下：2006 年为 213 亿元；2007 年为 362. 42 亿元；2008 为 556. 56 亿元；2009 年为 799. 4 亿元；2010 年为 1 051. 79 亿元；2011 年 1 377. 8 亿元；2014 年为 3 387. 7 亿元，

总收入约是2006 年总收入的15.9 倍，年增长速度为49.73%。

（二）分类收入情况

2014 年国内数字出版产业总体收入规模达到3387.7 亿元，比2013 年增长了33.3%。其中：手机出版为784.9 亿元，网络游戏为869.4 亿元，互联网广告为1 540 亿元，电子书为45 亿元，博客为33.2 亿元，互联网期刊为14.3 亿元，数字报纸（网络版）为10.5 亿元，网络动漫为38 亿元，在线音乐为52.4 亿元。手机出版、网络游戏和互联网广告在数字出版年度总收入中所占比例分别为23.1%、25.7% 和45.5%。未来数字出版的主要方向应该是以手机等为阅读终端的移动出版。

（三）对数字出版的界定和统计所作说明

数字出版产品的传播途径主要包括有线互联网、无线通讯网和卫星网络等。该理解不仅涉及技术、内容、传播渠道，而且对其主要特征及主要产品形态都做了相关界定，使数字出版范围更加明晰，增强了概念的透明度。

二、困扰数字产业发展的问题

（一）优质内容缺乏，同质化现象严重

在数字出版行业中发展应用最多的是移动阅读，而移动阅读终端最多的是手机，手机已经成为几乎人人具有的移动阅读终端。此外，PDA 电子阅读器的应用也越来越普遍。阅读终端的硬件技术有了急速发展，机型越来越多样化。读者可以通过网络在线阅读或手机的客户端在线阅读。我国手机用户不断增多，越来越多的人可以通过手机上的电子阅读器来阅读，阅读终端的成本越来越低，有的甚至在千元以下。阅读终端都不是问题，但其内容的不规范性日益凸显。阅读终端的发展为我们提供了阅读的便利性，但阅读的根本还是要归功于内容，只有内容获胜才是市场获益的根本。现在的数字出版业内容资源不够丰富，用户难以获得优秀的阅读内容，大多数运营商只是收取上网流量费，而不注重丰富的内容资源。

（二）数字出版的版权保护机制的建立尚不完善

数字出版的版权保护机制尚未真正确立现阶段，数字出版的版权保护机制（包括技术手段、授权模式和保护体系等）的建立尚不完善。现有法律适用于数字出版明显滞后。版权问题已成为阻碍数字出版发展的巨大瓶颈，缺乏可靠的版权保护机制，将阻碍数字出版产业健康发展。

近些年来，因数字出版引发的维护出版版权的事件在我国接连不断地发生。2011 年 3 月 15 日，郭敬明、贾平凹、韩寒等将近 50 位中国现当代作家联合发表声讨百度宣言书，声讨书指出百度以“免费分享和共享”为借口和幌子，未经上述作者许可和授权，在其旗下的百度文库中收录了大量以上作者的文学作品，供百度用户免费的浏览和下载。我们相信类似的侵权事件，并非偶然和罕见。2009 年 9 月，中国文字著作权协会发布《声讨谷歌侵权书》。声讨书中说明了我国部分作家的相关作品在未取得相关作者授权许可境况下，被谷歌擅自扫描收录的情况。

我国数字出版的侵权行为并无准确界限。在当前出版行业的发展中，什么情况是属于侵权的行为，如果发生这类侵权行为应该承担哪些相应的责任，这些问题尚未得到明确解决。这是值得当前思考的一个问题，在现代社会中，一种非常普遍的现象是出版商或者作者在被侵权的时候却并不知情。这种现象产生的原因便是在数字化出版产业的发展过程中，没有清楚把握侵权程度。

（三）人才仍是制约新闻出版业发展的重要因素

由于数字出版是新兴产业，从事数字出版产业工作的专业人员较少，这在很大程度上限制了我国的数字出版产业向更高平台发展的潜力。转型的关键因素传统出版单位信息技术方面的人才非常缺乏，特别是既懂出版又懂技术研发的人才。现有的高校教育中，没有专门培养该类型人才的专业，而且二者的专业分属于文科和工科，专业契合点较少。所以高质量的人才培养出现缺口。数字出版的核心竞争是技术，而技术竞争的核心则是人才的竞争。而在新媒体出版及制作单位中，缺乏适应数字出版要求的编辑人才。有关部门应重视并积极开展数字出版相关业务的培训，及时补充与数字出版发展相适应的人才队伍。

（四）数字出版领域标准滞后

数字出版标准化对于行业发展的重要性不言而喻，但当前我国的标准制定仍严重滞后。相对于国际数字出版标准的成熟而言，国内数字出版相关标准严重缺失，顶层标准体系整体架构的缺失，给整个产业的规范发展带来了难度。此外，元数据的标准化、编码的标准化、数据格式标准化等都亟待确定。此外目前国内已制定的数字出版标准也需要进一步完善和优化。

（五）大规模开拓中小市场的需求机制尚未激活

目前，我国的数字出版产业存在着“抓大放小”的现象。中小机构对信息和知识服务的需求意识还相当薄弱，市场启动还需要通过典型用户的示范和引导加以推动。

三、灰色模型

灰色预测模型（Gray Forecast Model）是通过少量的、不完全的信息，建立数学模型并做出预测的一种预测方法。灰色模型系统理论是由华中理工大学邓聚龙教授于1982年提出并加以发展的。灰色系统理论是研究解决灰色系统分析、建模、预测、决策和控制的理论。灰色预测是对灰色系统所做的预测，灰色预测模型所需建模信息少，预算方便，建模精度高，在各种预测领域都有广泛的应用，是处理小本预测问题的有效工具。

给定观测数据列：

$X^{(0)} = \{X^{(0)}(1), X^{(0)}(2), \cdots, X^{(0)}(N)\}$，

经一次累加得：

$X^{(1)} = \{X^{(1)}(1), X^{(1)}(2), \cdots, X^{(1)}(N)\}$，

其中，$X^{(1)}(i) = \sum_{j=1}^{i} X^{(0)}(j)\ (i=1, 2, \cdots N)$.

设 $XX^{(1)}$ 满足一阶常微分方程：

$$\frac{dX^{(1)}}{dt} + aX^{(1)} = u,$$

其中a，u是常数，成a为发展灰数；成u为内生控制灰数，是对系统的常定输入，此方程满足初始条件：当 $t = t_0$ 时，

$$X^{(1)=} = X^{(1)}(t_0)$$

解为：

$$X^{(1)}(t) = \left[X^{(1)}(t_0) - \frac{u}{a}\right]e^{-a(t-t_0)} + \frac{u}{a}$$

将2008年、2009年、2010年、2011年、2012年、2013年、2014年的数字出版的数据作为原始数据，对2015年、2016年、2017年和2018年的数据进行预测，将数据输入灰色模型的软件，得出预测结果如下表。

表 2　灰色模型预测结果

数字出版分类	2015 年	2016 年	2017 年	2018 年
互联网期刊	17. 403 99	20. 580 47	24. 336 72	28. 778 54
电子书	58. 134 04	73. 057 72	91. 812 47	115. 381 8
数字报纸	23. 752 4	29. 795 31	37. 375 6	46. 884 4
博客	17. 558 29	15. 361 92	13. 440 3	11. 759 06
在线音乐	253. 152 3	636. 574 2	1600. 723	4025. 162
手机出版	788. 293 7	930. 762 1	1098. 979	1297. 597
网络游戏	1203. 85	1561. 033	2024. 192	2624. 77
网络动漫	95. 450 81	209. 504 4	459. 84	1009. 3
互联网广告	2401. 491	3574. 043	5319. 104	7916. 209
数字出版总值	4859. 087	7050. 712	10 669. 8	17 075. 84

四、结论与启示

总体来看，我国数字出版的量呈现迅速发展的势头，无论是总体出版量还是每个分类的情况在未来都有大幅度的提升，虽然提升幅度各不相同，但提升情况都很明显，这说明未来我国数字出版市场非常繁荣。

按照目前我国的政策不变并考虑到其演变规律，我国的数字出版的状态将呈现通过灰色模型预测的分布情况。其中以在线音乐和手机出版为首的分类将实现突飞猛进的增长，而博客则呈下降的趋势。数字出版总产出由 2006 年的 213 亿元扩张至 2010 年的 1058. 4 亿元，手机出版、网络游戏和网络广告俨然已经发展成数字出版产业的三大巨头；产业融合逐渐深入，在数字化浪潮的推动下，原本严格区分的行业边界愈发模糊，内容提供商、技术提供商和渠道运营商之间的相互融合越来越深入。大众传播领域不断发展，传统信息传播方式已经发生改变，新媒体传播方式快速抢占市场份额，互动成为数字出版产业快速发展的基础；数字技术在出版领域的应用越来越广泛，内容的编辑、制作、印刷复制、发行、传播和消费都与技术进步紧密相关。

虽然中国数字出版行业发展较快，但与国际发达国家相比尚有一定差距，产业链各环节赢利模式尚不清晰，这主要源于行业缺乏相应标准、技术与内容错位、数字出版内容知识产权得不到保护。数字出版以低价优势将阅读者从图书馆、书店拉到电子设备终端，而低价不仅归功于从纸张到硬盘的成本下降，更源于著作人的收益被变相压榨（著作价值不应随介质改变而改变）。

为了数字出版产业健康发展，中国政府部门加大了对数字出版业的支持与立法的力度，中国数字出版"十二五"规划指出，数字出版已经成为新闻出版业的战略性新兴产业和出版业发展的主要方向，也是国民经济和社会信息化的重要组成部分，大力发展数字出版产业，已成为中国实现向新闻出版强国迈进的重要战略任务。同时，数字出版产业相关基地纷纷设立和行业协会联盟的成立加强了社会对数字出版知识产权的保护，加快了数字出版行业标准的建设进程，数字出版业的发展已是大势所趋。中国出版业界将更多的目光转向数字出版，这一方面来自于数字出版本身所具备的潜力，另一方面则来自于国家对数字出版发展的高度重视和政策支持。此外，读者阅读环境、阅读方式和阅读需求的改变都在不断增加着数字出版的市场容量，同时，由于网络与生俱来的特质，网络科技的日益发展使得数字出版相对于传统出版具有极大的优越性，孕育着更加广阔的发展前景。

参考文献：

［1］李海燕："我国数字出版产业问题及对策建议"，载《内蒙古师范大学学报》2014 年第 11 期。

［2］郝振省："2010 ~ 2011 年中国数字出版年度报告"，载《出版参考》2011 年第 7 期。

［3］中国新闻出版研究院中国数字出版产业年度报告课题组："2012 ~ 2013 中国数字出版产业年度报告（摘要）"，载《出版参考》2013 年第 7 期。

［4］焦宝聪、陈兰平：《运筹学的思想方法及应用》，北京大学出版社 2009 年版。

［5］闫伟娜："我国数字出版产业的发展现状及问题研究"，载《改革与开放》2015 年第 19 期。

［6］徐宝强、汪辉：《发展的幻想》，中央编译出版社 2003 年版。

［7］吴文才："贵州民俗文化生态旅游资源保护性开发问题研究"，华中科技大学 2009 年硕士论文。

［8］刘统霞：《被表述的民俗艺术》，知识产权出版社 2011 年版。